AUF DEN SPUREN . . .
Begegnungen mit lebendiger Geschichte
Eine Buchreihe im Paul List Verlag
Herausgegeben von Prof. Dr. Hermann Schreiber

Bereits erschienen:

Hermann Schreiber
AUF DEN SPUREN DER GOTEN

Fernand Niel
AUF DEN SPUREN DER GROSSEN STEINE

Peter Lahnstein
AUF DEN SPUREN VON KARL V.

Anke Kröning
AUF DEN SPUREN DER JEANNE D'ARC

Georg Schreiber
AUF DEN SPUREN DER TÜRKEN

In Vorbereitung:

Celine Debayle
AUF DEN SPUREN VON T. E. LAWRENCE

Fernand Salentiny
AUF DEN SPUREN DER MEROWINGER

Humbert Fink
AUF DEN SPUREN DER ARCHÄOLOGEN

Lutz Mackensen
AUF DEN SPUREN DER NIBELUNGEN

Hermann Schreiber

Auf den Spuren des frühen Menschen

List Verlag München

Umschlagentwurf: Design Team, München
Umschlagbild: Weibliches Idol aus Speckstein. Fundort angeblich Hacilar/ Türkei, 6. Jahrtausend v. Chr. Original und Foto: Museum für Vor- und Frühgeschichte, Berlin. Bildarchiv Preußischer Kulturbesitz, Berlin

ISBN 3-471-78731-3
©1980 Paul List Verlag GmbH & Co. KG, München
Alle Rechte vorbehalten. Printed in Germany
Satz: Leingärtner, Nabburg
Druck und Bindearbeit: May + Co., Darmstadt

INHALT

ERSTES BUCH

Unser Ahn, das Tier	9
Prometheus unter den Wilden	27
Jagd ohne Diana	47
Drohnen und Sonntagsjäger	58
Ein reiner Himmelshauch	73

ZWEITES BUCH

Eisige Zeiten	87
Die Höhlenmenschen von Tautavel	108
Der arme Vetter	122
Die Höhlen beginnen zu sprechen	148

DRITTES BUCH

Der menschliche Mensch	177
Unsichtbare Revolutionen	213
Das ungewollte Paradies	243
Die Unterwerfung der Erde	260
Glockenbecher und hängende Steine	285

ANHANG

Zeittafel	309
Literaturverzeichnis	311
Namenregister	314
Ortsregister	317
Bildquellennachweis	320

ERSTES BUCH

*Du lieber Gott, was für ein armes,
gutes Tier der Mensch ist!*

Goethe am 30. 9. 1786 in seinem
Tagebuch der italienischen Reise.

Unser Ahn, das Tier

Die Bücher, die sich mit der emsigen Suche nach Resten des frühen Menschen und seiner Vorstufen beschäftigen, sind erfüllt von der Verehrung für eine ganze Reihe meist älterer Herren, die mit bemerkenswerter Kondition und vom Wissensdrang offensichtlich verjüngt, in entlegenen Gegenden des südlichen Afrika herumsuchten. Sie hatten dabei so erstaunliches Glück, daß ihre Vor-Menschen-Funde heute nicht mehr sensationelle Einzelstücke sind, sondern ganze Gruppen, ja Stämme. Und diese Fülle binnen eines Halbjahrhunderts zum Vorschein gekommener Kiefer, Schädelknochen, Teilskelette und anderer Reste läßt naturgemäß den Schluß zu, daß sich weite Gebiete des südlichen Afrika auf diese Weise als ein Leichentuch aus Stein und Erde über ganze Völkerschaften unserer Vorfahren breiten.

Da viele Funde viele Meinungen erzeugen, entstanden bald Fehden zwischen jenen forschenden, grabenden und findenden Herren, Fehden, die im wesentlichen von der Tatsache lebten, daß ja nur Bruchstücke gefunden wurden, die mehrere Deutungen zuließen, und daß keines dieser frühen Lebewesen die Möglichkeit gehabt hatte, in irgendeiner Form mitzuteilen, wofür es sich gehalten habe: für einen Affen, einen Halbaffen, einen Halbmenschen oder gar schlicht für einen Menschen.

Als vor etwa zweihundert Jahren die ersten skeptischen Bemerkungen über die schönen Schöpfungsgleichnisse der Bibel laut wurden, war der Mensch mit seiner Gottähnlichkeit noch das Hauptargument für die Gläubigen, denn wie anders als durch den göttlichen Atem sollte solch ein edles Geschöpf belebt und beseelt worden sein. Tatsächlich sieht man noch heute manchen Menschen den Lehm, aus dem sie geformt worden sein sollen, ungleich deutlicher an als etwa die biologische Verwandtschaft mit so edlen Säugetieren wie einer Antilope oder einem Rassepferd.

Der in die Reihe der höchsten Geschöpfe gestellte Mensch dürfte sich nach einigem Mißbehagen über den Verlust seiner Einzigartigkeit immerhin sagen, daß er – war er auch offensichtlich ein Stück Natur – doch zu ihren edelsten und geglücktesten Produktionen gehöre. Und die Enttäuschung war groß, als die kühlen Zoologen und Evolutionisten dem Menschen im neunzehnten Jahrhundert dann seinen Platz im zoomorphen Weltbild anwiesen: einen Platz fern vom Löwen und noch ferner von der Gazelle, unendlich fern vom Adler und hoffnungslos herabgekommen gegenüber den eleganten Raubfischen, ein Platz kurz bei den schnatternden Statisten jeglicher Tierversammlung, im Chor der Affen.

Die Gründe für diese Zuordnung erschienen dem selbstbewußten und wohlgebildeten Menschen etwa der Gründerzeit keineswegs überzeugend: hatte er nicht die Mähne des Löwen, den Blick des Adlers? Hatte nicht *sie*, um von den Damen zu reden, den schmachtenden Blick der Hirschkuh mit dem zierlich-schwingenden Gang des Damwilds?

Die Verstörung wurde allgemein, als die ungalanten Forscher ungerührt darauf hinwiesen, so manche Dame, die als Hirschkuh begonnen habe, wandere inzwischen eher kuhähnlich durch die Welt, und so mancher einst große Mann gleiche in seinem hagestolzischen Altersdasein sehr überzeugend den bösen alten Männchen der Pavianherden, bei denen sich übrigens ebenfalls das Haupthaar lichte.

Das Ergebnis der vielen Auseinandersetzungen und der emsig fortgesetzten Forschung war und ist eine immer weitergehende Spezialisierung, in der beinahe jeder Kieferknochen einer neuen Lehrmeinung ans Licht geholfen hat und in der die Fülle der Namen sich inzwischen ebenso verwirrend komplettiert hat, wie die Prinzipien dieser Namensgebung unsicher geworden sind. Wie schlicht und klar stehen Adam, Eva, Kain und Abel für das, was sie waren oder eben nicht waren: sie sind Symbole von unumstößlichem Eigengehalt und legen uns darum nahe, auch die viel zu vielen Individuen der Gräberfelder ihnen zuzuordnen. Denn Adam verliert nichts von dem, was er uns bedeutet, wenn er nicht als Individuum vor uns steht, sondern als Schlüsselfigur für eine Entwicklung, deren vorläufigen Höhepunkt er bildet, und Kain wird nicht furchtbarer dadurch, daß wir inzwischen einige Hundert von seiner robusten Spezies gefunden haben. Denn die einzig wirklich bestürzende Lektion aus dieser Multiplikation der Funde in Südafrika und an verschiedenen Punkten Asiens besteht darin, daß die Krone der Schöpfung, die Inkarnation des schöpferischen Prinzips, der prometheische Halbgott auf Erden, seine Einzigartigkeit verloren hat und schon als Gewimmel aufgebrochen ist, um im Lauf von Jahrmillionen die kleine Erde mit Milliarden seiner Spezies zu erfüllen: während die Tierwelt um ihn herum Art für Art dezimiert wird und vom Aussterben so bedroht ist, daß die letzten Exemplare vieler Gattungen nur noch hinter Gittern existieren, hat das höchste Wesen seinen primitivsten Drang so wenig in Gewalt, daß es inzwischen in ameisenhafter Überzahl den Erdball befällt.

Dennoch gibt es, lange vor diesem Zustand unseres Mißvergnügens, Phasen und Übergänge von großem Reiz, mit denen zu beschäftigen sich lohnt. Ja man darf zu Ehren Adams und seiner Nachkommenschaft sogar sagen, daß er sein Erbe in den Jahrmillionen, den Jahrtausenden und den Jahrhunderten im allgemeinen kühn angetreten und rechtschaffen, wenn auch ohne Weitblick, verwaltet hat; und daß er erst in den letzten Jahrzehnten jenes gefährliche, letztlich zur Selbstvernichtung führende Verhalten an den Tag legt, wie wir es bei Lemmingen, Walen und anderen Tieren seit geraumer Zeit kennen, uns aber bisher nicht zu deuten vermochten. Erst die Umschau in unserer eigenen Welt, den in ihr von uns selbst und jüngst entfesselten Gefahren, legt die Vermutung nahe, daß die Tierwelt in ihrer hilflosen Sprachlosigkeit uns Signale geben und durch solche spektakulären Aktionen die Vernichtung des ganzen Erdballs verhindern will, zu verhindern hofft.

Der erste schicksalhafte Augenblick in dieser langen Entwicklung, die wir immer noch nicht überblicken, sondern uns in einem höchst unvollständigen Puzzle zu veranschaulichen suchen, ist jener des Austritts aus der selbstgenügsamen Tierwelt, der Moment des Erwachens. Einem Stück Natur wird etwas Eigentümliches eingeblasen, das sich zunächst sehr überzeugend übernatürlich gebärdet. Schließlich erstarrt es zur Un-Natur und mündet endlich in der Anti-Natur und das in einem Kreislauf von zwei, zwölf oder vierundzwanzig Jahrmillionen, je nach den Kriterien, die wir anwenden, je nach den Ansprüchen, die wir an unsere Vorväter stellen, ehe wir sie als solche akzeptieren. Ja die Hypertrophie der Forschung geht sogar so weit, ganze Ahnenstämme, ganze Millionen von Jahren und Entwicklungen auszusondern durch das Urteil, der Neandertaler von Düsseldorf habe weit weniger mit uns zu tun als der 110 Zentimeter große Buschmann aus der südostafrikanischen Oldoway-Schlucht.

Es war in diesem 35 km langen Schluchtensystem am Südostrand der wildreichen Serengeti, wo seit 1913, mit Höhepunkten zwischen 1959 und 1974, entscheidende Funde in größter Zahl gemacht wurden, die das Alter unseres Geschlechts beträchtlich erhöht haben – und zwar von der bisher gängigen Annahme der 5- 600 000 Jahre auf etwa dreieinhalb Millionen – selbst wenn man strenge Maßstäbe anlegt und unzweifelhaft menschliche Aktivitäten wie den Werkzeuggebrauch und die Steinsetzungen als primitivste Architekturformen für die Entscheidung Frühmensch oder Vormensch heranzieht. Die Szene, die uns diese überraschende Erweiterung des Menschenbildes bescherte, ist sehr bekanntgeworden, und sie ist typisch. In einer flachen Mulde, deren Hänge von niedrigem Buschwald bedeckt sind, kauern zwei Menschen an der Erde, ein Mann und eine Frau. Sie tragen Brillen, ihre Gesichter sind gespannt, es ist, als wollten sie ins Erdinnere hinabhorchen.

Es handelt sich um den in Britisch-Ostafrika geborenen Anthropologen Dr. Louis Leakey und seine Frau, die sich derselben Wissenschaft verschrieben hat. Sie kennen jeden Hügel, jeden Felsvorsprung, und die wenigen Siedler in der Oldoway-Schlucht (so benannt nach einer afrikanischen Pflanze) kennen das Gelehrtenehepaar, denn in den letzten drei Jahrzehnten sind die beiden immer wieder in Tanganjika und insbesondere in jener Schlucht aufgetaucht, als habe ihnen der Allmächtige anvertraut, daß sie just dort das finden würden, was sie suchten.

Längst haben die neugierigen Fragen aufgehört, auf die Mrs. Leakey nur die Lippen zusammengekniffen hat anstelle jeder Antwort, während der Professor ein klein wenig lächelte und antwortete, was ohnedies jeder wußte: »Wir suchen Adam . . . aber natürlich würden wir uns auch mit Eva zufriedengeben.« Die Falten, die achtundzwanzig Jahre vergeblicher Suche in die Gesichter gegraben haben, sagen mehr als alle Worte, aber es sind nicht Falten der Enttäuschung, sondern der Anspannung: zuviel war in dieser Zeit an Urwelttieren und anderen Hinweisen zum Vorschein gekommen, zu deutlich hatte sich in Leakey jene Vorahnung gemeldet, die ihm sagte, hier, in diesem seit jeher besonders wildreichen Gebiet zwischen dem Viktoriasee und dem Kilimandscharo, müsse schon sehr früh auch der Mensch gelebt haben.

Was Leakey aus diesem Tierreichtum zum Vorschein brachte, hätte allein genügt, ihn berühmt zu machen, waren es doch nicht weniger als an die hundert fossile Tierarten, von denen viele noch unbekannt waren oder noch nicht in so instruktiven Funden existierten. Ein vier Meter hoher Strauß-Vogel machte ebenso Sensation wie ein Wildschwein von Nashorngröße, und man kann sich vorstellen, wie die Begierde des Forschers wuchs, diesen Vorzeittieren einen gleichzeitigen

Menschen an die Seite stellen zu können, einen Menschen, der sich vielleicht von der Größe seiner heutigen Nachfahren so unterschied wie jenes Nashornschwein von unserem vertrauten Haustier.

1959 fanden die Leakeys sehr verschieden große Teile eines Schädels und andere Überreste eines Lebewesens, das wenig mit den – nach der Rekonstruktion und mühsamer Klebearbeit – so fossilen Affen gemeinsam zu haben schien, daß er ihm den Namen *Sinanthropus* gab, eine Bezeichnung also, in der Leakeys Zuordnung dieses Wesen zu den Vorfahren des Menschen deutlich wird. Fossile Funde, die diesen Charakter nicht hatten oder nicht auf ihn hinzielten, erhielten in der Regel Bezeichnungen, die mit dem Wort *pitheci* (Affen) zusammengesetzt waren. Leider blieb es bei dieser Regelung nicht, konnte es bei ihr nicht bleiben, weil einerseits immer neue Funde – bruchstückhafte und oft schwer zu deutende Schädel- und Skeletteile – die eben etablierte Ordnung durcheinanderbrachten und weil andererseits jeder Forscher begreiflicherweise mehr an einem Fund interessiert war, der in die menschliche als in die äffische Entwicklung zielte.

Aber diese Unsicherheit im großen System, in der Einordnung, ist unausweichlich, solange uns nicht irgendein Naturereignis den Untergrund des afrikanischen Kontinents umstülpt und der Forschung Tausende von Skeletten aus den verschiedenen Erdzeitaltern vorsetzt. Darum muß die Forschung mit dem Wandel leben und jeder einzelne Forscher mit den Sensationen, die seine Kollegen produzieren und die in jedem Augenblick die eigene Arbeit als veraltet oder auch als irrig hinstellen können.

Leakey erkannte diese Situation schon darum, weil seine eigenen Funde vieles entwerteten, was die Berühmtheiten der Dreißigerjahre publiziert hatten, und so hielt er sich unbeirrt an ›seinen‹ Frühmenschen, um möglichst viel von ihm und über ihn zu erfahren. Es zeigte sich, daß die Mahlzähne des Sinanthropus annähernd doppelt so groß waren wie die des heutigen Menschen und daß die eifrige Kautätigkeit die entsprechenden kräftigen Muskeln hervorgebracht hatte. Der Sinanthropus hatte sich also vor allem von Pflanzen und Körnern ernährt, und damit hatten die flinken Journalisten der amerikanischen Zeitungen auch gleich eine Bezeichnung für ihn bereit, die wesentlich einfacher war als jene, die Leakey aus dem alten Namen für Afrika und dem Mensch-Charakter gebildet hatte – sie nannten ihn den Nußknackermenschen.

An seinem Talent als Nußknacker war jedenfalls weit weniger zu zweifeln als an seiner Menschlichkeit, und man brauchte nicht viel Phantasie, um sich vorzustellen, daß er am Rande der Serengeti eine Existenz gehabt hatte, die etwa in der Mitte zwischen tierischem und menschlichem Dasein anzusiedeln war.

Da Leakey seinen großen Fund just in dem Jahr 1959 gemacht hatte, da Charles Robert Darwins Geburtstag sich zum hundertfünfzigstenmal jährte, fehlte es nicht an Stimmen, die den Sinanthropus zu jenem *missing link* erheben wollten, das die Menschen- und die Affensäule der Entwicklung miteinander verband, das heißt also: das den letzten gemeinsamen Punkt äffischer und menschlicher Entwicklung bezeichnete. Leakey selbst freilich tat herzlich wenig zu dieser Sensationsmache, ganz einfach, weil er als erfahrener Naturwissenschaftler die unendlichen Zeiträume kannte, die Entwicklungen brauchen. Sein Sinanthropus mochte vor 1,7 Millionen Jahren gelebt haben – aber reichte eine Jahrmillion denn aus, diesen Pflanzenfresser, der sich in seiner Lebensweise und dem halb aufrechten Gang von den Menschenaffen nur wenig unterschied, zu einem aufrecht gehenden Lebewesen werden zu lassen, das sich seine Nahrung frei wählte und ihr nachjagte? Sind nicht wir heutigen Menschen noch von Tieren umgeben, die sich von ihren fossilen Vorformen nur unwesentlich unterscheiden? Konnte man nicht in der Tierwelt erkennen, daß relativ geringfügige Entwicklungen und Unterschiede vier, sieben, ja zwölf Millionen Jahre gebraucht hatten, ehe sie eine Art wirklich prägten? Dies anzunehmen, an so einen vergleichsweise schnellen Aufstieg vom Halbtier zum Halbgott zu glauben, hätte bedeutet, in jene Fehler zurückzufallen, die das Mittelalter in seinem guten Glauben noch begehen durfte, ein Forscher des zwanzigsten Jahrhunderts aber nicht mehr.

Es muß eine bittere Erkenntnis gewesen sein für Leakey, die aus seinem eigenen Wissen und Forschen steigende Überzeugung, daß er nun doch nicht Adam gefunden hatte, sondern allenfalls Kain, den gewalttätigen Abkömmling, dessen Gesichtszüge durch die Kaumuskeln entstellt, durch das niedrige, beinahe hirnlose Schädeldach abstoßend brutalisiert waren. Aber es gab nur fünf Jahre später dann doch den Lohn für diese Redlichkeit gegenüber der Lehre, für die er angetreten war: im Frühjahr 1964 fand das unermüdliche Ehepaar abermals Knochenteile außerordentlich hohen Alters, die keine Tierknochen waren. Sie gehörten zum Schädel, zum Kiefer, zu einer Hand und zu einem Fuß eines menschlichen Wesens, das nach sorgfältigen Berechnungen nicht viel über einen Meter, allerhöchstens aber 150 cm groß gewesen war, so etwa also wie die heutigen Pygmäen. Dieser – wie man später sagen wird: grazile – Mensch ging jedoch bereits aufrecht; er war ein echter Zweibeiner, der ging und lief, und es gab Hinweise dafür, daß er sich einfachste Behausungen zu schaffen pflegte.

Natürlich wußte Leakey, daß sich das Oldoway-Dasein seines Frühmenschen über vergleichsweise unendliche Zeiträume erstreckte, die hundert- bis fünfhundertmal so lange waren wie die gesamte historische Epoche. Es war also nur natürlich, daß sich in ihnen jene primitiven Entwicklungen vollzogen, durch die auch ein mit geringer Hirnmasse begabtes Lebewesen sein Leben ein wenig angenehmer gestaltete, bauen sich doch auch Vögel Nester, legen doch auch Nagetiere Höhlen an, von den kunstvolleren Bauten der Biber und der Termiten ganz zu schweigen.

Aber es gab doch auch noch deutlichere Übereinstimmungen mit dem Menschen, wie wir ihn kennen, so zum Beispiel in den Fußknochen, die schon weitgehend jenen des historischen Menschen glichen, woraus auf eine verwandte Lebensweise, auf laufen, gehen, stehen und schlafen auf der Erde, nicht etwa in Bäumen, zu schließen war. Auch die Eßgewohnheiten unterschieden diesen Neu-Fund nicht mehr so deutlich vom heutigen Menschen wie von seinem gleichzeitigen robusteren Gegenspieler, dem Nußknackermenschen: Der Kleinmensch, von Leakey *Homo habilis* genannt, weil er allerlei Fertigkeiten besaß, wählte seine Nahrung wesentlich freier, um nicht zu sagen souverän. Er verzehrte Fische und Früchte, kleines Getier und – wie die respektlose *New York Times* andeutete – gelegentlich wohl auch einen Nußknackermenschen, wenn der den geschickteren Kleinmenschen in die Hände gefallen war.

Das Wichtigste an Leakeys Entdeckungen war jedoch, daß sie andere, noch umstrittene Funde in ein neues Licht rückten, daß sie bestätigten, was einem Kollegen niemand hatte glauben wollen, und dieser ein wenig ältere Kollege war der Johannesburger Anatomieprofessor Raymond Dart. Er hatte aus prähistorischem Interesse schon seit geraumer Zeit seine Studenten in Witwaterstrand angehalten, ihm Fossilien und Abdrucke im Stein mitzubringen, und als ihm einer seiner Hörer 1924 von einem fossilen Pavianschädel aus dem kleinen Ort Taung erzählte, ruhte Dart nicht, bis er einige Kisten mit Versteinerungen aus jener Gegend erhielt, genauer aus einem kleinen Kalksteinmassiv sechs Meilen südwestlich der Eisenbahnstation Taung, mehr als siebzig Meilen nördlich von Kimberley. Im wesentlichen hatte sie der Jäger de Bruyn zusammengebracht, ein interessierter, aber nicht speziell vorgebildeter Mann, und es war demnach ein ungemein glücklicher Zufall, daß Dart tatsächlich auf seine Rechnung kam und jenes Kind von Taung fand, das Sensation machen sollte: Es handelte sich um den Schädel eines Sechsjährigen mit vollständigem Milchgebiß, wobei die soeben nachgewachsenen Backenzähne eine relativ genaue Altersangabe zuließen und der Schädelbau mit dem Eintritt der Wirbelsäule erkennen ließ, daß jenes kleine Lebewesen zweifellos aufrecht gegangen war. Der Fund wurde aufgrund der ihn umgebenden Schichten in die erste Zwischeneiszeit datiert (Kurtén) und ist damit im heutigen Vergleich mit etwa dreißig weiteren, meist später gemachten Funden einer der jüngsten (ca. 650-800 000 Jahre alt). 1925 aber, als Dart seine Deutungen und Überlegungen publizierte und aufgrund des menschenähnlichen Gebisses ohne die charakteristischen Eckzähne der Affen von einem Frühmenschen sprach, erhob sich noch weltweiter Widerspruch, der gelegentlich in beißenden Spott ausartete: die menschlichen Kriterien, die für den Anatom überzeugend waren, leuchteten der großen Masse nicht ein. Einen Menschen mit einem winzigen Affengehirn war die Welt nicht bereit zu akzeptieren, nur ein paläontologisch interessierter alter Arzt, Dr. Robert Broom, prüfte den Kinderschädel unbefangen und gelangte zu dem Ergebnis, daß Dart recht habe. Es werde nur nicht ganz leicht sein, dies zu beweisen.

Damit haben wir nun drei Forscher, die jene Tugenden, die einst vor allem der europäischen Wissenschaft nachgesagt wurden, unbeirrt nach Afrika verpflanzten, indem sie mit einer nicht mehr alltäglichen Ausdauer und erstaunlicher, von der Überzeugung genährter Kondition in Gegenden gruben, suchten und prüften, die auch heute noch keineswegs leicht zugänglich sind. Es waren Forscher, von denen sich nur Broom vom traditionellen, etwas lächerlichen Bild des alten Professors unterschied: er hatte sich zeitlebens eine zweite Leidenschaft bewahrt, indem er neben den alten Steinen auch die jungen Mädchen sammelte.

Als Dr. Broom schließlich Direktor des Transvaal-Museums von Pretoria wurde, bot sich ihm die Möglichkeit, der Frühmenschenforschung, die bis dahin ja das Hobby eines Arztes gewesen war, nun sehr viel mehr Zeit und Mittel zu widmen. Der jetzt auf die achtzig zugehende Broom, der in untadeligem dunklem Anzug mit Krawatte in der Gluthitze südafrikanischer Felsbastionen herumstieg, erinnert uns an Rudolf Virchow, den großen Arzt, der im Alter ebenfalls zum Vorgeschichtler wurde und als rüstiger Greis seine pommersche Heimat umgrub.

1936 hatte Broom seinen ersten größeren Erfolg, als er an einem Augusttag in Sterkfontein, sieben Meilen nordwestlich von Krugersdorp, also in nächster Nähe der Stadt Johannesburg, auf Schädelknochen, genauer gesagt auf einen fast vollständigen Schädelabdruck eines Lebewesens stieß, das man dem Entwicklungsstadium des Kindes von Taung zuordnen mußte. Zu dem kindlichen Frühmenschen Darts gab es nun also ein erwachsenes Gegenstück und bald darauf auch noch den robusten Vetter: ein Schüler hatte die Versteinerung einer linken Schädelhälfte gefunden und in einer Art Privatmuseum zwei Meilen östlich von Sterkfontein aufbewahrt, was zwar keine sicheren Rückschlüsse auf die unmittelbare Fundumgebung zuließ, aber Dr. Broom nun einen weiteren und ziemlich unterschiedlichen Frühmenschentypus präsentierte. Zähne, Oberkiefer und ein später dazugefundener Unterkiefer zeigten einen Pflanzenfresser mit mächtigem Kauapparat, einen großen und kräftigen Typus offensichtlich völlig anderer Genesis, weswegen ihn Dr. Broom als *Paranthropus robustus* bezeichnete. Von Darts grazilerem Typus und von Brooms Paranthropus zusammengenommen kennt man heute etwa hundert Individuen.

Wenn man bedenkt, wie lange die historische Anthropologie, die ganze Lehre von der Menschwerdung überhaupt, mit dem Neandertalerfund von 1856 und mit dem Unterkiefer von Mauer bei Heidelberg leben mußte, dann ist allein schon in dieser plötzlichen Überfülle eine Revolution zu erblicken, eine vollkommene Veränderung der Materiallage, die sich binnen fünfzig Jahren ergeben hat.
Der zweite Umsturz des Denkens ergab sich aus den neuen Zeiträumen, mit denen die Wissenschaft vom Menschen nun konfrontiert wurde: an die Stelle der Jahrhunderttausende traten die Jahrmillionen, und der Mensch im Tertiär, also in der Vor-Eiszeit mit ihrem milden und die Fruchtbarkeit begünstigenden Klima, war fortan kein umstrittenes Thema mehr, sondern eine Selbstverständlichkeit. Daß er die Eiszeiten überstand, daß er trotz endlosen Zeiträumen der Vergletscherung und der Klimaverschlechterung nicht zugrunde ging, das war seine erste überzeugende Leistung, das nötigte ihn, das Stiefkind der Natur, zu einem Wettbewerb auf Leben

und Tod und machte ihn zwar nicht stärker, aber notgedrungen findig. Die Austreibung aus dem tertiären Paradies hinaus in die Unbilden der Eiszeiten nötigte den Urmenschen, sein Miniaturhirn zu verzweifelten Leistungen anzuspornen, und so, wie ein Muskelpaket kräftiger wird, wenn man es trainiert, wuchsen mit den Aufgaben nach und nach, sehr langsam, aber doch, die intellektuellen Fähigkeiten des Menschen. Die Rassen mit der dicksten Schädeldecke, die Gattungen mit dem vielsagenden Beinamen *robustus*, bei denen der Scheitelkamm zwar mächtige Kaumuskeln trug, aber auch die Vergrößerung des Schädelvolumens behinderte, blieben dabei auf der Strecke . . .
So könnte es gewesen sein. Wie es wirklich war, wie es gewesen sein *muß*, das kann in dieser Umbruchsituation niemand mit Sicherheit sagen, und wer dennoch so tut, als besäße er die einzige Wahrheit, der stellt damit seinen Kollegen in aller Welt ein empörend schlechtes Zeugnis aus und nicht nur seinen Kollegen: denn die zweite Revolution in der Erforschung der frühmenschlichen Entwicklung besteht darin, daß sich nach den Anthropologen und Medizinern nun eine kleine Armee von Spezialisten an der Klärung einzelner Fragen und damit an der Entscheidung so manchen alten Streites beteiligt. Nicht selten sind es Sondergebiete der biologischen Forschung, von denen die Öffentlichkeit nur wenig Kenntnis hatte. Die Gene als Steuerungsmoment des Zellwachstums kamen ins Spiel, die Nukleinsäure in den Zellen wurde untersucht, die Molekularbiologie entwickelte eine Art Spektralanalyse des Hämoglobin-Proteins, und die sogenannte immunologische Methode prüfte die Abwehrreaktionen, also die Bildung der Antikörper, um Verwandtschaften herauszufinden wie etwa die zwischen dem Menschen und dem Schimpansen, auf deren Blutproteine ein drittes Lebewesen, zum Beispiel ein Kaninchen, beinahe gleich stark abwehrend reagierte.
Es gibt heute niemanden mehr, der all die Informationen, die aus diesen Spezialgebieten stammen, zu vereinigen und in eine einzige große Theorie einzufügen imstande wäre. Man

könnte allenfalls einen Computer mit ihnen füttern (und hat dies natürlich auch schon getan). Das Ergebnis dieser Abschluß-Aktion nach so heterogenen Bemühungen hat Sherwood L. Washburn, Professor an der Berkeley-Universität von Kalifornien, in dem lakonischen Satz zusammengefaßt: »Der 1970 von Kohne veröffentlichte Primaten-Stammbaum würde Darwin und Huxley im Jahr 1870 nicht überrascht haben.« Die neuen Hilfswissenschaften haben also viele Einzelheiten aufgehellt, auch manches zusätzliche Argument in die Diskussion gebracht, im wesentlichen aber das bestätigt, was die Gelehrten an der Grabungsfront bereits erkannt hatten oder was auch dem Laien ohne weiteres klar war (wie zum Beispiel die umwerfende Erkenntnis, daß sich das Hämoglobinmuster des Menschen vom Hämoglobinmuster des Pferdes viel deutlicher unterscheidet als von dem des Gorillas . . .).

Das und anderes ist jedoch nur erheiternd, wenn man es allzu isoliert nimmt, und mit der Isolation ist es nicht nur in den Wissenschaften vorbei. Ich will gar nicht von jenem Pferdeenthusiasten sprechen, der zweifellos lieber von einem feurigen Araberhengst abstammen oder mit ihm eine gemeinsame Frühzeit-Wurzel haben wollte als mit dem gelbzähnig stinkenden Gorilla. Aber ich denke an die Mythologien der Naturvölker, die wir überlegen belächelt haben, weil sie Hasengötter haben, die dann im Mond ihr Unwesen treiben, weil sie einen Fisch, einen Käfer, eine Schlange, einen Stier und andere Lebewesen die Erde und das Leben und den Menschen erschaffen lassen. Sie brauchen keine zwanzig Aminosäuren, um sich darüber klar zu werden, daß wir auf diesem Planeten alle in einem Boot sitzen, und wenn man es auf dem Hintergrund des Weltalls sieht, so nimmt es sich zweifellos kleiner aus als ein Eingeborenenkanu im Pazifischen Ozean.

Mythologien sind Erklärungsversuche, und in der Regel sind sie dem Fassungsvermögen jener angepaßt, denen man etwas erklären will; darum die bunten Kindergleichnisse in Polynesien, die schon wesentlich raffiniertere Götterwelt der altamerikanischen Kulturen und schließlich die komplizierten Auseinandersetzungen zwischen Geschöpf und Schöpfer, wie das Alte Testament der argumentierfreudigen Juden sie uns zumutet. Widersprüche zwischen Mythen sind unerheblich, denn sie erklären alle dasselbe und bedienen sich dabei nur verschiedener Methoden, riskieren verschiedene Ansprüche. Ganz ähnlich verhält es sich mit den Erklärungsversuchen der verschiedenen heute um den Menschen-Stammbaum bemühten Gelehrten. Jeder setzt sein Rüstzeug ein und macht es uns damit nicht ganz leicht, die eine gemeinsame Wahrheit zu erspähen oder auch nur zu erahnen, die es ja doch wohl gibt. Dort, wo das Rüstzeug sich am deutlichsten unterschied, erwies sich die Synthese am schwierigsten, aber unmöglich ist sie auch dort nicht, denn die lebende Synthese aller Bemühungen ist schließlich der Mensch.

Es war letztlich ein negativer Umstand, der die Annäherung zwischen den Ausgräbern auf der einen und den Labor-Virtuosen auf der anderen Seite begünstigte: die in der klassischen Archäologie so nützliche Datierungsmethode mit Hilfe des radioaktiven C-14-Kohlenstoffs ließ sich für die großen Zeiträume, um die es in der Entwicklung des frühen Menschen geht, nicht anwenden. Die Hälfte des Radio-Isotops C-14 ist nämlich nach bereits 5 700-5 800 Jahren zerfallen, und wenn nur noch ein Viertel übrig ist, kann man auf einen Zeitraum von etwa 11 000 Jahren schließen. Die praktische Möglichkeit der Datierung endet somit beim Vierfachen dieses Zeitraums, also bei rund 45 000 Jahren, was ausreichte, das Aussterben des Neandertalers in Europa zu datieren, von dem kein Exemplar gefunden wurde, das vor 40 000 Jahren noch gelebt hatte. Das war aber viel zuwenig, um sich etwa mit jenen Funden auseinanderzusetzen, von denen man vermutete und aufgrund umliegender Gesteinsbildungen annehmen durfte, sie seien 800 000 bis zwei Millionen Jahre alt oder älter. Und da auch die wegen langsamerer Zerfallszeiten größere Zeiträume erfassende K(alium)-40-Methode nur approximative Werte lieferte, mußte man also verhandeln und, sofern man ein Gesamtbild der Entwicklung anstrebte, einen Ausgleich zwischen Bodenbefund, Laborergebnis und zahlreichen weiteren Einzelhinweisen suchen.

Das Datum, von dem wegen der konsequenten molekularbiologischen Datierungsschematik alle weiteren abhängen, ist jenes der Trennung zwischen zwei Entwicklungsstämmen. Der eine führt zu den sogenannten Neuweltaffen, die für den Menschen ohne Bedeutung bleiben, der andere zu weiteren Aufspaltungen, unter denen die Menschenaffenlinie zu finden ist. Setzt man die Trennung zwischen Neuwelt- und Altweltaffen früh genug an, also etwa sechzig bis siebzig Millionen Jahre vor unserer Zeit, so lassen sich auch die ältesten Funde (die im wesentlichen nur aus Zähnen bestehen) einigermaßen einordnen und die Entwicklungszeiträume unterbringen, die aus diesen Funden abzulesen sind. Die Hauptschwierigkeit bot dabei eine Entdeckung, die schon 1910 in Nordindien gelungen war, die aber erst bei einer neuen Untersuchung ein Halbjahrhundert später in ihrer vollen Bedeutung erkannt wurde. Es handelte sich um Bruchstücke eines Ober- und eines Unterkiefers, die in den Siwalik-Hills im Pandschab zum Vorschein kamen, und zwar in pliozänen Schichten – also in der jüngsten Stufe des Tertiärs, in der man bis dahin kein menschenähnliches Lebewesen vermutet hatte. Die Forschungen, die Dr. Elwyn Simons an den Funden von 1910 und späteren Funden aus der gleichen Gegend anstellte, erbrachten den Beweis für die Existenz eines Menschen-Vorfahren vor mindestens zehn, vielleicht sogar zwölf Millionen Jahren. Zähne und Kieferbruchstücke ergaben eindeutig, daß der Zahnbogen menschenähnlichen Verhältnissen entsprach und daß es sich um keinen Menschenaffen handeln konnte (dem ja dann erst nachträglich z. B. die starken Eckzähne hätten wachsen müssen). 1961 fand Leakey in Ostafrika in der Nähe von Fort Ternan (Südwestkenia) Oberkieferteile mit Zähnen und Einzelzähne, die auf die gleichen Merkmale des Gesamtgesichtsbaues schließen ließen wie die Pandschab-Funde, und schließlich kamen auch in China, in Leiyuan, Parallelfunde zum Vorschein.

Intensives Studium der Zähne, des Gaumens und der daraus abzuleitenden Erkenntnisse über Ernährungs- und Lebensweise ergaben, daß von den Lebewesen dieser Art kein Weg zu den Menschenaffen oder gar anderen Affen führt. Sie standen ausschließlich in der Entwicklungslinie, die im Menschen gipfelt und erhielten nach jahrzehntelanger Unsicherheit darum inzwischen den bereits 1934 vorgeschlagenen Namen *Ramapithecus*, wobei Rama eine Anspielung auf eine indische Gottheit ist und in dieser Verbindung auf die große Zukunft hinweisen will, die jener in Afrika und Südasien verbreiteten Art beschieden sein sollte.

Damit sah es für ein paar Jahre so aus, als sei die Urheimat des Menschen, der Ort seines Entstehens aus tierischen Vorstufen, doch der ehrwürdige Kontinent Asien, dem schon die frühen Funde auf Java und die Riesenzähne Koenigswalds diesen Ruhm eingebracht hatten: eine Weltgegend, in der man – wie es G. H. R. von Koenigswald wiederholt gelungen war – die Zähne fossiler Menschen in Apotheken kaufen konnte, weil sie in China als Wunderheilmittel und Talismane galten. Solch ein Land mußte auch in der Menschheitsentwicklung eine besondere Rolle spielen. Schließlich liege, so argumentierte von Koenigswald, der javanische Fundort wie der ostafrikanische etwa gleichweit vom Pandschab entfernt, so daß man sich sehr wohl denken könne, hier sei die Wiege der Menschheit zu suchen, von hier aus hätten die Individuen der Ramapithecus-Art ihre Wanderung in die Welt hinaus angetreten.

Ob es tatsächlich so war, ist für die Entwicklungsgeschichte selbst nicht so sehr wichtig. Sowohl in Nordindien als auch in China und Afrika gab es erdgeschichtliche Phasen, in denen die Urwälder zurückwichen, Steppen sich ausbreiteten und waldbewohnende Rudel sich nach und nach dem Leben in der Steppe anpassen mußten. Anpassen, das hieß sich aufrichten und laufen, das hieß von der Pflanzennahrung zum Fleischfressen übergehen, was wiederum das Gebiß veränderte. Aber das sind Vorgänge, die Jahrmillionen brauchen, und sie betrafen keineswegs nur eine bestimmte Gattung.

Die nun eingeleitete Entwicklung führte zu Vormenschen, die nach vorsichtigen Berechnungen bis zu dreieinhalb Meter groß gewesen sein mögen (chinesische Fundstätten), und zu ausgedehnten Bevölkerungen vom Ramapithecus-Typ, wo die Männchen nur 110 cm maßen. Leakey fand in Ostafrika auch Gesellschaften, die vor etwa zwei Millionen Jahren aus großen Männern und zwerghaften Frauen gebildet waren. Das heißt: das Vormenschenbild ist ungleich vielfältiger als die heutige Erdbevölkerung; heute nicht mehr existierende Lebewesen von Riesen- oder Zwergenwuchs, total behaart oder schon teilweise nackt, schon aufrecht gehend oder noch vornübergebeugt laufend, vereinten sich zu einer vormenschlichen Fauna, in der noch alle Möglichkeiten schlummerten.

Die Forschung ist heute ziemlich sicher, daß Menschen und Menschenaffen zwar noch die sogenannte *Proconsul*-Stufe gemeinsam durchlaufen haben, daß sich jedoch aus verschiedenen Proconsul-Arten dann eine löste, die wir *Sivapithecus africanus* nennen, weil sie in Kenia gefunden wurde. Diese schließlich entwickelte sich zum Ramapithecus. Schon der Sivapithecus africanus hatte vergleichsweise kleinere Eckzähne und einen breiteren Kiefer als die äffische Entwicklungslinie. »Manche Merkmale der Sivapitheken sind zwar schwach ausgeprägt, aber doch schon ausgesprochen menschenähnlich« (Jan Jelinek und Z. Mazakova). Je nachdem, ob man den Ramapithecus zehn, zwölf oder vierzehn Millionen Jahre vor unserer Zeit ansetzt, muß man also sagen, daß die Entscheidung zwischen dem Menschen und dem Menschenaffen in einen Zeitraum fällt, der vor etwa zwanzig bis fünfundzwanzig Jahrmillionen begonnen und etwa zehn Millionen Jahre lang gewährt hat: eine Entscheidung, die von der Natur getroffen wurde, von der Umwelt jener Rudel, und die auf verschiedenen Kontinenten erfolgt sein kann. Denn aus dem Fund des Sivapithecus auf afrikanischem Boden zu schließen, es könne vergleichbare Lebewesen anderswo nicht gegeben haben, ist natürlich unzulässig wie alle ex-silentio-Schlüsse. Man hat auf dem Gebiet der heutigen CSSR, in Österreich und in Ungarn Uraffen gefunden, die zur Proconsul-Gattung zu zählen sind und auf den Sivapithecus gefolgt sein können, und ebenso können Fundstücke aus den nordindischen Siwalik Hills eine Übergangsstufe zwischen Proconsul und Ramapithecus kennzeichnen.

Die Zeiten der isolierten Betrachtung einzelner Fundstücke sind jedenfalls vorüber; anstelle der Einzelindividuen werden heute ganze Stämme ausgegraben wie zum Beispiel im Osten des Turkana-Sees in Kenia oder im Omo-Flußbecken im südwestlichen Abessinien oder auch in Rhodesien. Vorüber ist auch die Zeit, da man es noch verantworten konnte, im Finderglück neckische Namen zu geben wie etwa *Proconsul* für einen Frühmenschenaffen, den das Ehepaar Leakey in den Dreißigerjahren am Victoriasee ausgrub und nach dem damals beliebtesten Schimpansen des Londoner Zoologischen Gartens, dem Consul, eben Proconsul nannte. Der Name wurde durch Howoods wissenschaftliche Beschreibung des Fundes seit 1933 in der Fachwelt üblich und leitete eine ganze Reihe ähnlicher, aus allen möglichen Bezügen abgeleiteten Benennungen ein, die man wohl bald durch ein Zahlenschema oder ein dekadisches Ordnungsprinzip wird ersetzen müssen, wenn man den Überblick behalten will. Schon heute lassen sich bei einigen besonders ergiebigen afrikanischen Fundstellen die geborgenen Stücke nur noch in langen Listen erfassen; schon heute währt die Auswertung der zahlreichen Funde oft länger als der Such- und Grabungsvorgang selbst. Damit ist dieser ganze Forschungsbereich nun auch nach seinen Methoden dorthin zurückgekehrt, wo die anspruchsvolleren, philosophisch orientierten Fachleute ihn stets hatten belassen wollen: in die Naturgeschichte. »Gäbe es einen Frühmenschen noch nicht vollmenschlicher und damit noch nicht kulturschöpferischer Art, so wäre uns dessen Handeln nicht wirklich zugänglich und könnte auch nicht im vollen Sinn des Wortes als geschichtlich oder urgeschichtlich angesehen werden.« (Karl J. Narr)

Prometheus unter den Wilden

Das kulturelle Schöpfertum, das die hoch visierenden Historiker dem Frühmenschen abverlangen, ehe sie ihm die Silbe Mensch zubilligen, nimmt sich im ersten Augenblick als ein recht eindeutiges Kriterium aus, ist es aber nicht – ganz abgesehen von der Tatsache, daß man unter diesem Gesichtspunkt einer nicht geringen Anzahl unserer Mitmenschen das Menschentum absprechen müßte. Weitere Unsicherheit bringt die unleugbare Tatsache mit sich, daß zum Beispiel nordamerikanische Indianerstämme, als die ersten Spanier auf sie stießen, eine reine Wildbeuterexistenz führten und nicht einmal Gefäße besaßen, nach den verschiedenen Reifezeiten der Früchte durch die heutigen Südstaaten der USA zogen und Obstsaft aus Löchern tranken, die sie in den Boden gegraben hatten(!), nach dem unanzweifelbaren Zeugnis des schiffbrüchigen spanischen Juristen Cabeza de Vaca, der diese Hungerzüge jahrelang mitmachte: wo war bei diesen Stämmen das kulturelle Schöpfertum geblieben? Wieso lagen sie in der Entwicklung zwei Jahrmillionen hinter ihren Entdeckern, während die mittelamerikanischen Indianerkulturen der spanischen in vielen Dingen sogar überlegen waren? Ich will damit andeuten, daß wir uns auch in diesem Kapitel noch auf sehr unsicherem Terrain bewegen. Beinahe scheint es leichter, den menschlichen Charakter eines Lebewesens aus seinem Gang, der Beschaffenheit seiner Fußknochen und Zähne und dem Gehirnvolumen abzuleiten als aus dem, was er hervorgebracht hat. Denn was immer der Mensch tut in diesen frühen Phasen seiner irdischen Existenz, das *muß* er tun, das wird ihm abverlangt. Sein Hervorbringen ist nicht die Frucht süßer Muße, sondern die Antwort auf harte, lebensbedrohende Zwänge, und darum geht es in diesem vorgeschichtlichen Augenblick auch mehr um den Nutzen als um die geistige Relevanz einer Erfindung oder, bildlich gesprochen: solange man noch nicht weiß, womit man einen Markknochen öffnet, würde man selbst den schlichtesten Flaschenzug als Spielzeug ansehen müssen. Und wir werden viel später, in den vorgeschichtlichen amerikanischen Kulturen, im Kinderspielzeug Erfindungen vorweggenommen finden, die für den praktischen Erwachsenengebrauch noch gar nicht existierten.

Der Urmensch ist als Schöpfer also in einer ganz anderen Lage als jene Menschen, deren schöpferische Fähigkeiten wir heute bewundern, oder auch aus der Historie der Wissenschaften und Künste kennen, und selbst sehr naheliegende Entwicklungen verschlangen ungeheure Zeiträume. So traten die ersten Werkzeuge zwar außerordentlich früh auf, aber es währte in manchen Weltgegenden eine Million Jahre, ehe der Mensch bereit war, sich das Material für diese Werkzeuge anderswo zu holen als in seiner unmittelbaren Umgebung; man behalf sich lieber, ehe man auch nur einige wenige Tagereisen auf sich nahm.

Die stummen Angebote der Natur nützte ganz offensichtlich schon der *Australopithecus,* der Südaffe, wie Dart ihn unhöflich nennt, der Affenmensch, wie Jelinek ihn zu nennen vorschlägt. Er greift nach Steinen und Knochen, die ihm für bestimmte Verrichtungen geeignet zu sein scheinen, aber er verändert sie nicht, bearbeitet sie nicht, stellt sie natürlich auch nicht her.

Dies, das Werkzeugmachen aus geeignetem Stein und die Anpassung der Werkzeuge an die nötigen Arbeiten und Verrichtungen, beginnt etwa 1,9 Millionen Jahre vor unserer Zeit mit jenem kleinwüchsigen Menschenwesen, dem Leakey dafür zu Recht den Ehrennamen *Homo habilis* gegeben hat. Er lebt neben dem robusteren Vetter, der sich jedoch nicht entwickelt und ausstirbt, und man hat neben den Skeletten des Homo habilis inzwischen so viele Steinwerkzeuge gefunden – über zeitlich sehr unterschiedliche Schichten verteilt –, daß man mit Sicherheit sagen kann: in Kenia und Südafrika hat es zu Beginn der zweiten Jahrmillion bereits ortsgebundene, ihre nächste Umgebung versorgende Werkzeugindustrien gegeben. Natürlich wurden an verschiedenen Punkten der bewohnten Welt all diese ersten Erfindungen – die Schaber, Keile, Keulen und so weiter – immer wieder gemacht, man kann von einem isolierten Schöpfer, dem Genie, das einen ganzen Stamm fördert, noch nicht sprechen. Der Zufall, der Spieltrieb, die geeigneten Mineralienvorkommen in der Nähe, das alles spielt mit und verschafft dem einen Rudel möglicherweise einen Vorteil, den die Nachbarn in der Steppe erst Jahrtausende später erlangen. Der Mensch ist zunächst noch so vollständig von den Bedingungen abhängig, die seine Umwelt ihm macht, daß er weder hinsichtlich der Nahrung und der Kleidung noch hinsichtlich seiner Werkzeuge eine gewisse Freizügigkeit genießt, einen Spiel-Raum hat. Angst, Not, Hunger, Überlebenstrieb regieren und lassen keinen Raum für Varianten. Äonen vergehen, ehe sich auch nur die erste Schabklinge aus einem am Ort nicht vorkommenden Stein findet, und nach weiteren Äonen erst wird irgendein Werkzeug eine kleine nicht zweckdienliche, sondern einfach hübsche Verzierung aufweisen. Alles geht unendlich langsam, und eben das ist es, dieses Aufstreben durch Millionen Jahre, das den Vorgang so wunderbar macht. Denn wer ist es, der hier ein Ziel anvisiert, das so unendlich weit in der Zukunft liegt? Wer ist es, der die Auswahl trifft unter vier, fünf oder mehr nach Körperbau und Lebensweise unterschiedlichen Aspiranten auf die einzigartige Karriere eines Herrn der Schöpfung? Warum – wenn die Zunahme der Fähigkeiten tatsächlich nur durch die Umwelt-Herausforderung bedingt ist – warum entwickelt sich ein Typus zum Werkzeugmacher,

zum Werkzeughändler, zum primitiven Künstler und endlich zum Vollmenschen, während andere, gleichzeitig mit ihm lebende, in den gleichen Steppen jagende Vormenschen auf ihrer Stufe bleiben und schließlich aussterben? Soll das tatsächlich der dicke Pflanzenfresser-Scheitelkamm verursacht haben, weil er auf den Schädel drückte, der sich längst weiten wollte? Oder hat es wirklich jene geheimnisvoll-strahlende Weisheitsstele gegeben, die Stanley Kubrick zu Beginn seiner großen Vision von der *Odyssee im Weltraum* plötzlich, aus den Sternen herab, in eine Urhorde fallen läßt, einen Erweckungsstrahler, der den Ramapithecus erstmals einen Tierknochen aufheben und als Waffe gebrauchen läßt?
Wo ungelöste Rätsel walten, darf jeder ein Wunder vermuten, und der unendlich ferne Vorgang, den wir bis heute noch nicht zureichend erklären können, hat durch die Annäherungsversuche der Natur- und Geschichtswissenschaft an Macht und Geheimnis nicht verloren, sondern gewonnen. Wer heute, nach den chaotischen Grabenkämpfen der verschiedenen Wissenschaften, noch immer an die volle Rationalität, an die volle Bedingtheit der Menschwerdung glaubt, benimmt sich nicht viel anders als ein Comic-Strip-Zeichner, der Gottvater mit den Delegierten der Vormenschen darstellt: der Primus darf Mensch werden, die dummen Buben sterben aus, und die Hinterbänkler erklären resignierend: Bevor wir aussterben, werden wir lieber Affen – welcher Wunsch ihnen denn auch erfüllt wurde. Die tiefe Melancholie in so manchem Gorilla-Gesicht scheint auf den schicksalhaften Verzicht hinzudeuten.

Der Homo habilis also geht aufrecht, läuft und bewegt sich wie wir, hat die Hände frei für allerlei Verrichtungen und ist nur dadurch noch ein wenig behindert, daß sein Daumen ungleich kürzer ist als unserer, in manchen Funden nur ein größerer spitzer Vorsatz, der noch nicht in die fruchtbare und wichtige Opposition zu den anderen Fingern treten kann.
Die erste Jahrmillion vom Werkzeug-Einsatz an gerechnet ist damit vergangen. Einseitigkeiten in der Ernährung gibt es

nicht mehr, gegessen wird alles, was die Natur liefert, also auch Artgenossen. Der aufgerichtete, sich über Süd- und Ostasien ausbreitende Mensch wird folgerichtig *Homo erectus* genannt. An seiner Menschlichkeit bestehen für die Forschung keine Zweifel mehr, vor allem, weil keiner der Gelehrten einen solchen Frühmenschen in freier Wildbahn lebendig auf sich zukommen sah. In diesem Fall nämlich hätte er geschworen, es mit einem intelligenten und beutegierigen Raubaffen zu tun zu haben. Die Funde von Java nämlich, die jetzt wichtig werden, und die eine etwas spätere Periode bezeichnenden Ausgrabungsergebnisse aus China zeigen uns ein eher furchterregendes Menschenbild.
1890 fand der holländische Arzt und Anatom Eugen Dubois, ein leidenschaftlicher Darwinist, in der Nähe der mitteljavanischen Stadt Ngawi ein vielversprechendes Gebiet mittelpleistozäner Schichtungen, und hier gelang ihm tatsächlich 1891 der erste Fund, den er zunächst für Überreste eines frühen Menschenaffen hielt (Mahlzahn und Schädeldecke). Erst ein Jahre später zum Vorschein kommender Oberschenkel zeigte dem Anatomen Dubois, daß hier viele menschliche Merkmale bereits gegeben waren, während die starken Augenbrauenwülste und die mächtige Nackenmuskulatur bei kräftigen Kauwerkzeugen diesem Javamenschen noch das affenähnliche, drohend-aggressive Aussehen gaben, eine vermutlich leicht vornübergeneigte Kopfhaltung und reiche Körperbehaarung.
Obwohl Dubois nur die unvermeidlichen Irrtümer begangen hatte und seinen Javamenschen als das *missing link* zwischen Affenart und Menschenart ansehen mußte, weil es ja noch so gut wie keine anderen, Kontrollmöglichkeiten bietenden Funde gab, erlitt er ein tragisches Forscherschicksal der Verhöhnung und Anfeindung. Weniger robust geartet als seine Lehrer Haeckel und Darwin, zog er sich verbittert ganz von der Öffentlichkeit zurück und gestattete auch keine Untersuchungen seiner Fundstücke mehr, was seinen Gegnern naturgemäß nur noch weitere Argumente lieferte. Den Durchbruch zur Anerkennung der Java-Funde erzielte erst der aus

Deutschland stammende, aber ebenfalls in Holland lebende Professor von Koenigswald, der im gleichen Fundbereich, jedoch weiter östlich und näher an Soerabaya liegend, zunächst einen Kinderschädel entdeckte. Er entstammte älteren Schichten des Pleistozäns und wird heute auf etwa eine Million Jahre geschätzt, während der Dubois-Fund ungefähr 700 000 Jahre alt ist. Mit den Sangiran-Funden Koenigswalds und anderer Ausgräber blickt man heute auf beinahe acht Jahrzehnte fruchtbarer Forschung in Java zurück und gelangte zu einem Homo erectus, der heutige Maße erreichte. Zum Unterschied vom afrikanischen Homo habilis war er bereits 165-175 Zentimeter groß, und die Gehirnvolumina differierten zwischen 750 ccm bei den ältesten und 900 ccm bei den vergleichsweise jüngeren Individuen (beim modernen Europäer im Durchschnitt 1362 Gramm für den Mann und 1219 für die Frau).

Durch die neuen Funde zwar gerechtfertigt, aber in seiner Zurückgezogenheit nicht mehr zu neuen Stellungnahmen zu bewegen, starb Eugen Dubois während des Zweiten Weltkriegs, als die Menschheit allerdings auch andere Sorgen als vereinzelte javanische Schädeldecken hatte. Der Zweite Weltkrieg war es dann auch, der eine große Lücke in wichtiges Fundmaterial riß, denn die Originalrelikte des Pekingmenschen gingen irgendwo zwischen China und den USA verloren.

Daß die Geschichte der Frühmenschenforschung in China mit den Talisman- und Amulettzähnen in den Apotheken begann, ist eine der wenigen Anekdoten aus der einschlägigen Forschung, die um den ganzen Erdball gegangen sind. Sie haben nicht dazu beigetragen, dem Publikum der Jahrhundertwende Verständnis und Zutrauen für die Arbeit jener Gelehrten abzunötigen, die sich damals um diese ersten verstreuten und eben darum unendlich wichtigen Einzelbeweise bemühten.

Neben Koenigswald forschten der Österreicher Zdansky, den inzwischen selbst seine Heimat vergessen hat, der unternehmungslustige Schwede J. G. Anderson und der Amerikaner

Davidson Black. Die sogenannten Drachenzähne, die offensichtlich seit vielen Jahrhunderten allen Chinesen vertraut waren und schon in frühen kaiserlichen Epochen gehandelt wurden, wiesen den Weg in die Kalkstein-Höhlensysteme von Tschu-ku-tien, einen Tagesmarsch südlich von Peking. Nach dem Ersten Weltkrieg begannen dort Grabungen, die in neun Jahren nicht mehr zutage förderten als weitere Zähne; erst später, in den Dreißigerjahren, gelangen auch Skelettfunde, und als 1937 die Japaner den ebenso überflüssigen wie aussichtslosen Versuch machten, das riesige China zu erobern, überblickte die Forschergruppe, die sich inzwischen durch Amerikaner verstärkt hatte, immerhin Relikte, die zu mindestens vierzig verschiedenen Individuen gehörten, vierzig Exemplaren des *Sinanthropus pekinensis*, des Peking-Menschen.

Die Ähnlichkeit dieser Funde mit jenen, die auf Java gemacht worden waren und gleichzeitig gemacht wurden, war unverkennbar, doch verrieten die etwas schwächeren Augenbrauenwülste, das breit auf einem nicht mehr so mächtigen Unterkiefer aufsitzende Gebiß und der gewölbte Schädel, daß die Entwicklung zum denkenden Wesen weitergegangen war. Der Pekingmensch – in guten Abgüssen, nicht aber in Originalen erhalten – war also ein Nachfahr des Javamenschen und etwa 200-300 000 Jahre jünger. Das ist eine absolut genommen große Zeitspanne, aber ein vergleichsweise geringfügiger Zeitraum für Entwicklungen der Schädel- und Gebißform. Man hatte und hat beinahe den Eindruck, daß sich zwischen der Zeit des Javamenschen (1 000 000-700 000) und jener des Pekingmenschen (500-400 000) ein Entwicklungsschub ereignet haben müsse, der bis heute insofern nachwirkt, als der Chinese hinsichtlich seiner Gehirnmasse dem Europäer und erst recht dem Neger deutlich überlegen ist. Eine Erklärung für dieses Phänomen ist bis heute nicht gefunden worden, doch steht immerhin fest, daß etwa 700 000 Jahre vor unserer Zeit der letzte große Meteorabsturz auf die Erde erfolgte, der letzte, der katastrophale Ausmaße hatte und auf dem ganzen Erdball erlebt worden sein muß.

Die Tektite (Schmelzgesteine) dieses Ereignisses sind über einen weiten Bereich zwischen Südchina, Philippinen und Australien verstreut und mögen in ihrer Gesamtmasse 250 Millionen Tonnen ausgemacht haben. Damals erfolgte eine – bisher letzte – Umpolung der Erde, was zumindest bei Mikrolebewesen des Meeres einen Entwicklungsschub auslöste, wie Glass, Heeze und andere Meeresbiologen in den letzten Jahren vor allem im Indischen Ozean nachgewiesen haben. Zusammenhänge mit der Entwicklung höherer Organismen sind bislang noch unbekannt, aber nicht auszuschließen, ohne daß man dabei an direkte Interventionen denken müßte, wie dies Erich von Däniken getan hat oder auch Stanley Kubrick mit seinem strahlenden Erwecker. Die mitunter Jahrtausende während magnetfeld-freie Spanne während der Erd-Umpolung gewährt jedoch magnetischen Partikelchen aus dem All (Sonnenstaub) ungleich stärkeren Zutritt in die Lebenszonen auf der Erde, als dies bei funktionierendem Magnetschirm der Fall ist. Auch wenn man nicht gerade ins Phantasieren verfallen will, auch wenn man zugibt, daß diese Vorgänge uns noch viel zu unbekannt sind, um Schlüsse zuzulassen, nachdenklich stimmen dürfen sie uns, müssen sie uns.

Unter den männlichen Schädeln, die von europäischen, amerikanischen und zuletzt von chinesischen Teams in den Kalksteinhügeln und Höhlen von Tschu-ku-tien ausgegraben wurden, befanden sich zwei, die mit 1 220 ccm annähernd modernes Gehirnvolumen aufwiesen, und ein Frauenschädel erreichte mit 850 ccm immerhin eine Gehirngröße, wie sie nach Messungen auf Pariser Friedhöfen bei Damen der Seine-Stadt nicht ganz selten sein soll. In nur 300 000 Jahren hatte sich das Volumen des menschlichen Denkapparats also um 300 ccm erhöht und – hatte zu erheblichen Unterschieden auch innerhalb der bereits existierenden Bevölkerung der Erde geführt. Denn während die Wedda auf Ceylon und einzelne andere im Aussterben begriffene Restvölkerschaften nur unerheblich über den Maximalgewichten der Menschenaffenhirne liegen, setzt sich nun zumindest der Peking-Mensch deutlich ab und nimmt in den großen Stromtälern des östlichen Asiens seine eigene, rätselhaft beschleunigte Entwicklung.

Die Werkzeuge, die wir beim Pekingmenschen finden, sind nicht aus dem Stein seines Lebensbereichs geschlagen oder herausgespalten, sondern sind aus importiertem grobkörnigem Quarz und dunklem Eruptivgestein gefertigt, waren Faustkeile und ergänzt durch andere Stücke von Blattform noch nicht geklärter Verwendung (sie treten ähnlich, aber viel später, auch im südlichen Mitteleuropa auf). Das Alter der Funde ist durch verschiedene Methoden, unter anderem auch die Potassium-Argon-Datierung, mit 400 000-370 000 relativ sicher bestimmt und eingeschränkt, doch widersprechen einander die Forscher noch in der Frage, ob der Pekingmensch in der ersten Eis- oder der ersten Zwischeneiszeit lebte. Wenn die Steinblatt-Werkzeuge Schaber sind, mit denen Felle bearbeitet wurden, so ließe dies auf niedrige Temperaturen schließen und man müßte annehmen, daß die Menschengruppe von Tschu-ku-tien sich gegen die klimatischen Unbilden der Eiszeit zu wehren hatte.

Die Werkzeuge aus Ergußgesteinen können aus dem nördlichen Jehol, aus dem Hsinganschan oder aus Nordkorea stammen; der Pekingmensch muß also nicht sehr weit gewandert sein, nicht von sehr weither in die Höhlen von Tschu-ku-tien gekommen sein, wo er Schutz vor der Kälte und der feuchter werdenden Witterung fand. Aber immerhin: er ist gewandert, er hat die Stammes-Existenz verlegt, vielleicht hat sich auch ein Stamm geteilt, weil die Lebensmöglichkeiten für eine größere Ansammlung von Menschen nicht mehr ausreichten. Daß die am Ort nicht aufzufindenden Werkzeug-Materialien durch Händler ins Tschu-ku-tien-Gebiet gekommen seien, muß allerdings als höchst unwahrscheinlich bezeichnet werden. Der Handel war wohl doch nicht das älteste Gewerbe, so früh auch Gabe und Gegengabe, primitivste Tauschgeschäfte, als eine Art Ur-Betätigung innerhalb des Rudels angenommen werden dürfen.

Dieses Herumziehen, das Wandern ohne Wiederkehr, wird nun zu einer Hauptbetätigung des Menschen und führt nach und nach zu einer Ausdehnung der Flächen, in denen sich der Mensch bewegt. Daß er sie bewohnt, kann man noch nicht sagen. Die beiden Amerika und Australien bleiben dabei in der Altsteinzeit ausgespart. Der Mensch des Altpaläolithikums ist wasserscheu in dem Sinn, daß er selbst schmale Wasserstraßen wie die zwischen dem nordafrikanischen Kontinent und Südspanien nicht überquert – ganze sechzehn Kilometer –, ja sogar Sizilien muß auf den Menschen warten, weil es fünf Kilometer vom italienischen Festland entfernt liegt und durch eine Wasserstraße von ihm getrennt ist.

Zwei große Wanderungszonen sind erkennbar und beginnen sich voneinander zu lösen: die ostasiatische, in der sich die mongolische Rasse entwickelt, und die eurasische, die – nordafrikanische Ränder miteinschließend – vom Atlantik bis zum Tien-Schan reicht (Müller-Karpe). Afrika hingegen scheint nur in den frühesten Steinzeitepochen eine homogene Entwicklung gehabt zu haben, in dem Sinn, daß der ganze Kontinent an seinen Rändern und in den leichter zugänglichen Steppengebieten von Völkerschaften durchzogen wurde, die etwa auf der gleichen Stufe der Entwicklung standen oder aber durch diese Kontakte die verschiedenen Stufen einander schließlich anglichen. Im weiteren Verlauf der Steinzeit, aber noch immer innerhalb des Altpaläolithikums, festigen die Funde dann den Eindruck, daß sich Unterschiede zwischen Afrikas mediterranem Nordrand und dem übrigen Kontinent herausbilden. Das spätere Schwarzafrika zieht sich in sich selbst zurück. Damit haben sich Völkergruppen, die wir heute ebenso selbstverständlich auf der Erde finden wie die Weißen, bereits vor etwa einer Jahrmillion voneinander getrennt. Sie nehmen eine parallele, aber unterschiedliche Entwicklung, die zu der großen Dreiteilung der Menschheit in negroide, mongoloide und europide menschliche Wesen führen wird. Als bizarre Sonderformen werden sich zwischen ihnen die Pygmäen und im innersten Südchina andere, noch nicht völlig erforschte Uralvölker erhalten . . .

Diese Trennung geht einher mit Kontaktverlusten, die ebenso unerklärlich sind wie die Wanderlust des Urmenschen, der, wenn auch in sehr, sehr großen Zeiträumen, überall hingelangt war, wo er ohne Schiffe hingelangen konnte, und der auf einer etwas höheren Kulturstufe dann zumindest den Radius dieser Wanderungen einschränkt. Die Beherrschung einer ganzen Reihe von Gerätschaften und die bessere Organisation seiner Jagden im Rudel gestatten ihm offenbar, die ihn umgebende Landschaft und das, was sie an lebender und pflanzlicher Nahrung bietet, besser auszunützen. Damit entfällt der Zwang zu weltweiter Wanderung, damit wird die bessere Durchdringung des eigenen Lebensraumes attraktiver. Aus einer extensiven Lebensweise wird im Lauf von Jahrhunderttausenden zwar noch keine seßhafte, aber immerhin eine intensivere Daseinsform. Noch entsteht nicht das, was wir Heimat nennen, aber eine Beziehung zwischen dem Menschen und einem Lebensraum beginnt sich zu bilden in den Großräumen der Alten Welt. Sie sind mit unseren Kontinenten noch nicht gleichzusetzen: Afrika gibt seinen Norden und Asien seinen Westen an Europa ab. Zentral- und Südafrika, aber auch Ost- und Südostasien driften für Hunderttausende von Jahren davon und treten erst in geschichtlichen Zeiten wieder in einem gemeinsamen Gesichtskreis zusammen.
Selbst skeptische Forscher nehmen von bestimmten Faustkeilformen an, sie seien noch um den ganzen bewohnten Erdball gewandert – die Inselkontinente Nord- und Südamerika ebenso wie Australien stets ausgenommen. Die Erfindung des Feuers jedoch wurde schon an mindestens drei, möglicherweise aber auch an dreitausend Stellen gemacht, und die Priorität spielt keine Rolle mehr. Die großen Meiler der Tschu-ku-tien Kultur haben mit den bis zu 40 Quadratmeter großen Feuerbewahrungsstellen Alteuropas ebensowenig zu tun wie mit den Feuern in Afrika. Prometheus, der den Menschen das Feuer brachte, oder auch Luzifer, der Lichtbringer, gehören keineswegs nur dem mediterranen Kulturkreis an. Da das Feuer ja nicht im vollen Wortsinn er-

funden wurde, sondern vom Himmel herabzuckte und von den Kühnsten und Klügsten der Stämme bewahrt wurde, hat es der elektrische Zufall allen Menschen beschert, die sich seiner zu bedienen wagten.

Ist der Werkzeuggebrauch noch ein Kriterium für die Menschlichkeit eines Wesens, so ist das Feuer schon sehr viel mehr. Werkzeuggebrauchende Frühmenschenrassen sind, wie wir gesehen haben, dennoch auf niedrigsten Daseinsstufen stehengeblieben und schließlich wieder ausgestorben. Das Feuer aber erwies sich, wo immer es in Gebrauch genommen wurde, als ein zentrales Element des Aufstiegs, ja in vielem als seine Voraussetzung. Man darf oder muß sich darum die Szene so vorstellen, wie sie gewesen sein kann und irgendwo wohl auch vorgefallen ist – auch wenn wir sie alle im Jugendbuch oder in den lehrhaften Erzählungen des vergangenen Jahrhunderts schon kennengelernt haben. Gewitter von großer Heftigkeit waren im warmen Tertiär und in den Warmzeiten des Quartärs gewiß nicht selten, und natürlich setzten die Blitzschläge nicht nur einzelne Bäume in Brand, sondern ganze Steppen. Wildtiere, die vor brennenden Bäumen flüchteten, können dem Frühmenschen das Feuer als Waffe empfohlen haben; im Feuer der Grassteppe verendete Tiere mögen den Frühmenschen darauf hingewiesen haben, daß Gebratenes einen höheren Genuß bedeute als das rohe Fleisch. Immer aber muß einer oder eine die existentielle Angst vor dem Feuer niedergekämpft haben, immer muß sich die aufblitzende Hoffnung in einem Einzelwesen als stärker erwiesen haben gegenüber dem Fluchtwunsch des Geschöpfes.

Der Mensch unterwarf sich das Feuer noch nicht, aber er hob sich von allen Tieren dadurch ab, daß er es nicht mehr fürchtete. Da er nicht wußte, wie er es erzeugen konnte, und da er zugesehen hatte, wie es vom Himmel hernieder zuckte, erschien ihm das wärmende und die Nahrung verbessernde, die Nacht erhellende Feuer sehr bald als eine kostbare Gabe höherer Wesen, die es zu bewahren galt. Dies geschah in ausgedehnten Meilern, deren meterhohe Aschenschichten wir

gefunden haben und die uns die Geschichte dieses frühesten Zusammenlebens des Menschen und der Flamme erzählen. Erst sehr viel später, Hunderttausende von Jahren nach den Meilern der Tschu-ku-tien-Epoche, finden sich die ersten sicheren Anzeichen für das Feuerschlagen aus Schwefelkies – nicht in China, sondern in Europa.
In der langen, langen Epoche der Unterworfenheit unter den Blitz muß der Mensch die Überzeugung gewonnen haben, daß der Himmel das irdische Geschehen mitgestaltet. Noch ahnte der Mensch nicht, daß er mit Hilfe des Feuers dereinst Metalle schmelzen und den Ton härten, daß er die Kleider der Seuchentoten oder auch die Leichen selbst verbrennen würde. Aber allein die Schwierigkeit, das Feuer am Brennen zu halten, die erhellende und wärmende Flamme zu pflegen, zeigten ihm, welch kostbarer Besitz ihm damit anvertraut war.
Die Hüter des Feuers hoben sich aus dem Rudel heraus, so wie sich vorher der Feuer-Bringer herausgehoben hatte, der mit seinem ersten Feuerbrand, selbst halb irr vor Staunen, Angst und Aufregung, einen flammenden Ast aus dem brennenden Baum gerissen und wie eine Beute zu den Seinen getragen hatte. Es kann nicht lange gedauert haben, bis diese Hüter des Feuers eine Sonderstellung genossen und zu den ersten Priestern wurden, und da und dort, wo man den Feuer-Heros noch nicht vergessen hatte, muß sich sein Kult oder ein anderer Feuerkultus entwickelt haben.
Was die Menschen am Feuer hatten, zeigte ihnen am deutlichsten die Eiszeit, als sie in Höhlen Zuflucht suchen mußten, Höhlen, in denen weit überlegene Raubtiere wie der Höhlenbär und der Säbeltiger gehaust hatten und die nun dank der neuen Waffe ausgeräuchert werden konnten. Zum Schutz gegen die Rückkehr der gewaltigen Bestien brannte das Feuer ebenso emsig wie zur Erwärmung der Höhle, denn hier, wo die Wärme nicht mehr vom Wind zerblasen wurde, sich nicht mehr in der freien Natur auflöste, entfalteten die Feuerstellen die erst wirklich lebenserhaltende Intensität ihrer Wärme- und Lichtstrahlung, von den Düften der Jagd-

beute ganz zu schweigen, die sich am Bratspieß drehte. Dafür nahm man die nun tränenden Augen gewiß gern in Kauf: rund um große Feuerstellen fanden sich Steinsitze, die den Eindruck erweckten, der Steinzeitmensch habe dem Feuer zugesehen wie wir heute Wasserspielen. Die großen Feuer in den langen Nächten oder auch an kalten Tagen waren vielleicht sein größtes Glückserlebnis.

Wir besitzen aus späteren Zeiten sehr eindrucksvolle Zeugnisse über die Fähigkeit auch des frühen Menschen, so starke Erlebnisse künstlerisch zu gestalten. Ja es gibt ernst zu nehmende Forscher, die in der steinzeitlichen Kunst, wie sie uns die Höhlen von Altamira und von Lascaux aufbewahrt haben, einen Höhepunkt des künstlerischen Ausdrucks sehen, wie ihn die Menschheit seither nicht übertroffen hat. Die Gewinnung des Feuers freilich hat uns der Mensch des Altpaläolithikums nicht überliefert, obwohl er sie vielleicht besungen, ja vielleicht sogar in Stein geritzt hat, denn die künstlerische Imagination und Ausdruckskraft dieser frühen Epochen konnte sehr wohl den technischen Möglichkeiten des Lebens vorauseilen.

In manchen Dichtungen der Naturvölker findet sich jedoch ein Echo auf jenen frühen Übergang von der Furcht vor dem Feuer zur Nutzung des Feuers, in Gleichnissen späterer Zeiten gefaßt und nur noch als ein Schatten der Urangst zu erkennen:

»Auf der Insel Komolom ging ein Knabe am Strand entlang, um zu fischen«, beginnt eine Kopfjägergeschichte von Neu-Guinea; »dabei fiel er unversehens in ein tiefes Loch. In diesem herrschte eine furchtbare Hitze, und durch sie wurde auch der Knabe feuerrot und glühend.

Als Männer vorbeikamen und die Glut spürten, entdeckten sie die Grube und in ihr den Knaben. Seine schöne rote Farbe gefiel ihnen, und so versuchten sie, ihn aus dem Loch zu befreien und ins Dorf Mombun mitzunehmen, aber niemand konnte den Glühenden anfassen. Da holten sie mit Bambusrohren Wasser aus dem Meer und gossen es auf den roten Knaben. Von ihm stieg Wasserdampf auf, gelangte bis an den

Himmel und wurde zu Wolken. Nun war der Knabe so weit abgekühlt, daß die Männer ihm aus der Grube helfen konnten.
Sie führten ihn nach Mombun und schmückten ihn mit einem Kopfputz aus Paradiesvogelfedern. Dann fing der Knabe aber erneut zu glühen an, und die Männer begannen zu fürchten, daß er noch ganz Mombun in Brand stecken würde. So trieben sie ihn wieder aus dem Dorfe.
Der glühende Knabe wollte zu den kühlenden Wolken hinauf und versuchte, an einer Yamsranke zu ihnen emporzuklettern, aber seine Glut ließ sie verdorren und setzte sie in Flammen. So kletterte er einen hohen Baum hinauf, der ebenfalls Feuer fing, aber bevor der Baum vollends verbrannte, hatte der Knabe bereits die Wolken erreicht und befand sich nun oben am Himmel. Er war zu Kantané, der Sonne, geworden, und an ihr sieht man als Strahlen noch immer die Paradiesvogelfedern.«
Die 1933/34 von Professor Hans Nevermann aufgezeichnete Geschichte ist sehr aufschlußreich, weil der Marind-Anim-Stamm, dem er sie verdankt, seit urdenklichen Zeiten in seinen Kultspielen die ganze Schöpfungsgeschichte und das Stammesleben immer aufs neue darzustellen sucht, nicht, um an etwas zu erinnern, sondern um es am Leben zu erhalten und die Wirkungen zu sichern. Das Feuer in der Erde ist bei so vielen vulkanischen Inseln, wie Melanesien sie besitzt, den Eingeborenen ebenso vertraut wie das Feuer aus den Wolken, der Blitz. Der Götterknabe, den man nicht anfassen kann, seiner glühenden Natur wegen, stellt die Verbindung zwischen den beiden Bereichen des Feuers dar, und die Menschen dazwischen sind naturgemäß gefährdet. Durch ein Opfer – die Bekränzung mit Paradiesvogelfedern – suchen sie das an sich dämonische Feuer zu versöhnen und zu besänftigen.
Daß die Gemeinschaft mit dem Feuer, das Vermögen, mit ihm umzugehen, wie ein Geheimnis gehütet wurden und einen großen Vorzug darstellten, erzählt eine andere melanesische Geschichte:
»In uralten Zeiten, ehe die Menschen das Feuer kannten, leb-

te in Maiwara an der Milne-Bucht eine alte Frau, die von allen Muhme genannt wurde. Damals schnitten die Leute den Yams und Taro in dünne Scheiben und trockneten sie an der Sonne. Auch die alte Frau bereitete so für zehn Jünglinge das Essen, und während sie im Busch nach wilden Schweinen jagten, kochte sie ihre eigenen Speisen. Sie kochte mit Feuer, das sie aus ihrem Körper zog. Stets beseitigte sie die Asche und die Abfälle, ehe die Jungen zurückkamen, denn jene sollten nicht wissen, daß sie den Yams und den Taro kochte. Eines Tages geriet ein Stückchen gekochten Taros unter die Speisen für die Knaben. Das war unabsichtlich geschehen. Der Jüngste kostete es und war ganz überrascht, daß es so gut schmeckte . . . Tags darauf blieb er zurück und versteckte sich im Hause. Er sah, wie die alte Frau das Essen für ihn und die Gefährten in der Sonne trocknete, und er sah auch, wie sie ihr eigenes Essen kochen wollte und dabei das Feuer zwischen den Beinen hervorzog.«

Das Feuer, das durch diesen Ursprung unmißverständlich mit dem Leben und dem Lebensbeginn gleichgesetzt wird, ist also ein Geheimnis. Im weiteren Verlauf der Geschichte ermitteln die Jünglinge den Kühnsten und Geschicktesten, der stiehlt das Feuer, setzt dabei jedoch das ganze Dorf in Brand, und die Alte muß es regnen lassen, um eine Katastrophe zu verhindern. In einem Palmbaum hat sich ein wenig Feuer erhalten, das wird fortan in einem großen Meiler gehütet, und die Leute der Nachbardörfer kommen herbei, um sich Feuerbrände zu holen.

Hier sind ganz deutlich archaische Verhältnisse geschildert, Ur-Gleichnisse gebraucht. Der weibliche Schoß, das große Geheimnis für den jungen Mann, birgt die Lebensfackel, die glühende Seele des Fortschritts, des Aufstiegs. Eine alte Frau, die im Besitz dieses Geheimnisses ist und es auch nach Belieben regnen lassen kann, zeigt uns, daß bei diesem Stamm Herd, Herdfeuer, Geburt und Gedeihen den Müttern anvertraut waren, ohne daß man darum schon von Mutterrecht sprechen müßte: die Frauen hüteten lediglich die Geheimnisse, beschworen die Dämonen . . .

Leo Frobenius berichtet in seiner berühmten *Kulturgeschichte Afrikas*, daß beim Regierungsantritt eines neuen Königs ein neues (Stammes-)Feuer entzündet wurde, und daß die Bewahrung dieses Feuers eine besondere heilige Aufgabe war. Im *Märchen vom Untergang von Kasch* (Reihe Atlantis, Band IV, Kordofan) wird die Rolle des Feuers besonders deutlich:
»Einmal war wieder der Tag des Todes eines Königs. Den Stieren waren die Hinterschenkel durchschlagen (Art der Opfertötung). Alle Feuer im Lande waren erloschen. Die Frauen waren in den Häusern eingeschlossen. Die Priester entzündeten das neue Feuer. Sie riefen den neuen König. Dieser war der Sohn der Schwester des soeben getöteten.«
(Es handelt sich um den in Afrika weitverbreiteten Brauch des Königsmordes, wenn der Monarch aus Altersschwäche seinen Aufgaben nicht mehr genügen kann.)
»In Naphta war es damals Brauch, daß ein ständiges Feuer unterhalten wurde, so wie heute noch in entlegenen Orten von For. Die Priester bestimmten zur Unterhaltung dieses Feuers stets einen Burschen und ein Mädchen. Die mußten das Feuer hüten und ein keusches Leben führen. Auch diese beiden waren getötet worden, aber nicht mit dem (alten) König, sondern bei der Entzündung des neuen Feuers. Als nun das neue Feuer für den König Akaf entzündet wurde, bestimmten die Priester die jüngste Schwester des neuen Königs zur Hüterin des Feuers. Als sie hörte, daß die Wahl auf sie gefallen sei, erschrak sie, denn sie hatte große Angst vor dem Tode.«
In einer langen, herrlichen Geschichte, von der Frobenius selbst zugibt, daß er eine vergleichbare aus keinem Teil der Welt kennt, löst die schöne Prinzessin die Herrschaft des Feuers und der Priester, die vom Himmel den Zeitpunkt des Tötens und Feuerlöschens ablesen, durch das neue Zeitalter des Ackerbaus ab. Ihr Geliebter, ein begnadeter Geschichtenerzähler, »dessen Märchen sind wie Haschisch«, wird König, aber nicht, weil der alte König getötet worden war: man ließ ihn erstmals in Frieden sterben. Die neue Ära der Prosperität erregt jedoch den Neid der Nachbarn, und das Reich von

Kasch mit seiner stärksten Stadtfestung Naphta geht unter –
zur Strafe dafür, daß es sich von den alten Sitten rund um das
Feuer abgewendet hatte.
Natürlich ist das eine Spätzeit-Geschichte, in der wir den archaischen Reiz, die Naturkinder-Naivität aus Melanesien
oder anderen Eingeborenen-Mythologien nicht mehr finden.
Aber wir erkennen die gemeinschafts- und gesellschaftsbildende Kraft des Feuers, das zunächst Mittelpunkt des Stammeslebens ist und später, in der Ackerbauzeit, dann zum
häuslichen Herd des Seßhaften wird. In allen heidnischen
Mythologien spielt die Gewinnung des Feuers und seine
Zähmung eine zentrale Rolle, nur in der Bibel wird der Besitz
des Feuers vorausgesetzt und lediglich seine Bewahrung und
Nutzung geschildert. Frühere Kulturstufen klingen jedoch
an, wenn etwa am Sabbat kein Feuer neu entzündet, lediglich
das bereits brennende erhalten werden darf, vor allem aber,
wenn Gott als Feuersäule seinem Volk den Weg weist. Und
wer hätte bei der brennenden Yamsliane aus Neuguinea nicht
an den brennenden Dornbusch gedacht!
Die Doppelrolle des Feuers als Lebensquell und Vernichter ist
in der Bibel, wie sie heute vor uns liegt, an den Rand gerückt
und abgesunken, vielleicht, weil die Redaktoren der heiligen
Schriften die heidnische Urgewalt dieses Elements und seine
beherrschende Rolle in den gleichzeitigen nichtchristlichen
Kulten fürchteten. Nur der Evangelist Lukas spielt auf Luzifer, den Lichtbringer, den Morgenstern an, von dem der Prophet Jesaia in einer der berühmtesten Stellen des Alten Testaments spricht, wenn er Jesus sagen läßt: »Ich sah den Satan
vom Himmel fallen wie einen Blitz.« (10, 18)
Er fällt vom Himmel zur Erde und bringt ihr das Feuer, wie es
ja in seinem Namen anklingt. Er fällt ab von Gott und wird
der Herr der Menschenwelt, eine Besitzergreifung, die in ihrer Größe und Schaurigkeit nirgends eindrucksvoller steht als
in dem apokryphen Buch Henoch:
»Sodann wurde ich an einen Ort entrückt, wo die Bewohner
wie flammendes Feuer sind und Menschengestalt annehmen,
sobald es ihnen gefällt. Und man führte mich zur Wohnung

des Sturms und zu einem Gebirge, dessen höchster Gipfel den Himmel berührte. Da sah ich die Hausungen der Himmelsleuchten und der Donnerschläge, und am äußersten Ende, in der Tiefe, wo sich der Feuerbogen, die Pfeile samt Köcher befinden, das Flammenschwert und alle Blitze. Hernach brachte man mich zu den Wassern des Lebens und bis zum Feuer im Westen, das alle Sonnenuntergänge empfängt. Und ich gelangte zu einem Flammenstrom, dessen Feuer wie Wasser rinnt; er ergießt sich ins Große Meer, das im Westen liegt. Und ich erblickte die großen Ströme und geriet in große Finsternis und gelangte dorthin, wo kein fleischliches Wesen vorankommt. Ich sah die Berge der winterlichen Dunkelheit und den Ort, zu dem alle Wasser des Abgrunds fließen. Und ich sah die Mündung aller Flüsse der Erde und die Mündung des Abgrunds.« (XVII)

Luzifer, einst Lieblingsengel des Herrn, und Henoch, den der Herr entrückt, um ihm den Tod zu ersparen, verschmelzen in dieser Vision von der außer-und untergöttlichen Schöpfung, von der Erdenwelt, dem Chaos der Schrecken, bis Licht und Wärme es bewohnbar machen. Dieser Gegensatz zwischen irdischen Geschöpfen und Himmel klingt in der jüdischen Mythologie nur vage an, denn die Juden empfinden sich ja als das auserwählte, in Gott ruhende Volk. Die Griechen haben mit ihrem skeptischen Verstand ein durchaus distanziertes Verhältnis zur Götterwelt, und darum ist der Mythos von Prometheus die ungleich deutlichere Ausprägung dieser halbgöttlichen Lichtbringerrolle: In einer griechischen Stadt ist ein Streit darüber ausgebrochen, welche Hälfte eines Stieres man Zeus opfern soll. Prometheus, zum Schiedsrichter bestellt, packt das beste Fleisch in den wenig verführerischen großen Rindermagen und läßt Zeus dann wählen. Der Göttervater wählt die andere Hälfte mit Haut, Knochen und Fett, Prometheus aber hat für die Menschen die besten Stücke gerettet.

Zur Strafe für diesen Betrug verweigert Zeus den Menschen das Feuer, das heißt, er will Prometheus, den Anwalt der Menschen, daran hindern, den Erdgeschöpfen zu einem besseren und höheren Leben zu verhelfen. Prometheus aber stiehlt sich in die Werkstatt des Schmiedegottes Hephaistos und bringt den Menschen das in einem Narthex-Stengel verborgene Feuer. Sobald sie es zu nutzen verstehen, unterrichtet er sie auch in einer Reihe anderer wichtiger Fertigkeiten: dem Schiffbau, der Gewinnung der Metalle, ja der Heilkunst und der Schrift (während es in der jüdischen Sage der Teufel ist, der die Menschen im Waffengebrauch und in der Kunst, sich zu schminken, unterweist!).

Aus dem Feuerbringer ist damit eine zweite, jedoch oft gemeinsam mit ihm auftretende mythische Erscheinung geworden, der sogenannte Kulturheros, dem wir bei fast allen Völkern begegnen, ob er nun Yao heißt wie bei den Chinesen oder Quetzalcoatl wie bei den Azteken: mit dem Feuer ist etwas Neues ins eiszeitliche Leben getreten, etwas, das zunächst nur als der Funke Hoffnung erschien und doch schon bald zum Lebenselement wurde, dem einzigen, das der Mensch nicht vorgefunden hatte, als er seine große Wanderung über die leere Erde begann.

Jagd ohne Diana

Es liest sich schaurig, wenn ernst zu nehmende Forscher ungerührt feststellen, der Mensch sei kein geborener Jäger, sei wesenhaft auch gar nicht für die Jagd geeignet, was schon daraus hervorgehe, daß sich – zum Unterschied von den großen Raubkatzen – beim Menschen das Weibchen nicht an der Jagd beteilige.

Die schöne Diane de Poitiers, emsig jagende Geliebte dreier französischer Könige, ist ein sehr spätes Gegenbeispiel, die hart strafende, von ihren Nymphen umgebene antike Jagdgöttin Diana immerhin eine Jägerin und Jagd-Patronin aus mythischer Zeit. Dennoch ist an der grundsätzlichen Feststellung von Karl J. Narr und anderen Gelehrten zweifellos richtig, daß dem Menschen die natürlichen Möglichkeiten fehlten, sich mit dem schnellen und starken Großwild auf der freien Wildbahn zu messen. Er war langsamer als die meisten Beutetiere, deren Fleisch er zu verzehren wünschte, und er war schwächer als sehr viele von ihnen, vom Großhirsch bis zum Höhlenbären und zum Mammut.

Der Mensch mußte sich also etwas einfallen lassen, und die Natur, Mutter aller Geschöpfe, hat ihm zweifellos den einen oder anderen Fingerzeig gegeben. Ob die durch die Kontinente ziehenden Menschenhorden bereits aufmerksam beobachteten, wie zum Beispiel ein Stamm von Pavianen emsig schnatternde Treibjagden auf kleinere Tiere veranstaltete und diese dann unter beträchtlichem Gekeife aufteilte, ist nicht sicher. Hingegen dürfen wir ohne weiteres annehmen, daß große Dickhäuter, die sich in Felsspalten gefangen oder auf andere Weise verwundet hatten, den frühen Jägern die ersten Hinweise auf die Fallgrubentechnik gaben. Sie war mühsam und kräfteraubend; sie setzte die Tierbeobachtung durch viele Wochen und die Kenntnis der Wildwechsel voraus, aber sie war in sehr vielen Fällen die einzige Möglichkeit der wohl stets gemeinsam jagenden Männergruppen, größere oder sehr gefährliche Tiere zu erlegen. Der Tod solch eines gefangenen Tieres, das sich zwar nicht nennenswert wehren konnte, aber doch auch niemand allzu nahe heranließ, muß grausam gewesen sein, hatte der Eiszeitmensch doch keine Waffe, um ein schnelles und damit gnädiges Ende des erbeuteten Tieres herbeizuführen.

Dennoch gab es keinen Weg um die Fleischmahlzeit herum, denn die Pflanzenwelt war im frühen Quartär, im eisigen Anhauch der großen Gletscherflächen, sehr dürftig geworden, der Segen der Früchte war verschwunden, wer überleben wollte, mußte zur Fleischnahrung übergehen. Es bedurfte gewiß nicht der zufälligen Hinweise wie etwa jener halbverzehrten Antilopen, wie sie aufgestörte Raubtiere gelegentlich liegenlassen. Der knurrende Magen allein genügte zweifellos, um Fleisch begehrenswert erscheinen zu lassen, und darum erweist sich schon der Frühmensch der Oldoway-Kultur als Jäger, zunächst allerdings vorwiegend auf kleineres Getier.

Als die Menschen-Rudel an Zahl wuchsen, als das Klima kälter wurde und die Höhlen zur Vorratshaltung einluden, begann der Wettstreit mit dem Großwild. Der Jagdinstinkt des heutigen Menschen ist überwiegend auf materielle Güter, bei manchen interessanten Individuen auch auf jüngere Exemplare des anderen Geschlechts gerichtet; der von manchen Forschern bestrittene Jagdinstinkt des Urmenschen hingegen hatte als Hauptziel die durch die Eiszeitlandschaft wogenden Fleischberge diluvialen Großwilds.

Die Anstrengungen, die er unternahm, um sich diesen Tieren als überlegen zu erweisen, erlangten für den frühen Menschen eine dreifache Bedeutung. Zunächst sicherten sie ihm das Überleben unter schwierigen äußeren Verhältnissen, zweitens entwickelten sie seine Denkfähigkeit, seine Findigkeit, sein schöpferisches Ingenium, und drittens bewirkte die geistige Konzentration auf den tierischen Gegner, daß schon der Urmensch versuchte, diesen für ihn so wichtigen, ja entscheidenden Dauerkampf auch künstlerisch darzustellen und mit den Mitteln künstlerisch-bildnerischer Magie einen zweiten Triumph über das Tier zu erringen.
In der attischen Heimat der Diana, zwischen Pentelikon und dem Berg Etos, gelang schon im Jahr 1835 dem englischen Archäologen George Finlay (der eigentlich auf ganz anderes aus war) ein Fund fossiler Knochen, der auf eine gewaltige Fundstätte pliozänzeitlicher Fauna aufmerksam machte. Ein bayrischer Soldat, der damals für seinen Monarchen in Griechenland stand, entdeckte bald darauf Tierknochen mit glänzenden Kalkspatkristallen, die der Brave für große Diamanten hielt, und was ihm zur Enttäuschung gedieh, brachte eine ganze Forschergruppe auf die damals noch umstrittene Existenz fossiler Affen. Wildbach-Ablagerungen hatten eine ganze Anzahl von Vorzeittieren in roten Ton eingeschlossen und erhalten, unter denen die Mastodonten zweifellos die gewaltigsten waren, während die Kurzhorn-Gazelle das beste Fleisch hatte. Glücklicherweise ging die Größe der Mastodonten von Eiszeit zu Eiszeit zurück, denn diesem größten Landsäugetier wären auch große Jägerrudel kaum gewachsen gewesen. Eben darum hatte ja auch die Forschung bis zur Mitte des vorigen Jahrhunderts angenommen, der Mensch könne gar nicht zugleich mit den riesenhaften Vorzeittieren gelebt haben, sie hätten ihn ja ausrotten müssen, weswegen man annahm, er sei relativ späten Ursprungs, eben tatsächlich die Krone der Schöpfung.
Nun, seit den aufsehenerregenden Funden vor allem in der Oldoway-Schlucht wissen wir es besser, und wenn sich Louis Leakey vor allem mit den Resten des Menschen selbst

beschäftigte, wie er in diesen Lagerstätten auf dem früheren Boden des einst größeren Rudolfsees zutage kam, so war es Mary Leakey, die sich in vier Jahrzehnten ungewöhnlich ausdauernder Arbeit darum bemühte, die Lebensweise dieser Frühmenschen herauszufinden – jener 110-Zentimeter-Menschen, die ein so kleines Gehirn hatten, daß sie vielleicht noch gar nicht sprechen konnten.

Die Menschen der Oldoway-Kultur mochten, wenn sie auf die Jagd gingen, tatsächlich einer Herde von Schimpansen oder Pavianen geglichen haben, weniger im Aussehen als in der Methode. Sie waren klein und notwendigerweise auch nicht sehr stark; sie waren an das Leben auf dem Erdboden, an das Laufen noch nicht sonderlich angepaßt, vor allem die Weibchen waren ganz gewiß langsamer als alle Steppentiere, und es bedurfte dessen, was man heute Planung und Organisation nennt, damit diese Zwergjäger die ersehnte Beute einbringen konnten.

Zwei amerikanische Forscher haben den ziemlich überflüssigen Versuch gemacht, sich wie Urwelt-Jäger durch die Serengeti zu arbeiten, also unter Verzicht auf moderne Waffen und Fortbewegungsmittel. Was sie freilich nicht wegwerfen oder auch nur stillegen konnten, das war ihr wohltrainiertes Gelehrtengehirn, und was sie nicht zur Verfügung hatten, das waren Jagdinstinkt, Geruchssinn und Steppenerfahrung des Oldoway-Menschen. Die Rückschlüsse von ihren mageren Jagdergebnissen auf die Versorgungslage der ostafrikanischen Jäger-Rudel vor einer Million Jahren sind darum so vage, daß man sie wiederum nur in sehr allgemeinen Formulierungen ausdrücken kann und lieber zu Mary Leakey Zuflucht nimmt, die einem immerhin etwas Konkretes in die Hand gibt – nämlich die Jagdwaffen.

Neben verschiedenen Steinwerkzeugen, die zweifellos *auch* auf der Jagd und beim Zerteilen der Beute verwendet wurden, fallen unter den Werkzeugmischungen von Oldoway vor allem Steinkugeln auf, die ganz offensichtlich mit großer Mühe bearbeitet, also gerundet wurden. Eben dieser mühsamen Vorbereitungen wegen darf man annehmen, daß diese

Kugeln nicht geworfen oder mit Hilfe von Katapulten geschleudert wurden, sondern daß sie nach der Art jener Bolas Verwendung fanden, mit denen in Südamerika zum Teil noch heute auf leichtfüßige Tiere Jagd gemacht wird: die Steinkugeln, in Lederschlingen hängend, wickeln sich um die Beine des Opfers, das dadurch zu Fall gebracht wird. Kunstgerecht über dem Kopf gewirbelt und im richtigen Augenblick losgelassen, ist die Bola eine schnelle und furchtbare Fangwaffe, lautlos und wirksam und nach der Jagd relativ leicht wieder einzusammeln. Sogar auffliegende Vögel, größere Laufvögel und in Bäumen lebendes Getier konnten auf diese Weise erlegt werden.

Außerdem dienten die Steine natürlich unbearbeitet, lediglich in zweckdienlicher Größe bereitgelegt und mitgeführt, als Geschosse, und man kann sich denken, daß ein der Natur verbundener Jäger, der auf diese Waffen angewiesen ist, auch ohne sonderliche gedankliche Leistungen zu großer Übung im Gebrauch solcher Steinbehelfe gelangt und schließlich sehr treffsicher wird. Der *Homo habilis,* wie Leakey ihn nennt, gibt damit seinem Namen einen ganz bestimmten Gehalt, wenn man aus der Konstruktion der Bola-Schlingen und aus der Entwicklung der spezifischen Bola-Jagdtechnik schließen will, daß er im Grund geschickter war, als seiner Intelligenz angemessen gewesen wäre . . .

Überall, wo Mary Leakey die typische Mischung der Werkzeuge feststellte, das heißt also: wo sie alles fand, was nach ihren Forschungen zum Leben des Homo habilis nötig war und stets in seinem Lebensbereich auftrat, zeichnete sie den Raum auf ihrer Spezialkarte ein und gewann so den Beweis für die Existenz fester, durch Jahrhunderte beibehaltener Lebenszentren. In ihnen bildeten Höhlen die Behausungen, aber nicht nur Höhlen, sondern auch zweckdienliche Kombinationen von Steinfundamenten, Stangen und Matten, die arbeitende Menschen gegen Wind und Wetter schützten.

Diese Plätze wurden nun natürlich sehr genau durchforscht, und die Intensität der Suche an den Fundstellen eines bestimmten Raumes lohnte sich mehr als die inzwischen etwas hastig gewordene, weltweite Buddelei nach immer früheren Beinahe-Menschen und ihren Knochen. Die siebzig Fundstellen in der Oldoway-Schlucht erzählten auch eine ganze Menge über den Umgang des Menschen mit der Beute und über die Art der Beute selbst.

Zunächst fanden sich im Bereich der Schlucht zwei Schlachtplätze und rund um sie herum die Knochen von so großen Tieren, daß man annehmen muß, die Oldoway-Menschen hätten auch gewaltige Kadaver herangeschleppt, es also nicht verschmäht, sich mit verendeten, aber noch genießbaren Tieren abzumühen, wenn diese die Chance boten, den Stamm auf längere Zeit mit Fleisch zu versorgen. Zu erjagen waren so große Tiere damals für den Oldoway-Menschen wohl noch nicht. Waren sie eben erst einmal in gemeinsamer Anstrengung auf den Schlachtplatz geschafft, dann setzte emsige Steinmesser-Arbeit ein, bis sich nur noch die blanken Knochen in die Sonne reckten. Die Steinmesser hat man zwischen den Knochenresten gefunden.

An anderen Stellen verrieten Schabmesser, daß die Häute bearbeitet und für die Kleidung verwendet wurden, und Schildkrötenpanzer, daß man in jener fernen Zeit zwar noch keine Gefäße herstellte, aber die von der Natur gegebenen wie eben den konkaven Panzer solch einer Riesenschildkröte für allerlei zu nutzen verstand.

Der einfallsreiche, ja beinahe ingeniöse Oldoway-Jäger war dabei keineswegs wählerisch, ja er durfte es wohl nicht sein. Er aß so ziemlich alles, was ihm in die Quere kam, auch Tiere wie Pferde oder Zebras, die heute gewiß nicht mehr wegen ihres Fleisches gejagt würden, und er kannte auch schon Speisen, die sich heute nur in Feinschmeckerlokalen finden, wie etwa die Schnecken. In schlechten Zeiten kam dann allerdings so einiges dazu, was wir wohl nur in der allergrößten Bedrängnis als Nahrungsmittel ansprechen würden, nämlich Mäuse, Eichhörnchen oder Eidechsen und – ihm durfte man es wohl noch verzeihen – sogar kleine Singvögel. Der Appetit des Homo habilis war also beträchtlich, ja er scheint so übermächtig gewesen zu sein, daß feinere Tafelsitten in der Oldoway-Schlucht nicht gefragt waren: Der Homo habilis verschlang vor allem die kleinen Bissen mit Haut und Knochen, kaute einigemale kräftig darauf herum und verließ sich auf seine gesunde Konstitution, die tatsächlich mit allem fertig wurde.

Um dies und anderes herauszufinden, hat sich Mary Leakey übrigens sehr ausgiebig mit den versteinerten Kotballen beschäftigen müssen, die es im Wohnbereich der Oldoway-Menschen in großer Menge gab. Die winzigen, aber erkennbaren Reste vieler verschiedener Tiere auf relativ kleinem Raum hatten der Forschung so lange Rätsel aufgegeben, bis Mrs. Leakey diese sehr natürliche, wenn auch unappetitliche Erklärung fand. Auch dabei zeigte sich wieder, daß die Oldoway-Schlucht mit ihrer geschlossenen Fülle der Funde einen besonderen Glücksfall darstellt. Funde waren ja auch an vielen anderen Stellen des südlichen und östlichen Afrika gelungen, aber oft so vereinzelt, daß die Verschleppung durch die Tiere und andere Unsicherheitsfaktoren nicht auszuschließen gewesen waren.

Kummer bereitet der Forschung eine Gruppe von Waffen, die sich nicht wie die Bola-Kugeln wohlbehalten bis auf unsere Zeit erhalten konnte, nämlich die mit Sicherheit zu vermutenden Waffen aus Holz. Da selbst die Schimpansen herausgefunden haben, daß man nur mit einem Stock in einem Termitenhaufen herumzustochern braucht, um seine Bewohner an die Oberfläche zu locken, muß man als selbstverständlich voraussetzen, daß sich der Homo habilis jener Waffen bediente, die der Wald ihm liefern konnte. Das waren mit Sicherheit Stöcke, und ebenso sicher ist auch, daß viele frühe Stämme bereits die Spitzen dieser Speerhölzer im Feuer härteten. Hingegen eigneten sich die Steinwerkzeuge, die wir aus der Oldoway- oder auch aus der Tschu-kutien-Kultur kennen, nicht als Spitzen auf einem Schaft. Es fanden sich keine Anzeichen dafür, daß der Mensch der ältesten Steinzeitepochen steinerne Speerspitzen in den Schaft zu rammen und dort zu befestigen verstand. Ebenso unsicher sind wir auch hinsichtlich der Wurfhölzer, die zweifellos uralt sind und in jeder der frühen Menschheitsepoche entdeckt worden sein können – aber in welcher? Man braucht da noch nicht an die kunstvolle Bumerangtechnik zu denken, die bei richtigem, das heißt kunstgerechtem Wurf das gebogene Holz wieder in die Nähe des Werfers zurückkehren läßt. Auch ein simples Wurfholz konnte, mit Kraft und Zielsicherheit geschleudert, ein Tier im Lauf oder einen Vogel im Flug treffen und danach im allgemeinen wieder verwendet werden. Daß der Homo habilis sich dies zunutze machte, ist jedenfalls wahrscheinlicher als das Gegenteil. Erst, wenn das Tier schon waidwund war, wenn es langsamer wurde und seine Kräfte nachließen, begann der Nahkampf zwischen Mensch und Beute, in dem dann auch die Schlagsteine Verwendung fanden und die steinernen Messer, wie sie sich bei den Resten großer Beutetiere gefunden haben.

Abermals der Schimpanse, aber auch der Pavian ist es, der uns den Beweis dafür liefert, daß der Mensch im Rudel jagte und daß diese Jagdgemeinschaften die früheste Organisationsform der menschlichen Art bildeten; denn es hieße doch die Skepsis zu weit treiben, wollten wir dem Homo habilis nicht zuerkennen, was die Affen mit ihren kleinen Gehirnen seit Urzeiten recht zweckmäßig praktizieren. Die Forschungen von Jane Goodall, die viele Jahre lang das Verhalten der Schimpansen studierte, haben gezeigt, daß auch Nicht-Raubtiere gemeinschaftlich jagen und das, was ihnen an Kräften fehlt, durch ihre Intelligenz ersetzen:
»Gombe-Schimpansen machen einfache Werkzeuge. Sie benutzen sie zum Essen, zur Körperreinigung, zum Erkunden ihrer Umwelt und als Waffen. Sie jagen häufig kleine Tiere und entwickeln dabei in Gruppen gelegentlich geschickte Jagdmethoden . . . Verblüffend ist, wie ähnlich sich hin und wieder Mensch und Schimpanse verhalten, wenn es um wortlose Verständigung geht.«
Wir brauchen also nicht die Existenz der Sprache vorauszusetzen, um organisierte Jagden möglich erscheinen zu lassen. Für so selbstverständliche Aktionen, für den Alltag der Nah-

rungsbeschaffung, reichte das Verständigungssystem des frühen Menschen zweifellos aus, und die gemeinsame Jagd zahlreicher Homo-habilis-Männer schuf wohl auch ein Zusammengehörigkeitsgefühl über den Jagdvorgang hinaus. Man stand einander in den Gefahren bei und man teilte sich die Beute; in Situationen, in denen es auf jeden Mann ankam, mögen sich Freundschaften gebildet oder aber besonders tüchtige Jäger aus der Gruppe herausgehoben haben. Die gemeinsame Bewährung gegen einen zunächst wohl überwiegend tierischen Gegner festigte das Selbstgefühl des Oldoway-Menschen und gab ihm jenes Vertrauen in seine primitiven Waffen und Jagdmethoden, das er brauchte, um sich nach und nach auch an gefährlicheres oder größeres Wild zu wagen.

Die älteste Methode der Großwildjagd war zweifellos die Fallgrube. Zwar kannte der frühe Mensch auch andere Fallen, und im weiteren Verlauf der Eiszeit entwickelte er sogar einfallsreiche und wohldurchdachte Fallen-Systeme, die dem Wild keine Chance ließen. Aber hochschnellende Schlingen oder herabfallende Steine ließen sich nur gegen Rotwild oder Nagetiere anwenden, nicht aber gegen große und kräftige Tiere. Diese mußte man beobachten, auf ihrem Wechsel Gruben ausheben und diese mit gehärteten Pfählen spicken, um das abstürzende Tier sogleich zu verletzen und womöglich zu töten. Gewiß erkannte der Homo habilis nach und nach, daß er auch seine eigene Witterung beseitigen mußte, wenn die Tiere die Falle arglos betreten sollten, und wurde im Lauf der Jahrtausende also nicht nur ein geschickter Fallensteller, sondern auch ein konsequenter Beobachter, der die Ergebnisse seiner Beobachtungen kausal weiterdenkend in Verbesserungen umsetzte. Das Erfolgserlebnis der reicheren Beute bestätigte ihm dann, daß er richtig gedacht habe, daß sein Gehirn zu etwas nütze sei, auch wenn es selbst nicht Speere schleudern oder Gruben ausheben könne, und daß es sich also lohne, ein wenig zu überlegen und zu grübeln, auch wenn einem danach der Kopf wehtat.

Diese scheinbar selbstverständlichen Fakten und Schritte der frühesten Entwicklung sind wichtig, weil sie uns beweisen, daß der Beinahemensch von Oldoway keineswegs jenes rettungslos irrationale, magisch-mystisch im Geistbereich herumtastende Lebewesen war, als das ihn uns einige Forscher von erdrückender Autorität bisher hinstellen wollten. Der Sorbonne-Professor Lucien Lévy-Bruhl (1857-1939) zeigt uns in seinen inzwischen als klassisch geltenden Büchern über die geistige Welt der Primitiven den nicht unterrichteten Naturmenschen als ein ausgeliefertes großes Kind, das dank »seiner ausgesprochenen Abneigung, logisch zu denken« gar nicht imstande ist, Erfahrungen zu sammeln, in Gedanken zu ordnen, aus ihnen Nutzen zu ziehen, sie logisch auszuwerten. Allbeseelung, Naturmagie, Welt- und Dämonenangst schüfen eine Situation, in der es für den Menschen schließlich »keinen rein physikalischen Sachverhalt mehr gibt«.

Lévy-Bruhl, der seine Studien an heutigen Naturvölkern getrieben hat, war über Kunst und Religion der Primitiven zu diesen Schlüssen gelangt, die jedoch für den um sein Leben kämpfenden Frühmenschen nur sehr bedingt Geltung haben. Wie immer der Homo habilis zu den Himmelskörpern, den Gewittern, den Elementen stand, wie immer er sich Leben und Tod, Geburt und Zufall erklären mochte: der Vorgang der Jagd, Notwendigkeit und abenteuerlicher Höhepunkt seines Lebens in einem, war für ihn weitgehend, wenn nicht sogar vollständig durchschaubar. Bei der Analyse dessen, was sich in der Savanne, an den Tiertränken, rund um die Fallgruben oder bei der Felsenjagd ergeben hatte, mußte der Homo habilis erkennen, daß zu jedem Geschehen eine Ursache gehörte und daß jedes Tun seine Folgen hatte, im Guten wie im Bösen. Er mußte sehen, warum der Höhlennachbar glücklicher gewesen war bei der Jagd und nun von seinem Weib oder seinen Weibern gelobt, von den Kindern umarmt wurde, und er verdammte den eigenen Speer, der ihm im entscheidenden Augenblick abgebrochen war, weil er das Holz zu flüchtig gewählt oder die Spitze unzureichend gehärtet hatte. Absage an die Logik bedeutete in dieser Lage Not oder gar Tod.

Aus jahrzehntelangen Beobachtungen melanesischer Fischer, Jäger und Bauern ist Bronislav Malinowksi, ein ebenso ehrwürdiger Name wie der Lévy-Bruhls, zu der Erkenntnis gelangt, »daß der primitive Mensch beobachten und denken kann und daß er Systeme von methodischen, wenn auch rudimentären Kenntnissen besitzt, die sich in seiner Sprache darstellen . . . Methoden zur Bestimmung der Himmelsrichtungen, die Zusammenfassung von Sternen zu Sternbildern, die Zuordnung von Sternbildern zu Jahreszeiten . . . alle diese Errungenschaften finden sich auf der untersten Stufe der Primitiven«.

Wie anders hätte das Rudel auch zu seinen Wohnstätten zurückfinden können, wenn es eine leichtfüßige Zebraherde über die Steppe verfolgt oder hinter einer Elefantenkuh her sich zu tief in den Dschungel gewagt hatte? Will man sich auch gewiß nicht zu dem antiken Philosophenwort bekennen, daß der Krieg der Vater aller Dinge sei, so steht für eine sehr frühe Stufe der Menschheitsentwicklung doch eindeutig fest, daß die Jagd auf Nahrung, die Verfolgung und das Erlegen von Tieren dem Menschen mehr bescherte als nur diese Nahrung, ihm mehr brachte als den Lebensunterhalt. Diese Ur-Aktivität, für die der Mensch nicht viel besser ausgerüstet war als der Affe, machte ihn vollends zum Menschen und zwang ihn, jene Fähigkeiten in sich zu wecken und zu kultivieren, die in der Höhle, am häuslichen Feuer, beim Felleschaben und Kochen, vergleichsweise langsamer gediehen. Daß Diana sich an diesen Jagden nicht beteiligte, nicht beteiligen durfte, weil sie zu Hause gebraucht wurde, bedeutete also eine Position von schicksalhafter Benachteiligung. Was zunächst wie Schonung und Rücksicht aussah, brachte sie für Hunderttausende von Jahren um die Gleichberechtigung. Und vielleicht begründete schon die Situation der Oldoway-Zeit jenes tiefwurzelnde Mißtrauen gegenüber Logik und Kausalität, das in der Frau bis heute wirksam geblieben ist.

Drohnen und Sonntagsjäger

Die in der zweite Hälfte unseres Jahrhunderts unversehens wieder aufgeflammte Diskussion um die Rolle der Frau in der Gesellschaft hat auch in der Erforschung der Vorgeschichte zu den kuriosesten Entwicklungen geführt. Während etwa das Ehepaar Leakey und mittlerweile auch die zweite Leakey-Generation ein beinahe prähistorisch-sinnvolles Beispiel der Arbeitsteilung bieten, in dem zum Beispiel Mrs. Leakey nicht nur zu einer international anerkannten Autorität auf dem Gebiet früher Werkzeuge werden und selbst im Fundamentalen von ihrem Mann abweichende Ansichten vertreten konnte, tobt an der inzwischen auch von Frauen dicht besetzten Front der anderen Prähistoriker, Paläo-Soziologen und rückgewandten Psychologen ein erbitterter Kampf zwischen männlichen und weiblichen Forschern, wobei die Aggressivität der Damen auch besonnene Gelehrte dazu gebracht hat, in der Gegenoffensive wohlgesicherte Errungenschaften über Bord zu werfen. So spricht der scharfsinnige Göttinger Professor Karl J. Narr von der Priorität des Mutterrechts als von einer »veralteten evolutionistischen Vorstellung« und läßt eine erste Erweiterung der Frauenrolle, eine Steigerung der Bedeutung der Frau in der Gesellschaft erst für jenen sehr späten Augenblick zu, da durch Seßhaftigkeit und Feldbau die Frau in höherem Maße zur Ernährung des Stammes beiträgt. Andererseits behauptet Dr. Doris F. Jonas, Anthropologin an der Universität Chicago, der Mann sei in der Urgesellschaft so lange eine nur für sich selbst sorgende Drohne gewesen, bis die Vormenschen aus den Dschungeln auf die Savannen hinausgezogen seien und zu jagen begonnen hätten, und auch dann hätte im Grunde ein Sonntagsvergnügen dazu genügt, die Ernährung des Stammes zu sichern, die ohnedies zu 70 % von den Frauen durch Sammeln beschafft worden sei. »Die kurze sexuelle Aktion des Männchens konnte nie die Grundlage für das Entstehen von Gemeinschaften bilden. Es ist die Wirkung und das Ergebnis der weiblichen Rolle im Leben der Geschlechter, nämlich die Mutterschaft, die das *primum agens* allen gesellschaftlichen Lebens darstellt. Damit steht fest, daß ohne die Mutter-Funktion keine menschliche Gesellschaft bestehen würde, noch je hätte entstehen können.«

Die Einseitigkeit beider Betrachtungsweisen, heute ungemein häufig anzutreffen, muß zu Fehlschlüssen führen, was man überspitzend durch die folgende Annahme veranschaulichen kann: Stellen wir uns vor, daß in einer irdischen oder kosmischen Katastrophe größten Ausmaßes die Erdbevölkerung vernichtet, unerkennbar ausradiert würde bis auf ein fernab auf Bora Bora durch Zufall erhalten gebliebenes Camp des Club Mediterranée. Die Archäologen der Zukunft, die es entdecken, müßten zu einem Bericht gelangen, der etwa lauten könnte: »Die präkatastrophale Menschheit verachtete jegliche Kleidung in hohem Maße und trug die Zahlungsmittel um den Hals, in Form von Perlenschnüren unterschiedlicher Farbe. Familien der Vater-Mutter-Kind-Kombination scheint es nur als Randerscheinung gegeben zu haben; im allgemeinen lebte der Mensch vor der großen Katastrophe in Cliquen zu zehn bis vierzig Individuen, innerhalb derer vor allem die jüngeren weiblichen Mitglieder häufig den Geschlechtspartner wechselten. Die Hauptbeschäftigung dieser Phase der Menschheitsentwicklung bildeten so nutzlose Aktivitäten wie der Sport und so schädliche wie das übermäßige Essen. Die bisher geltende Annahme, das Englische sei eine Art Welt-

sprache gewesen, muß als völlig überholt gelten: es war viel mehr das Französische, und das meistgelesene Buch jener Epoche stammte von einem Dichter namens Bocuse.«
Das ist, wie gesagt, zweifellos übertrieben, aber wie anders als übertrieben soll man die Sätze, mit denen Doris F. Jonas die Urgesellschaft charakterisiert, oder ihre Argumentation etwa über den Verlust der urmenschlichen Totalbehaarung bezeichnen? Der Mann habe sich sein Fell länger bewahrt, weil die gesträubten Haare eine gewisse Drohhaltung des Männchens furchtbarer erscheinen ließen; die Frau hingegen habe ihr Haarkleid verloren, weil sie nackt begehrenswerter war. Man stelle sich den Entrüstungssturm im weiblichen Anthropologenlager vor, wenn ein männlicher Forscher diese letzte Vermutung auszusprechen gewagt hätte!
Prüft man die Tendenzen und Ergebnisse der einschlägigen Forschung und der letzten zwanzig Jahre ohne vorgefaßte Absichten und gleichsam *sine ira et studio* durch, so ergibt sich daraus zwar keine vollständige Retablierung jenes Mutterrechts, an das wir uns alle schon wegen Bachofen und wegen Goethes Gang zu den Müttern widerspruchslos gewöhnt hatten. Aber es zeigt sich ein neuer Aspekt für die Beurteilung jener Rolle, welche die Weibchen in der vormenschlichen und die Frauen in der homo-habilis-Gesellschaft gespielt haben müssen. Dieser Aspekt entstammt dem durch zahllose Untersuchungen inzwischen emsig geförderten Forschungsbereich der Kleinkind-Psychologie und der innerfamiliären menschlichen Beziehungen und hat die Neubewertung eines Umstandes gebracht, der eigentlich stets als eine schicksalhafte Schwäche des Menschen angesehen wurde – nämlich die relativ lange Phase der Schutz- und Hilfsbedürftigkeit des kleinen Menschenkindes. Selbst beim Affen ist die Phase, in der das Baby und Kleinkind unbedingt den Erwachsenen braucht, um nicht zugrunde zu gehen, wesentlich kürzer als beim Menschen, so daß wir in diesen extrem langen kindlichen Entwicklungsjahren einen der Hauptunterschiede zwischen Menschenaffen und Mensch erblicken dürfen. Und da wir inzwischen wissen, wie ungeheuer wichtig die Betreu-

ung, die Mutter-Kind-Beziehung, die langsame und zärtliche intellektuelle Erweckung des Kleinkindes für die Gesamtentwicklung des Individuums ist, lag es nahe, einen Kausalzusammenhang zwischen dieser bedrohten Jugend und dem Aufstieg des Vormenschen zum Menschen zu vermuten.
So wie die Unterlegenheit des vormenschlichen Jägers gegenüber seinen Beutetieren geistige Anstrengungen zur Folge hatte, die Gehirnentwicklung förderte und vermutlich auch das begründete, was man heute etwas vage Organisationstalent nennt, so verkehrte sich auch die Inferiorität des winzigen menschlichen Säugers in einen Vorteil, weil die lange Phase des unmittelbaren Mutter-Kind-Dialogs ein günstigeres Entwicklungsergebnis zeitigte als das frühe Selbständigwerden des Menschenaffenkindes.
Wichtige Einzelheiten des entscheidenden Vorgangs sind noch ungeklärt und werden es wohl auch für immer bleiben, so die Frage, ob das Kind in der frühmenschlichen Gesellschaft bei der Mutter blieb, auch als es schon laufen konnte, und damit die Mutter beim Sammeln pflanzlicher Nahrung behinderte, ihren Radius einschränkte. Es müssen ja ältere Frauen in der Gruppe vorhanden gewesen sein, denen zumindest Watschelkinder anvertraut werden konnten, um die jungen Frauen für andere Aufgaben freizustellen. Aus Höhlenzeichnungen wissen wir zum Beispiel, daß die in der Vorzeit ungemein wichtige Aufgabe des Honigsammelns Mädchen oder jungen Frauen anvertraut war. Sie kletterten, mit einem Kopf- oder Gesichtsschutz versehen, im übrigen aber nackt auf die Bäume, in denen Bienen ausgemacht worden waren, und entnahmen die Waben – ein riskantes Geschäft, bei dem kleine Kinder ganz gewiß zu Schaden gekommen wären.
Andererseits ist noch völlig ungeklärt, welches Verhältnis der Mann zu der von ihm gezeugten Nachkommenschaft hatte und wie weit er überhaupt feststellen konnte, welches in der Gruppe geborene Kind nun von ihm stammte oder von einem anderen. Die nun einmal feststehende Tatsache, daß zwar die Frau neun Monate lang ihre Leibesfrucht trägt, der

Mann aber praktisch jeden Tag ein neues Kind zeugen kann, muß sich vor allem in den Frühphasen der Gesellschaftsbildung familienfeindlich ausgewirkt oder das Entstehen von Familien überhaupt verhindert haben. Selbst bei heute lebenden Naturvölkern trifft man noch erstaunliche Unsicherheit über Grundtatsachen wie die fruchtbaren und die unfruchtbaren Tage der Frau an; man kann sich vorstellen, welche Verwirrung allein Befruchtung und Nichtbefruchtung etwa auf der Stufe des Homo habilis angerichtet haben müssen, und man versteht daraus andererseits, daß an die Stelle der noch unzugänglichen natürlichen Erklärung eine magische Einwirkung treten mußte.

Die fehlende Plazierung in der Familie, die später selbstverständliche Pater-Familias-Position, mußte zu Rangordnungsproblemen und daraus resultierenden Kämpfen führen, was Dr. Doris F. Jonas in ihrer unnachahmlichen Diktion wie folgt beschreibt: »Ein Individuum, das für den Fortbestand seiner Art nutzlos ist oder nur zu einer einzigen, kurzfristigen Funktion gebraucht wird, wird rudimentär oder sogar eliminiert, wie die sehr kleinen Männchen der Spinnen oder die Drohnen der Ameisen zeigen, die einzig und allein für den Geschlechtsakt leben und für einen frühen Tod nach Ableistung ihres Anteils an der Reproduktion der Art programmiert sind. Unter Säugetieren entwickelte sich dagegen eine für Männchen passende Rolle, die gewissermaßen ein mittelbares Ergebnis ihrer Überflüssigkeit war. Der Umstand, daß die männliche Dienstleistung zugunsten der Fortdauer der Art nur kurz ist und darum eine numerische Relation von Einszueins zwischen Weibchen und Männchen keine absolute Notwendigkeit ist, ebnete den Weg für die Konkurrenz der Männchen um das ›Recht‹ oder das ›Privileg‹, die Weibchen der Population zu besamen. Auf diese Weise kam es zu dem bekannten Schauspiel männlicher Rangkämpfe . . .«

In diesem Zitat, in dem auch die Anführungszeichen von Doris F. Jonas stammen, wird der Grund zu einer Argumentation gelegt, die über Versuche schließlich auf Zusammenhänge zwischen Testosteron-Produktion und Rangordnung hinweist. Ein schlecht plaziertes, also bedrücktes Männchen, wird zum tauglichen Zeugungsakt unfähig, ein Testosteron-Großproduzent steigt an die Spitze der Rangordnung auf. Der Akt, dessen Kürze Frau Jonas den Männchen vorzuwerfen nicht müde wird, entscheidet letztlich also doch über die Rangordnung in der frühen Gesellschaft.

Wir möchten zu Ehren der Männer, vor allem aber zu Ehren der Frauen jedoch annehmen, daß jener Akt – bei dem, wie man sagte, ein Herero einen Nobelpreisträger auszustechen pflegt – zumindest dann als ausschließliches Kriterium für die Rangordnung abgelöst wurde, als der Homo habilis eben diese Geschicklichkeit, die ihm den Namen gibt, auch zu schätzen lernte. Der Findige, der Einfallsreiche, der Mann mit Jagdgeschick und Innovationsideen, spielte zweifellos eine testosteronunabhängige Rolle in der Gemeinschaft, und es wird ihm dann wohl auch nicht an weiblicher Anhängerschaft gefehlt haben. Merkwürdig bleibt bei solchen Überspitzungen der femininen Parteinahme in der Forschung ja nur, daß gescheite Frauen wie jene Anthropologinnen aus Chicago und anderswo ihre eigenen Thesen nicht zu Ende denken. Würde die Position eines Mannes in der Gesellschaft tatsächlich von seiner sexuellen Leistungsfähigkeit abhängen, welche Folgerungen müßte man dann hinsichtlich der Frauen und ihrer Werteskala ziehen? Wären dann nicht die Orgasmen der Mütter und Nochnichtmütter das Prinzip frühmenschlicher Hierarchie?

Nun, die Geschichte der Menschheit hat den Beweis erbracht, daß – trotz aller Frauen – Prometheus nie ernsthaft in seinem Führungsanspruch gefährdet war, vor allem nicht durch Casanova – eher mochten sich schon die kriegerischen Zerstörer gefährlich bemerkbar machen. Denn wenn es auch immer wieder zu Männerkämpfen um Frauengunst gekommen sein mag, so gab es für die Männer auch in der Urgesellschaft schon ganz andere Ziele als eben dieses, ganz einfach, weil der Mann abgelenkt war, weil er die Gruppe gegenüber der Umwelt zu vertreten oder mit-zuvertreten hatte, weil für ihn die absolute Rangordnung in der Gruppe und das Territorium mindestens ebenso wichtig, wenn nicht wichtiger waren als eine Mann-Frau-Beziehung, die ihn unter den Wohn- und Lebensverhältnissen etwa in der Oldoway-Schlucht ja doch eher belasten als beglücken mußte. Die Mädchen und Frauen hingegen, den ganzen Tag mit häuslicher Arbeit beschäftigt oder auf Nahrungssuche in der unmittelbaren und ungefährlichen, aber auch uninteressanten Umgebung der Wohnstätten, die Frau wartete damals wie heute auf die Heimkehr des Mannes und meldete dann ihre Wünsche an. Unter ihnen muß, nach Lage der Dinge und angesichts des relativ monotonen Unterhaltungsangebotes vor einer Million Jahren, der Sex ziemlich konkurrenzlos an der Spitze gestanden haben. Es ist darum durchaus denkbar, daß die Rivalität unter den Frauen größer war als unter den Männern und daß die begehrtesten Frauen ihrerseits ihre Wahl trafen und nicht so ohne weiteres die Beute oder gar den Harem eines Einzelnen bildeten. Die damit verbundene Vielmännerei schuf dann jene Unsicherheit über die Vaterschaft, die der Mutter tatsächlich die Trumpfkarte zuspielte: Nur sie hatte eine echte, intime und konkurrenzlose Beziehung zum Nachwuchs, und nur sie wußte – durch ein vielfach behauptetes geheimes Meldesystem im weiblichen Körper –, von wem sie tatsächlich ein bestimmtes Kind empfangen habe. Will man der Frau eine Führungsrolle in der frühen Gesellschaft zubilligen, dann kann nicht der Kampf um das Weibchen die Regel gewesen sein, wie ihn etwa Frau Dr. Jonas den hirnverbrannten Männchen ihres Geschichtsbildes vorwirft, sondern die Initiative muß von der Frau ausgegangen sein.

Für diese Initiative gibt es natürlich sehr viele Stufen, eine Unzahl von Schattierungen, angefangen vom koketten Pavianweibchen, das nach einem Fehltritt dem Senator-Pavian um Vergebung heischend die noch feuchte Spalte hinhält, bis hinauf zu einer Semiramis oder Kleopatra. Und keine dieser Frauen ahnt auch nur, daß ihr Becken es war, das diese ganze komplexe Entwicklung in Gang brachte. Dieses Becken, das nicht breiter werden durfte, wenn die Frau aufrecht gehen und laufen sollte – und wie viele laufen von ihnen heute

1 a Zahn des Peking-Menschen

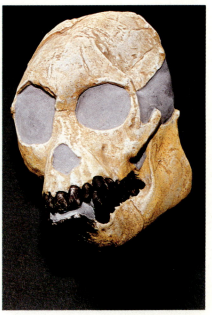
1 b Proconsul: ausgestorbene Menschenaffen aus Ostafrika (Kenia).

1 c *Pithecantropus erectus*: Schädelnachbildung.

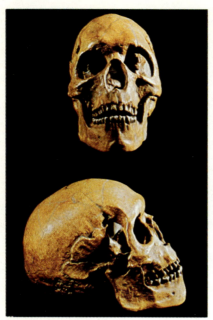 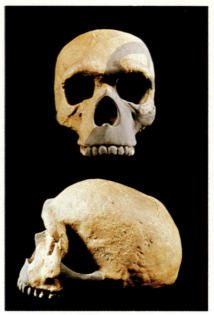

2 a *Homo sapiens sapiens aus Combe Capelle (Frankreich). Schädelnachbildung.*

2 b *Homo steinhemensis. Nachbildung.*

2 c *Australopithecinen bei der Jagd: Diorama nach Funden in der Oldoway-Schlucht (Afrika).*

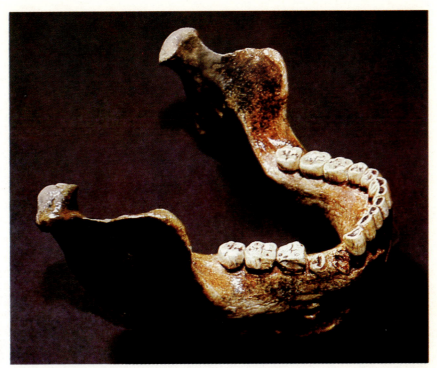
3 Homo heidelbergensis: Unterkiefer-Restfund. Nachbildung.

4 Addaura-Höhle im Monte Pellegrino bei Palermo. Felsritzzeichnung, um 10 000 v. Chr.

schlank wie Gazellen –, dieses Becken, das aber auch den Kopf des Kindes durch einen Muskelring hinaus in die Welt entlassen mußte in einem Geburtsvorgang, der ja nicht der Tod der Mutter sein durfte oder doch nur ausnahmsweise. Was widernatürlich schien, wurde zur großen Chance: das Gehirn des kleinen Menschen entwickelte sich außerhalb des Mutterleibs weiter, ja es war im Augenblick der Geburt noch auf eine bestürzende Weise unfertig, was die Mutter und den Schutz durch sie ja so wichtig machte. Es hatte erst 25 % der Gehirngröße des erwachsenen Menschen, während zum Beispiel das Schimpansenbaby schon mit 65 % des Erwachsenen(Schimpansen)-Gehirns zur Welt kommt.

Das Menschenkinder-Gehirn wuchs also gefährdet in einem weichen Köpfchen heran, aber da dieses Köpfchen in keinem Mutterleib mehr ruhte, waren dem Wachstum des Gehirns auch nicht mehr so enge Grenzen gezogen, und es nutzte die Möglichkeiten: das außerhalb des Mutterleibs wachsende Gehirn war nicht nur in seinem Wachstum weniger begrenzt, es war auch den fördernden Einwirkungen zugänglich, es reagierte auf Zuspruch, es erhielt Gelegenheit, seine Lernfähigkeit zu entwickeln. Die zwölf bis vierzehn Jahre, die der junge Mensch braucht, ehe sein Gehirn das volle Gewicht des Erwachsenengehirns erreicht, sind die wichtigste Zeit in seinem Leben, und es war eben sehr viel mehr Zeit, als für die entsprechende Entwicklung bei den Menschenaffen zur Verfügung stand.

Gewiß, die Vorzeit-Mütter, die Vormenschen-Mütter hatten noch nicht die volle Verantwortung, denn der Homo habilis zum Beispiel wurde bestimmt mit mehr als 25 % seines späteren Gehirngewichts geboren. Aber von einer Entwicklungsstufe zur anderen wurde die Rolle der Mutter immer wichtiger, bis ihr schließlich 75 % der Gehirnsubstanz überantwortet wurden, ein Auftrag, von dem bis heute viele Frauen, viele Familien noch herzlich wenig wissen.

Angesichts der Unterschiede in der Seelenverfassung zum Beispiel zwischen koreanischen und vietnamesischen Waisenkindern auf der einen und deutschen Heimkindern auf der anderen Seite muß man annehmen, daß auch das Kind jener fernen Jäger- und Sammlergemeinschaften noch nicht unbedingt auf eine feste und bleibende Bezugsperson angewiesen war (ein Umstand, der die Vietnamwaisen oft vor seelischen Schäden wie dem Hospitalismus bewahrte). Die Vormenschengruppe, die Gemeinschaft der Zuhausegebliebenen, der anderen Kinder und der anderen Mütter, war in ihrer Gesamtheit vermutlich imstande, für eine verstorbene oder abgewanderte Mutter einzuspringen. Die Regel war aber doch schon damals wohl die fördernde Mutter-Kind-Beziehung.

Man kann sich vorstellen, daß biologische Determinationen wie die Frage der Beckengröße und des Kopf-Wachstums auf Menschen, die sich vom biblischen Schöpfungsmythus nicht völlig lösen können, sehr ernüchternd wirken: Menschwerdung als eine Folge des Aufrechtgehens, natürliche Anpassung an veränderte Lebensumstände und weitreichende, aber wissenschaftlich aufhellbare Entwicklungen vom Südaffen bis zum modernen Menschen. Versucht man sich aber vorzustellen, wie dieser Australopithecus aussah, wie er lebte, wie er begann, im Rudel winzige Familien zu bilden, die diesen noch kaum erkennbaren Aufstieg beschützen und ermöglichen würden, dann erscheint einem der ganze Vorgang als ein gewiß nicht geringeres Wunder gegenüber den biblischen Annahmen und Erklärungsversuchen. Das Leben selbst und seine oft geheimen Gesetze, der lautlose und doch übermächtige Trieb zum Sinn und Zweck einer Entwicklung, die noch niemand abzusehen imstande ist, das wären für den, der daran interessiert ist, die überzeugendsten aller denkbaren Gottesbeweise.

Ganz ähnlich verhält es sich mit einer weiteren Wechselwirkung zwischen Umwelt, Nahrungserwerb, Familienbildung und Menschennatur, die lange Zeit wenig beachtet wurde und doch eine zentrale Voraussetzung menschlichen Zusammenlebens geworden ist: der Sieg des Menschen über das Diktat der Brunft. Mit diesem vom althochdeutschen *breman* (brummen, brüllen) abgeleiteten Wort bezeichnet der Jäger

die geschlechtliche Erregungsphase des weiblichen Tieres, und der allgemeine Sprachgebrauch hat daraus das in seiner Bedeutung nicht mehr so präzise Wort Brunst gemacht. Die Brunft hängt mit den Lebensbedingungen und mit der Schwangerschaftsdauer zusammen und soll die Geburt für einen Zeitraum vorprogrammieren, in dem die junge und schwache Nachkommenschaft die günstigsten Lebensbedingungen vorfindet. In seinem natürlichen Bestreben, diese kurze Periode voll zu nützen, läßt sich das Weibchen nicht selten auch von verschiedenen Partnern begatten.
Bei den Haustieren hat sich die Brunftzeit zum Teil in ihren Konturen verwischt, weil die unbarmherzige Einwirkung der Jahreszeiten weggefallen ist, denen zum Beispiel das Rotwild im Wald ausgesetzt ist. Beim Vormenschen muß nun aber ein anderer Prozeß eingesetzt haben, denn der Australopithecus, der die ersten Anzeichen von Familienbildung erkennen läßt und trotz eines gewissen Werkzeuggebrauchs noch nicht als Mensch anzusprechen ist, war zweifellos nicht seßhaft, hatte keine Heimstätte und war den Unbilden der Witterung und anderen Gefahren voll ausgesetzt. In seinem Fall muß es sich um einen geistigen Vorgang handeln, um Ansätze zur Persönlichkeitsbildung mit einem Ichbewußtsein, bis endlich die Umweltschwierigkeiten in ihrer Gesamteinwirkung auf die familiäre Existenz herabgemindert wurden. Die bei den Menschenaffen noch deutlich erkennbare Brunft-Zeit verschwand auf dem langen Weg vom Australopithecus über den Homo erectus bis zum Homo habilis nicht völlig, aber sie reduzierte sich auf die fruchtbaren Tage der Frau und schwächte sich dadurch ab – denn was im Jahr zwölfmal auftritt, verliert naturgemäß an Gewicht gegenüber dem einmaligen Ereignis.
Die abgeschwächte Brunft aber war nun zu beherrschen; sie ließ sich mit der familiären und wirtschaftlichen Existenz der Frühmenschenfrau leichter vereinen, weil sich ja wiederholt Gelegenheit zu erfolgreicher Zeugung bot und keine Notwendigkeit mehr bestand, in tierischer Promiskuität nach dem erstbesten Partner zu suchen. Der amerikanische Anthropologe Bernard G. Campbell von der California-Univer-

sity in Los Angeles hat diesen Vorgang als *Individualisierung des Geschlechtstriebs* bezeichnet und damit eine weitere biologische Stufe auf dem Weg zur heutigen Gesellschaft zutreffend gekennzeichnet. Immerhin sei aber angemerkt, daß alles auch umgekehrt vor sich gegangen sein könnte in einer Umkehrung, die anthropologisch schwerer nachzuweisen wäre, aber unserem Bild vom Menschen gewiß besser entspräche. Warum sollte nicht der anspruchsvoller gewordene Frühmensch, der aufrecht gehende, um sich blickende, Werkzeuge schaffende und nach Jagdtieren ausspähende Homo erectus die stumme Aufforderung jener spezifischen und so bitter notwendigen Erektion nur noch bei bestimmten Exemplaren des anderen Geschlechts verspürt haben? Warum sollte nicht der Wandel der Dinge vom vergrößerten und nun leistungsfähigeren Gehirn der Geschlechtspartner ausgegangen sein, die nun beide anstelle der unkritischen Paarung die Partnerwahl wollten und nach dieser inneren Enscheidung dann auch das Verlangen zueinander verspürten, das sich sonst mit der tierischen Automatik der Brunft einstellte?

Die intensive Beschäftigung vieler Zoologen und Anthropologen mit den Menschenaffen hat uns eine Reihe von Verhaltensmustern nachgewiesen, die äffisch sind, oder umgekehrt am Affen menschliche Verhaltensmuster festgestellt, vom Schmollen über die Entrüstung bis zur Heiterkeit, vom Schuldgefühl bis zur autoritären Geste. Und wir sind inzwischen auch sicher, daß Schimpansen und Gorillas mit ihrem begrenzten Intellekt doch ein Ich werden, daß sie auf ihrer Stufe Gefühle zeigen, die man beim Menschen Liebe nennen würde – Professor Grzimek hat darüber erschütternde Einzelheiten berichtet. Warum sollte der Homo erectus, der mit der Wandlung zum Aufrechtgeher und Läufer einen so großen Schritt in der Entwicklung tat, den anderen Schritt nicht mehr getan haben, der von den heute erkannten Menschenaffen-Sentiments zur geistbetonten, subjektiven Partnerwahl des Menschen führt? Wir wissen nicht, ob es schon der nächste Schritt war; aber gewiß war er nicht größer als jene schicksalhafte Aufrichtung, gewiß war er kein Sprung in dem Sinn, daß man ihn als völlig unwahrscheinlich bezeichnen müßte.

Nach den neuesten Funden, den Entdeckungen von Homo-habilis-Gruppen in Äthiopien, scheint das Zeitalter, das diese Stufe beherrschte, von 2,7 Millionen Jahren vor unserer Zeit bis herauf zu einer Million Jahren gewährt zu haben. Es handelt sich also um eine Spanne von 1,7, vielleicht auch zwei Millionen Jahren, in denen der technische Fortschritt des Menschen kaum merklich war. Das ist überraschend, findet vielleicht aber seine Erklärung darin, daß eben in dieser Phase sich die Familie als Grundpfeiler der menschlichen Gemeinschaft bildete, daß in einem unendlich langsamen Vorgang all das Wirklichkeit wurde, was ja nicht von vornherein selbstverständlich war, nämlich

> der Verzicht auf den Inzest, auf den geschlechtlichen Verkehr innerhalb der Familie;

> die Arbeitsteilung in dem Sinn, daß der Mann die Jagd und den Schutz übernimmt, während die Frau die Kinder aufzieht und die pflanzliche Nahrung heranschafft, wobei Großeltern vermutlich als Werkzeugmacher, bei der Kinderbetreuung und anderen Verrichtungen mit einspransgen;

> der Beginn der Zusammenarbeit einer Großfamilie mit einer anderen etwa bei größeren gemeinschaftlichen Jagden oder bei der Abwehr gegen Dritte;

> der Übergang zur Exogamie in dem Sinn, daß Frauen und Mädchen einer Gruppe Verbindungen mit nachbarlichen oder entfernteren Gruppen eingehen und die Inzucht völlig zum Tabu wird.

Im Zug dieser Entwicklung ist mit der ersten Gewaltanwendung der Homo-habilis-Gruppen gegeneinander zu rechnen; Frauenraub muß vorgefallen sein, Gebietskonflikte müssen sich ereignet haben, wenn verfolgtes Wild in den Bereich einer fremden Gruppe übertrat und die Jäger, die ihm vielleicht schon tagelang folgten, darum doch nicht von der Jagd abließen. Solche Zwischenfälle aber bilden nicht nur Fronten, sie schmieden auch größere Gemeinschaften. Neben der gemeinsamen Jagd müssen die gemeinsamen Kämpfe zumindest unter den Männern Bindungen geschaffen haben, die eine primitive, zweckgebundene, aber doch wohl feste und oft erprobte Kameradschaft entstehen lassen. Nebeneinander kämpfen, den einen für den anderen sein Leben wagen und vielleicht sogar verlieren zu sehen begründet ein Urerlebnis, bringt eine Regung hervor, die gelegentlich sogar stärker wird als der Selbsterhaltungstrieb und die darum in ihrer Bedeutung nicht gering veranschlagt werden darf. Zusammengehörigkeitsgefühle dieser Art werden später, in der europäischen Eiszeit, große Gruppen zu gemeinsamen Unternehmungen regelmäßig zusammenführen (vgl. S. 104 ff.)

Aber so, wie das zweifellos ungeheure Zeiträume brauchte, ehe es bewußt und zu einem Teil der Lebensordnungen wurde, hat sich offenbar auch die Arbeitsteilung innerhalb der Gruppe, ja sogar die Rollenverteilung in der Familie selbst nur sehr zaudernd entwickelt. Die Funde von Tschu-ku-tien, wo Menschen durch lange Zeiträume um gigantische Feuerstellen herum lebten, legen die Vermutung nahe, daß die Frauen die Mütterrollen nur zögernd angenommen haben, oder daß sich die Ungewißheit der Vaterschaft, die noch allzu freie Partnerwahl in diesen frühen Gemeinschaften für den Nachwuchs nachteilig auswirkten. Mehr als die Hälfte aller aufgefundenen Skelette stammt von Kindern, ein Umstand, der nicht einfach mit schwierigen Lebensverhältnissen zu erklären ist, denen ja auch die alten Menschen schnell erliegen. Man muß aus diesem ungemein hohen Anteil kindlicher Toten auf eine bedenkliche Gleichgültigkeit gegenüber dem Kindersegen schließen, wenn man nicht gar zu der Annahme kommen will, daß es sich hier um schaurigen Kannibalismus handelt, der vor den eigenen Kindern nicht halt machte.

Man sieht, es war noch sehr weit bis zu einer Familie im heutigen Sinn, und ganz verschwunden ist diese Gleichgültigkeit gegenüber dem Aufwachsen der nächsten Generation leider bis heute nicht. Immerhin stellen die Befunde von Tschu-ku-tien Hinweise auf ein generelles Verhalten dar, auf eine durch Generationen beibehaltene Gewohnheit, die wir, begegnete sie uns heute, zweifellos überzeugt als unmenschlich bezeichnen würden. Nur läßt sich auf dieser frühen Stufe der Menschheitsentwicklung eben nicht deutlich erkennen, ob es sich dabei um einen Rückfall in jenes bei vielen Tierarten zu beobachtende Verhalten handelt oder aber, ob die Entwicklung zur Familie in Ostasien langsamer vor sich ging als etwa in Ostafrika.

Einen wesentlichen Abschnitt auf diesem langen Weg bildet der Übergang vom Dauerwandern zu einer begrenzten Seßhaftigkeit. Es handelt sich dabei um keine allgemeine und durchgreifende Veränderung, sondern zweifellos um individuelle Entscheidungen der Gruppen unter dem Eindruck veränderter klimatischer Bedingungen. Für das reine Sammlerdasein war die unstete Lebensweise gewiß günstiger, doch brauchte sie, wie man errechnet hat, für jede Gruppe Lebensräume von Hunderten von Quadratkilometern. Diese standen mit dem langsamen Dichterwerden der Bevölkerung in den existenzgünstigen Zonen schließlich nicht mehr zur Verfügung. Die Gruppe mußte ihr Territorium also intensiver auswerten, was zweckmäßigerweise von einem Basislager aus geschah. Die Jäger mochten unterwegs dann weitere Lagerstätten errichtet und später wieder aufgegeben haben.
Obwohl der Mensch damit noch nicht seßhaft war, so bildete sich die Beziehung zwischen Mensch und Landschaft zu jener Vertrautheit heran, die innerlich instinktiv bejaht wurde und ein Heimatgefühl erzeugte. Die Heimflur wiederum erwies sich für das Familienleben als außerordentlich günstig: ein Foyer im allgemeinsten Sinn entstand. Die Zuflucht verstärkte das gemeinsame Daseinserlebnis, und wenn etwa der auf der Jagd verletzte Vater nun von Frau und Kindern gepflegt wurde, dann war damit nun tatsächlich eine Umwälzung vor sich gegangen, denn die wandernden Gruppen hatten schwerer Verletzte wohl nur in Ausnahmefällen mitgeschleppt.
In dieser Heimflur begann auch für die älteren Verwandten

ein neues Leben. Sie, die den Strapazen der Märsche und der Jagden nicht mehr gewachsen waren, konnten sich im Haupt- oder Basislager noch mannigfach nützlich machen und durften vor allem bei Krankheiten mit Hilfe rechnen. Die Aufeinanderfolge der Generationen und ihre Zusammengehörigkeit in einer Großfamilie rückten damit ins allgemeine Bewußtsein und wurden vielleicht auch schon institutionalisiert. Wir wissen ja nicht, ob die besten Jäger oder die tüchtigsten Liebhaber oder die weisesten alten Männer oder auch die Frauen die Gruppe führten. Der Übergang zu einer zumindest vorübergehenden Seßhaftigkeit jedenfalls verteilte die Chancen neu, wenn auch nicht die Rollen; die Familie konnte für alle ihre Mitglieder sichtbar werden und über die Familie hinaus auch die Sippe. Der Kreis des Zusammenlebens festigte sich nicht nur, er erweiterte sich auch dadurch, daß die notwendigerweise kleinen, isoliert oder im Gänsemarsch durch den Dschungel tappenden Gruppen einander nun an den Abenden oder gar bei den Schlachtfesten nach den Jagden näherkamen und Kommunikation möglich wurde. Kommunikation aber heißt Sprache, Kommunikation nützt die Muße, die Stabilität aller Verhältnisse. Die Heimflur und die längerwährende Existenz am selben Ort ermöglichten es, daß diese Muße entstand und daß sie schöpferisch genutzt wurde. Hungrige und Gejagte haben keine Muße und kein Verlangen, sich mit irgend etwas zu beschäftigen, das nicht dem Nahrungserwerb dient. Aus der Muße, aus der Überwindung des allerdürftigsten Lebens entstanden neue schöpferische Möglichkeiten im Wort und später auch im Bild.

Ein reiner Himmelshauch

Selbst heute, da es gelungen ist, Gehirnströme sichtbar zu machen und die Wellen unserer Erregung zweckmäßig eingefärbt auf Bildschirme zu transponieren, selbst heute noch ist die Sprache die am weitesten gehende, die annähernd vollkommene Ausdrucksmöglichkeit für unsere Denkvorgänge. Zwar haben die großen Geister und tiefen Gemüter stets betont, daß die Sprache ein unzureichendes Instrument sei, ja daß sie durch ihr Eigenleben sich der Bildsamkeit und der vollen Anpassung an unsere gedanklichen Wünsche inzwischen entzogen habe. Im Briefwechsel unserer zwei größten Dichter findet sich darüber ein Satz, den man wohl nicht beiseite schieben kann:
»Das Stoffartige jeder Sprache sowie die Verstandesformen stehen so weit von der Produktion ab, daß man gleich, sobald man nur hineinblickt, einen so großen Umweg vor sich sieht, daß man gern zufrieden ist, wenn man sich wieder herausfinden kann« (Goethe an Schiller, 28. 9. 1800).
Kürzer, schwieriger und doch mindestens ebenso zutreffend wie dieses Werkstattwort ist ein anderer Sprachgedanke Goethes aus den *Maximen und Reflexionen*: »Die Gewalt einer Sprache ist nicht, daß sie das Fremde abweist, sondern daß sie es verschlingt«. Dieses Verschlingen einer rätselhaften Umwelt durch die Sprache währte so lange wie die Entwick-

lung der Menschheit selbst und ist, wie diese, noch nicht abgeschlossen. In der Sprache drückt sich die ungeheure und fortgesetzte Bewältigungs-Leistung aus, die wir erbringen, und doch ist sie vergleichsweise spielerisch wie ein Puzzle, wenn wir an die Lebenssituation des frühen Menschen denken, der Bezeichnungen für Objekte finden mußte, die ihm nur zum Teil bekannt waren, und für Vorgänge, die ihm rätselhaft blieben, solange er lebte.

In diesem Kampf um den Namen, um die Benennung, um das sprachliche Verschlingen der Umwelt erhob sich der Mensch zweifellos noch deutlicher über das Tier als im Werkzeuggebrauch, denn die Werkzeuge sind bis heute Konkreta geblieben, die Sprache aber mußte sich sehr bald zu den Abstracta aufschwingen und entfachte damit in dem noch ungeübten und nur zu schlichten Operationen fähigen Menschengehirn zweifellos eine Jahrtausende währende Anspannung. Um die Erhellung dieses Vorgangs hat sich die Menschheit schon sehr lange bemüht, weil die Worte zugänglicher waren als die Knochen und weil sich die Spekulationen über Urlaute, Urworte und Ursätze zweifellos bequemer anstellen ließen als die Forschung nach dem fossilen Menschen in Ost- oder Südafrika. Es hat denn auch – von Goethes schöner Gedichtzeile *Die Sprache bleibt ein reiner Himmelshauch/empfunden nur von stillen Erdensöhnen* bis zu Rousseaus Hypothese einander angrunzender Sprachschöpfer – unter den großen Geistern des rationalistischen achtzehnten Jahrhunderts nicht wenige Hypothesen über die Entstehung dieses menschlichsten aller Medien gegeben, eine Konkurrenz, in der sich jene am besten ausnehmen, die bei der Himmelshauch-Hypothese bleiben. Von der anderen Front her kam Taugliches erst, als durch Alexander von Humboldt die Völkerkunde ihre Ziele höher steckte.

Nach Theorien, die auf uns heute beinahe erheiternd wirken wie zum Beispiel die Annahme, die Sprache sei durch einen Zufall erfunden worden, trat die ruhigere Auswertung der aus aller Welt und von Völkern verschiedener Entwicklungsstufen zusammenströmenden Informationen, wie sie das

Jahrhundert der weltweiten historischen und völkerkundlichen Forschungen brachte. Wilhelm Wundt (1832-1920) aus dem badischen Neckarau wagte es, all diesen – von zum Teil sehr namhaften Denkern unterstützten – Theorien seine *Völkerpsychologie* (1904) entgegenzusetzen, in der sich zwei bis heute fruchtbare neue Ansätze fanden. Der eine läßt sich mit der Feststellung umschreiben, daß die menschliche Sprache, wie wir sie kennen, bereits auf der tierischen Ebene vorbereitet ist, der andere betont, daß die Sprache aus der Gesamtheit aller Ausdrucksbewegungen und -versuche hervorgegangen sei, unter denen die Artikulation nur eine vielleicht sogar zunächst untergeordnete Rolle spielte. Das heißt: an der ursprünglichen Sprach-Äußerung war nicht der Laut das wirklich Bedeutsame, sondern es kam auf eine verständliche, die Mitteilung tragende Harmonie zwischen verschiedenen Ausdrucksmöglichkeiten an, also auf Mimik, Gestik *und* Laut.
Es gibt eine Geschichte von dem großen Leo Frobenius, die dies verdeutlicht. Während seiner regen Sammeltätigkeit, aus der die unschätzbaren Märchen-, Sagen- und Legendenbände seiner Reihe *Atlantis* entstanden, traf er in der Sahel auf einen Geschichtenerzähler, der seine Rezitation durch eine ganze Reihe von Gesten und Grimassen illustrierte. Um sich zu vergewissern, daß er ihn richtig verstanden habe, wiederholte Frobenius die Geschichte, freilich ohne Gesten und Grimassen, worauf der Geschichtenerzähler sich entrüstet verwahrte: *Diese* Geschichte habe er niemals erzählt, sie könne nicht von ihm stammen. Noch heute sagt man ja scherzhaft von gewissen Menschen, bände man ihnen die Hände auf den Rücken, so wären sie stumm.
Gewiß wird sich nie mit Sicherheit sagen lassen, was nun früher da war, der spontan ausgestoßene Laut oder die ebenso spontane Gebärde etwa des Entsetzens oder der Wut. Wir wissen, daß selbst das Tier über diese Stufe der affektiven Reaktion auf ein Umweltereignis hinausgelangt ist, daß die Vögel unterschiedliche Warnrufe haben für Gefahren, die von oben oder von unten drohen, und daß die Menschenaffen in gutgelaunter Schwatzhaftigkeit ganze Serien von Mitteilun-

gen an den Mann bringen. Unter den ob ihrer naiven Unbedingtheit liebenswerten jüngeren amerikanischen Anthropologen hat denn auch einer eine ganze Reihe von Parallelen im Gesamtverhalten zwischen Schimpansen und besonders redseligen Menschen herausgefunden, während er den Schweiger als Gorilla-Typus bezeichnete. Der reisende Philosoph Hermann Keyserling, zweifellos der redseligste Mann seines Jahrhunderts, und die nicht minder geschwind plaudernde französische Dichterin Anna de Noailles starben glücklicherweise, bevor ihnen irgend jemand dieses ehrfurchtslose Buch unter die gräflichen Nasen halten konnte.
Immerhin sind dem Tier offensichtlich zwei Hauptvoraussetzungen für die Ausbildung einer Sprache im eigentlichen Sinn verschlossen geblieben, nämlich die Fähigkeit, Beziehungen herzustellen und im Gedächtnis zu behalten, und die darauf folgende nächste Stufe, die Abstraktion und Verallgemeinerung. Daß beides keineswegs einfach und schon gar nicht selbstverständlich ist, zeigen uns die Beispiele, die uns die Sprachen der Naturvölker im reichen Maß liefern. Es gibt unter ihnen ganze Gruppen, wie etwa den australischen Sprachstamm, in dem die Zahlwörter meist nur bis drei oder vier reichen und die Grammatik durch angehängte Silben ersetzt ist, aber auch »die Grönländer, besonders die Weiber, begleiten manche Worte nicht nur mit einem besonderen Akzente, sondern auch mit Mienen und Augenzwinkern, so daß, wer dieselben nicht gut wahrnimmt, des Sinnes leicht verfehlt«. (Cranz)
Cranz verdanken wir auch den Hinweis, daß die Grönländer den Sammelbegriff *Fischen* bis vor etwa hundert Jahren, also bis zur intensiveren Bekanntschaft mit Europäern, überhaupt nicht kannten: er war ihnen zu abstrakt. Hingegen hatten sie verschiedene Worte, deren jedes den Fang einer bestimmten Fischart bezeichnete! Diese Sprache ist also in den ein bestimmtes Naturvolk interessierenden Bereichen spezialisierter als unsere, aber die geistige Leistung der Abstraktion ist nicht erbracht. Man fand in Afrika sogar Stämme, die für einen großen Fluß keinen gemeinsamen Namen hatten, weil

sie ihn ja von keinem Punkt ihres Lebensbereiches aus überblicken konnten; hingegen hatte jede Fluß-Partie im Stammesbereich, jede Bucht, jedes Flußknie, eine eigene Bezeichnung. Die Aymara haben für *Tragen* eine ganze Anzahl von Worten, je nachdem, ob es sich um große, kleine, schwere oder leichtere Traglasten handelt, und in den Bantusprachen sagt ein einziger Begriff nicht weniger aus als »durch eine von der Sonnenhitze wild zerklüftete Ebene hüpfend gehen«. (Danzel)

Um diesen Sachverhalt darzustellen, müssen wir eine ganze Reihe unserer abstrakten, weil auf vielerlei anwendbaren Einzelworte kombinieren. Bei den Primitiven und, wie wir in diesem Fall wohl schließen dürfen, beim Frühmenschen, war die Identität zwischen Gegenstand und Wort noch ungebrochen, das Wort hatte sich noch nicht losgelöst, nicht verselbständigt. »Ein einzelnes Wort ist genau genommen gar nicht vorhanden«, folgert der deutsche Ethnologe und Afrikanist Diedrich Westermann aus seinen Beobachtungen bei den Kpelle in Liberia; »der Kpelle kennt nicht das Wort *mein*, sondern nur etwa ›mein Haus ist es‹, und er kennt auch diesen Satz nicht als eine beziehungslose reine Aussage, sondern nur insofern er tatsächlich an sein eigenes Haus denkt . . . Beim Zählen werden nur die Zahlwörter genannt, nicht auch die gezählten Gegenstände, aber diese müssen immer vorhanden sein, so daß man sie mit den zählenden Fingern berühren oder wenigstens auf sie zeigen kann; der Eingeborene gebraucht nie die Zahl von dem Gegenstand abstrahiert, sondern jedes Zahlwort wird einem bestimmten Gegenstand zugeordnet. Die Zahlen sind eigentlich Mittel, mit denen man bestimmte Gegenstände numeriert und so in eine bestimmte Ordnung bringt.«

Was der Missionar David Cranz vor mehr als zweihundert Jahren in Grönland feststellte und was der deutsche Forscher Westermann zu Beginn unseres Jahrhunderts in Westafrika und bei anderen Reisen erkannte, ist für uns hier natürlich nur Beispiel, Kennzeichnung einer Stufe, denn die Menschen der Oldoway-Schlucht haben uns ja nur ihre stummen Schädel hinterlassen, nicht, was Gaumen und Lippen artikulierten, ehe Tod und Versteinerung von ihnen Besitz ergriffen. Aber man kann sich vor allem aus Westermanns bisweilen geradezu poetischen Paradigmen eine gute Vorstellung darüber bilden, wie der Urmensch zu seiner Sprache stand, was sie für ihn leistete und was er an Himmelshauch in sie hineinzugeben vermochte. Wenn die Kpelle *Mittag* sagen wollen, so sagen sie eigentlich *Sonne steht Kopfes Gegend*, und gewisse indianische Sprachen sagen nicht *Sonnenfinsternis*, sondern *Wo die Sonne aufgegessen wird*. In der Sprache der Bibri-Indianer heißt *froh* nichts anderes als *Leber ist gut*, was auf eine allzu enge Vertrautheit mit dem Feuerwasser schließen läßt, und die liberianischen Kpelle haben für *er freut sich* die reizende Formel *Herz ist süß*.

Rückschlüsse von größerer Bedeutung, als sie diese sentimentalen Umschreibungen gestatten, ergeben sich, wenn ein mutterrechtlich organisierter Guatemalteken-Stamm den Daumen die Mutter der Hand nennt, während die vaterrechtlichen Azteken den Daumen als den Herrn der Finger bezeichnen. Die Sprache führt weit, sie führt auf ein weites Feld hinaus, wohin wir ihr in diesem Buch nicht folgen können. Aber wir verstehen nun unseren Homo habilis, der ja jagte und als Jäger ein Verständigungssystem brauchte, wenn er statt der Zahl fünf das Wort gebrauchte, das *eine Hand* bedeutet, wenn er für zehn *zwei Hände* sagt und zwanzig mit *ganzer Mann* ausdrückt, weil er dann zum Zählen die Zehen dazunehmen muß. Die Cuna-Indianer sollen bis heute noch so zählen, bekennen sich also zu einem Prinzip, das mindestens eine Million Jahre alt ist. Denn bessere Rechenmaschinen als seine Finger und Zehen hatte der geschickte Mensch aus der Oldoway-Schlucht ganz sicherlich nicht.

Wenn es auch gewiß nicht stimmt, daß der Frühmensch ausschließlich in magischen Gedankensystemen lebte und rationales und kausales Denken erst viel späteren Stufen angehören, so kam diese aus der Sprach-Entstehung bewahrte Identität von Objekt und Benennung doch dem Weltverständnis des Urmenschen zweifellos entgegen: sie vereinfachte alles, sie machte Bezüge entbehrlich, die wiederum einen intellektuellen Aufwand bedeutet und die Phantasie strapaziert hätten. Der deutsche Afrikanist Carl Meinhof (1857-1944) berichtet von dem Zulukönig Chaka, daß dieser seine Mutter Umnandi so sehr verehrte, daß ihr Name nicht mehr genannt werden durfte. Gewisse Indianerstämme sprechen die Namen der Toten nicht aus, um sie nicht zurückzurufen, und verraten die Namen Lebender nur Freunden, weil jeder, der den Namen weiß, dem Namensträger schaden kann. »Der Name ist also gleichsam eine Erscheinungsform dessen, der ihn trägt.« (Theodor Wilhelm Danzel) Diesen Mangel an Abstraktionsfähigkeit kennen wir auch noch auf unserer heutigen Kulturstufe, wobei es sich im Fall des modernen Menschen wohl eher um ein Aussetzen der Abstraktionsfähigkeit angesichts gewisser Tabus handelt. Wir umschreiben seit dem Mittelalter den Teufel mit verschiedenen Namen, haben auch eine deutliche Hemmung, schlichtweg von Gott zu sprechen, und können in den Schriftwerken der jüngsten Vergangenheit bis 1918 feststellen, daß kaum irgendwo kurz von Wilhelm II. oder Franz Joseph I. gesprochen wurde, sondern von Seiner Majestät, vom Obersten Kriegsherrn, von unserem allergnädigsten Herrscher usf. *Nomen atque omen* sagt denn auch Plautus und meint damit eindeutig: Namen und zugleich Vorbedeutung.

Diese abergläubische Scheu war auf früheren, noch nicht rational erhellten Stufen der menschlichen Existenz naturgemäß sehr viel stärker als heute, und wie zäh sie ihre Bedeutung wahrte, geht unter anderem daraus hervor, daß selbst der Schriftgebrauch diese Namens-Magie, diese Identität von Ding und Wort nicht auslöschte, sondern zunächst sogar verstärkte. Wir wissen, welche Bedeutung Namen und Schriftzeichen in der Kabbalistik spielen, und bei magischen Beschwörungen oder gar der Tötung in effigie wurden stets die dazugehörigen Namen auf Zettelchen geschrieben, die man dann verbrannte, oder in Wachstäfelchen geritzt, die dann eingeschmolzen wurden.

Das laute Aussprechen eines Namens und einer Bezeichnung

barg also Gefahren für den Sprecher und für den Benannten. Darum behielten die wortlosen Kommunikationsmöglichkeiten lange Zeit eine große Bedeutung und haben sie bis heute noch nicht völlig verloren (Ritus, Gestus, Pantomime). Die höchstentwickelte Tiersprache ist denn auch nicht etwa das hurtige Affengeschnatter, sondern der von Karl von Frisch entdeckte Mitteilungs-Tanz der Honigbiene. Und so liegt auch die entwicklungsfördernde Bedeutung der menschlichen Sprache nicht so sehr darin, daß ein Gedanke – den ja auch das Tiergehirn produziert – erfaßt wird, sondern daß er sich mitteilen läßt und daß diese Mitteilungen schließlich über die Primitiv-Information hinausgelangen. In der Sprache und durch das Miteinander-Sprechen entstehen zunächst als Wortgebäude und Phantasiebild die gemeinsamen Vorstellungen etwa von einer Treibjagd, die Menschengruppen dann in die Tat umsetzen.

Jede Stufe frühmenschlicher Existenz, auf der sich gewisse Anzeichen von Organisation erkennen lassen, setzt also den Gebrauch der Sprache voraus, und sei sie noch so rudimentär. Müssen wir nach den neuesten äthiopischen Funden die Homo-habilis-Ära tatsächlich vor 2,7 Millionen Jahren beginnen lassen, so ist damit auch das Alter der Sprache gegeben. Denn man kann sich nicht vorstellen, daß die Werkzeugmacher ihr Können lediglich stumm, durch Gebärden, weitergaben, daß die Familien und Großfamilien stumm nebeneinander lebten und daß der von der Jagd erfolgreich heimkehrende Mann lediglich mit Gebärden begrüßt wurde. Erste Laute, erste und fortan durch Artikulation gefestigte Laut-Reaktionen müssen diese immer wiederkehrenden Ereignisse und Begebenheiten im Stammesleben begleitet und zu einer Basis-Sprache geführt haben. Erinnern wir uns an die Basic-English-Bewegung, die behauptete, mit 800 Worten alles Nötige ausdrücken zu können, und erinnern wir uns an den populärsten deutschen Redner der Nachkriegszeit, an Bundeskanzler Adenauer, der selbst im komplizierteren Deutsch die Basic-English-Postulate weitgehend in die Tat umsetzte.

Sehr genaue körperliche Untersuchungen an den Funden

fossiler Menschen haben darüber hinaus eine gewisse Wahrscheinlichkeit für die Annahme ergeben, daß der Homo erectus und sein Nachfahre, der Neandertaler, nur aus der Mundhöhle heraus sprach und nicht, wie der moderne Mensch, unter Veränderung der Größe des Rachenraums und mit Einbeziehung der Nasenhöhle. Die Artikulationsmöglichkeiten dieser Frühmenschen-Typen waren demnach äußerst beschränkt; sie mußten langsam und wie Behinderte sprechen und das, obwohl wir vom Neandertaler inzwischen wissen, daß er Bestattungsriten, Jenseits- oder Zaubervorstellungen und ein wohlorganisiertes Wirtschaftsleben kannte, also intellektuell zweifellos auf eindeutig menschlichem Niveau stand. Frühmenschen mancher anderen Entwicklungslinien scheinen es da leichter gehabt zu haben.

In dieser rudimentären Sprache, die vermutlich keine längeren und komplizierter gebauten Sätze zuließ, drückte der Frühmensch Hunderttausende von Jahren hindurch Sachverhalte aus, die zwar schlichter und überblickbarer waren als jene unserer Welt, hinter denen wir aber ein Gefühlsleben vermuten dürfen, das dem unseren nicht nennenswert nachstand. Der wegen seines arg begrenzten Wissens von den natürlichen Erscheinungen auch durch harmlose Zwischenfälle oder Naturereignisse in abnorme Erregung versetzte Homo erectus lebte in seiner Umwelt so ahnungslos wie ein allein gelassenes Kind, dem niemand die nötigen Erklärungen gibt, und die Erde an der Wende vom Tertiär zum Quartär kann ihm nicht als Paradies erschienen sein, sosehr sie es aus heutiger Sicht auch gewesen sein mag. Not, immer wiederkehrende Ängste und plötzlicher Schrecken müssen sein ohnedies nicht sonderlich ausgebildetes Denkvermögen getrübt, beziehungsweise die Entwicklung zur Logik und zum intellektuellen Selbstvertrauen verzögert haben. Ja vielleicht sind ganze Stämme daran zugrunde gegangen, daß sie den Ausweg zur Kausalität nicht fanden, sondern auf der Stufe verharrten, in deren Bedrängnissen und Enge die ursprüngliche Fähigkeit, logisch-kausal und materialistisch zu räsonieren, schließlich erstickt worden war.

Die Hauptschwierigkeit für Denken und Sprechen des frühen Menschen muß darin bestanden haben, Außen und Innen voneinander zu trennen, das Umweltereignis gegenüber dem seelischen, emotionellen Echo abzugrenzen, das es im Menschen selbst hervorrief. Der Natur noch näher als wir, auf eine in vielem noch tierische Existenz beschränkt, waren die Frühmenschen zweifellos mit sensorischen Fähigkeiten ausgestattet, die weit über den unseren lagen. Das Urmenschen-Ich registrierte also zahlreiche Signale aus verschiedenen Bereichen seiner Gesamtexistenz, von denen nur der geringste Teil intellektuell bewältigt oder gar in Sprache umgesetzt werden konnte. Eine Reaktion wie die gesträubten Haare, die dem modernen Menschen noch zur Verfügung steht, aber nur noch ganz selten, bei besonderen lebensbedrohenden Situationen, tatsächlich eintritt, konnte der Urmensch nicht zum Gegenstand der Reflexion machen – er war ja in Gefahr und mußte agieren. Sie trug also, wie sehr viel anderes in ihm und um ihn, dazu bei, Ich-Substanz und Umwelt in verwirrend-beängstigender Weise zu verschmelzen und ebenso natürlich Fühlen und Denken, Bewußtes und Unbewußtes, Natürliches und Übernatürliches.

Wir besitzen keine Sprach- oder gar Schriftdenkmäler aus diesen unendlich fernen Zeiten, wie sollten wir auch. Aber wir erkennen aus den Funden die Hilflosigkeit des Homo erectus und des Homo habilis, und vieles, was wir uns noch nicht erklären können, muß mit der verzweifelten Suche nach Erkenntnis zusammenhängen, die uns etwa die im Hinterhaupt durchlöcherten Bärenschädel verraten oder die Hinweise auf zumindest den Gehirn-Kannibalismus in verschiedenen Fundstätten. Wir brauchen nicht so weit zu gehen, daß wir mit einer für kurze Zeit stark beachteten These annehmen, der Frühmensch habe sich durch diese Gehirn-Esserei stärkere geistige Kapazitäten verschaffen wollen und (so Kiss-Mert) auch verschafft. Aber da ihm ja aufgegangen sein mußte, daß im Kopf eine bemerkenswerte Maschinerie tätig war, die allerlei in Bewegung setzte, kann es durchaus sein, daß er bei toten Mitmenschen oder bei seinem intelligentesten und gefährlichsten Gegner, dem Bären, nach ebendieser Maschinerie forschte und sie sich, in primitiver, aber verständlicher Reaktion, ganz einfach einverleibte. Darin liegt nicht mehr Geheimnis, als wenn Indianer der geschichtlichen Epoche sich Bärenzähne als Schmuck um den Hals hängen oder eine Fuchspfote zum Talisman erheben; ja auch der Bonvivant, der sich mittels der gallertartigen Austern auf eine Liebesstunde vorbereitet, erliegt offensichtlich jenem prälogischen Irrtum – warum nicht!

»In diesem primitiven, konkret-komplexen, anthropomorphen Denken, Fühlen und Wollen liegt die Voraussetzung für die Zauberei, die Magie«, sagt Georg Kraft in seinem gedankenreichen Buch *Der Urmensch als Schöpfer*, und tatsächlich hat sich in den mehr als dreißig Jahren, die seit dieser Feststellung vergangen sind, eines sehr deutlich bestätigt: Das logisch-kausale Denken ist uns mit auf den Weg gegeben, es ist das menschliche Instrument zur Bewältigung der Wirklichkeit, darin zumindest irrt sich der Marxismus nicht, und das hat sich schließlich eher apokalyptisch als glanzvoll durch den Umstand erwiesen, daß wir Computer konstruieren, programmieren und benutzen können. Ein nach den irrationalen Bezugssystemen des magischen Denkens arbeitender Computer würde selbst die Phantasie eines Stanley Kubrick überfordern.

Während also das logisch-kausale Denksystem gleichsam unsere Standard-Ausstattung, die Normalversion des in die irdische Umwelt hinausgehenden Menschen ist, stellt der Gesamtbereich der Magie die erste und bemerkenswerteste menschliche Schöpfung dar. Das magische Denken ist nicht naturgegeben, artbedingt und aus den Kausalzusammenhängen der gesamten Schöpfung in unser Gehirn hinein abgeleitet, sondern es ist der eigentlich menschliche, der spezifisch menschliche Kreativ-Akt in der Beantwortung dieses stumm, aber unwandelbar kausal agierenden Universums. Geht man einen Schritt weiter und stellt man sich den weltweisen General-Ordner als Super-Computer in der hehren Leere des Weltalls vor, so ist der kleine, von Ängsten und Ratlosigkeit geplagte Mensch auf dem einen gar nicht so großen Planeten Erde ein Revolutionär von unsäglicher, vermessener Kühnheit: Kausalität und Logik sind selbstverständlich, aber er fragt nach ihnen nur so weit, als er eben essen und trinken muß. Das bißchen Geist, das er mit 650 Kubikzentimetern Gehirn zu entwickeln imstande ist, verschwendet er in irrsinniger Großmannsucht nicht auf bessere Werkzeuge oder Waffen, sondern investiert es in jene Rebellion, die seine eigentliche Erbsünde werden wird, in die Magie. Magisch ist es, wenn er stummen Dingen klingende Namen gibt, wenn er sie heraufbeschwören wird durch bloßes Aussprechen, wenn die Augen seiner Frau leuchten werden, sobald er das erlegte wohlschmeckende Gazellenjunge mit Worten und Gebärden beschreibt; Magie ist es, wenn er dem toten Bruder ein Wort des Leids und des Leidens nachschickt, obwohl der Schlag des Tigers oder der Tritt des Elefanten längst alles Leben aus dem geliebten Jagdgefährten verbannt hat. Vom Himmelshauch der Sprach-Magie wird alles andere ausgehen, was den Menschen inmitten der Schöpfung zum Individuum macht, nicht nur zum Mit-Geschöpf, sondern zum distanzierten Eigen-Ich: die Religion und die Kunst. Akausal und irrational, der Logik nicht bedürfend und dem Kliketiklik der Computer Hohn sprechend, werden sie die Welt noch einmal erschaffen auf einer zweiten, höheren Ebene, auf welcher der Mensch all das, was ihm die Kausalität noch immer nicht erklären kann, was auch nach drei Millionen Jahren ein Rätsel geblieben ist, mit den modernen Spätformen der Magie zu bewältigen trachtet.

ZWEITES BUCH

*Verstehst du, was für neue Lebenskraft
mir dieser Wandel in der Öde schafft?
Ja, würdest du es ahnen können,
du wärest Teufel gnug, mein Glück mir
nicht zu gönnen!*

Faust I., Wald und Höhle

Eisige Zeiten

Doktor Johann Jakob Scheuchzer, Oberstadtarzt von Zürich und Professor der Mathematik, wäre vermutlich als ein hochgeachteter Mann in das Gedächtnis seiner Mitbürger eingegangen und durch seine *Naturgeschichte des Schweizerlandes* längst zu einem helvetischen Lokalheros geworden, wäre er nicht in eine jener Fallgruben der Lächerlichkeit gestolpert, wie sie der Zufall gerade dem so unbedingten Verstand des Gelehrten gerne gräbt. Scheuchzer, am 2. 8.1672 in Zürich geboren, ein Mann von bedeutendem, lediglich durch seinen tiefen Christenglauben beengten Selbstgefühl, hatte das Glück, auf einer seiner Exkursionen das Skelett eines Riesensalamanders zu finden und damit einen ungemein wertvollen Beweis für die damals noch unbekannte Existenz vor-eiszeitlicher Wirbeltiere. Das Jahrhundert der großen Glaubenskämpfe war eben hinabgegangen, das des großen Lichtes noch kaum heraufgekommen, kurz, Scheuchzer, der Christenmensch, siegte über Scheuchzer, den Arzt und Naturforscher, der Riesensalamander blieb in seiner tierischen Natur unerkannt, und Professor Scheuchzer gestand seinen Hörern ergriffen, das, was er gefunden habe, sei nichts anderes als »das Beingerüst eines verruchten Menschenkindes, um dessen Sünde willen das Unglück über die Welt hereingebrochen sei« – das Unglück, das wir alle aus dem Alten Testament kennen, wo, nicht wegzudeuten oder wegzuwischen, schließlich geschrieben steht: »In dem sechshundertsten Jahr des Alters Noahs, am siebzehnten Tag des zweiten Monats, das ist der Tag, da aufbrachen alle Brunnen der Tiefe, und taten sich auf die Fenster des Himmels, und kam ein Regen auf Erden vierzig Tage und vierzig Nächte.« (1. Mos. 7, 11) Da die unvernünftige Tierwelt schuldlos war an der Sünde der Menschheit, befahl Gott Noah, von jedem Geschöpf ein Zuchtpärchen in seine Arche zu nehmen. Danach »nahm das Gewässer überhand und wuchs so sehr auf Erden, daß alle hohen Berge unter dem ganzen Himmel bedeckt wurden. Fünfzehn Ellen hoch ging das Gewässer über die Berge, die bedeckt wurden ... Und das Gewässer stand auf Erden hundertundfünfzig Tage«.

In einer Zeit, in der einerseits die Abstammung des Menschen mit den kompliziertesten technischen Geräten erforscht wird, andererseits aber mindestens zwei kostspielige Expeditionen zur Auffindung von Resten der Arche Noahs in den Ararat entsandt wurden, steht es uns nicht an, über den Glauben zu lächeln, der sich in der ganzen Noah-Erzählung spiegelt. Längst haben auch große Gelehrte nachgewiesen, daß im Erlebnis-Umkreis der biblischen Erzähler zumindest die Fluteinbrüche ins Zweistrom-Tiefland als erdgeschichtliche Katastrophen die biblische Mythe rechtfertigen. Und die Völkerkundler haben von allen Kontinenten so viele Sintflutgeschichten zusammengetragen, daß man selbst heute noch Anhaltspunkte für die Überzeugung gewinnen könnte, es habe nicht überall große Überschwemmungen gegeben, sondern auf der ganzen Erde eine einzige gewaltige Hochflut, der die bis dahin existierenden Lebewesen und Arten zum Opfer gefallen seien.

Die auffälligsten Beweise für diese Annahme lieferten die Funde von Muscheln und Fisch-Versteinerungen in den Bergen, Tausende von Metern über den Meeren, und da die Verschiebung und Verwerfung der Schichten ja erst in unserem Jahrhundert allgemeiner bekanntwurde, schienen Muschelfunde im Hochgebirge tatsächlich eine Zeit zu beweisen, in

der nur die allerhöchsten Gipfel – also eben Ararat oder Elbrus – über die Wasser hinausragten. Immerhin gibt es zu denken, daß eine ganze Anzahl von Völkern Sintflutsagen kennt, nicht erst durch die christlichen Missionare, sondern unabhängig von der christlichen Lehre aus dem eigenen, bodenständigen Gut der Sagen-Überlieferung. Man hat über hundert verschiedene Sintflutsagen gezählt, von denen wiederum sechsundsechzig zweifellos selbständig, das heißt von der Erzähltradition des babylonisch-jüdischen Umkreises unabhängig sind. Sie stammen zum Teil aus anderen Kontinenten, aus Teilen der Welt, die unmittelbar von der Eiszeit gar nicht betroffen waren – jener Eiszeit, die man im vorigen Jahrhundert, eben der Sintflut-Beweise wegen, das Diluvium, die Zeit der großen Flut genannt hat. In der früh-iranischen Schöpfungsgeschichte sind Gut und Böse die großen Gegner, die einander mit Zaubermacht und Weltkatastrophen bekämpfen:
»Ahriman weiß nichts von der Existenz des Ormazd. Als er sich aus seinem Schlaf erhebt und das göttliche Licht in der Welt sieht, will er es vernichten, vermag es aber nicht und stürzt in die Finsternis zurück, wo er als Gegen-Schöpfung das Heer der bösen Geister weiblichen und männlichen Geschlechts hervorbringt . . . Durch das übermächtige Gebet jedoch macht Ormazd den Ahriman für dreitausend Jahre machtlos und vollendet in dieser Zeit die Schöpfung . . . Nach diesen dreitausend Jahren, als Ahriman aus seiner Ohnmacht erlöst wird, bedeckt er in seinem Zorn die ganze Schöpfung des Ormazd mit Schlangen, Skorpionen und anderem giftigen Getier. Aber Tistar, der regenspendende Sterngott Sirius (!) vernichtet all dieses Gewürm durch eine große Flut, die Sintflut. Danach vertreibt ein starker Wind die Wasser an die Enden der Erde, es entstehen die vier großen und die dreiundzwanzig kleinen Meere, und die sieben kreisrunden Erdteile bilden sich, deren mittelsten die Iranier bewohnen.«
Schon in dieser vor-schiitischen Weltentstehungsmythe ist also Persien das Herz der Welt, die Wasser kommen, um die

sündige Menschheit zu vernichten, und die Winde vertreiben schließlich die große Flut. Interessant ist auch eine Sintflutmythe aus Ostasien, weil aus ihr Menschen hervorgehen, die etwa so gesprochen haben müssen wie der Homo erectus mit seinem nicht mitschwingenden Rachen:

»Als in uralter Zeit die große Flut kam«, heißt es in einer Überlieferung der Taiwan auf Formosa, »banden sich zwei Geschwister, Bruder und Schwester, die Haare zusammen. So blieben sie in den Zweigen eines Zukurabaumes hängen und konnten sich retten, indem sie sich an dem Baum anklammerten. Alle übrigen Menschen ertranken. Als beide erwachsen waren, heirateten sie sich. Ihre Kinder hatten alle nur je ein Auge [Zyklopenmythus!], eine halbe Nase und eine in der Mitte gespaltene Lippe [Hasenscharte, das äußerliche Kennzeichen eines Wolfsrachens]. Auch die zweite Generation war ebenso unvollkommen, und erst in der dritten Generation wurden wohlgestaltete Menschen geboren.«

Die Errettung durch das Hängenbleiben im Baum geht wohl auf ein Sturmflut- oder Springfluterlebnis zurück; bei solchen Katastrophen bieten auf flachen pazifischen Inseln, wie sie ja auch Formosa vorgelagert sind, bis heute die Bäume mehr Schutz als selbst die Gebäude. In einer Überlieferung der Tim aus Zentraltogo schließlich geht dem großen Regen eine ungeheure Trockenheit voraus; den Boten zu den Göttern macht eine Schwalbe, und sie erreicht auch das Ende des alle Lebewesen bedrohenden sintflutartigen Dauerregens. Von den Menschen ist in der Mythe noch nicht die Rede. Der Wechsel von fürchterlichen Dürre- und diluvialen Regenperioden paßt zu dem, was Afrika im eigentlichen Eiszeitalter erlebt haben muß. Vergletscherungen gab es dort ja nicht, aber nördlich und südlich des Äquators die sogenannten Pluviale, sogar in der heute so trockenen Sahara. Ob es nun Tauben oder Schwalben waren, ob Noah die Menschheit rettete oder zusammengebundenes Haar ein inzestuöses Geschwisterpärchen, es sind weltweite Berichte, Erzählungen, Erklärungsversuche für einen Vorgang, der allen Menschen aller Zonen erinnerlich ist, weil wir noch mitten in ihm stehen.

Denn daß wir zwar in keiner Eiszeit, aber doch wohl in einer Zwischeneiszeit leben, hat uns die Wissenschaft inzwischen klargemacht, und angesichts so manchen feuchten Sommers möchte man meinen, daß wir gar keine so richtige Zwischeneis- oder Warmzeit durchleben, sondern lediglich ein sogenanntes Interstadial, also eine Schwankungsperiode. Denn was so eine richtige Zwischeneiszeit war, das verdiente den Namen Warmzeit in einem weit höheren Maße als unsere unmittelbare Gegenwart.
Es gibt also, da die eiszeitlichen Bodenformationen von Jahr zu Jahr intensiver erforscht werden, inzwischen sehr genaue Einteilungen dieses Ablaufs mit allerdings noch recht unterschiedlichen absoluten Datierungen. Hingegen ist sicher, daß die Entwicklung des Menschen bereits erheblich *vor* Beginn des Eiszeitalters einsetzte, denn der Lothagam-Kiefer mit seinem nicht mehr affen- sondern menschenähnlichen Backenzahn ist 5,5 Millionen Jahre alt.
Der unendlich langsame Aufstieg dieser Hominiden zum Homo setzt in der ersten Warmzeit, dem sogenannten Tegelen ein, mit jenem Australopithecus, der sich, wie wir gehört haben, ja bereits einfachster Werkzeuge bediente, ohne sie allerdings herzustellen. Seine Periode wird darum als Archäo-Lithikum, als die allerälteste Steinzeit bezeichnet. Von der auf sie folgenden Eburon-Kaltzeit dürfte der zum Aufstieg bestimmte Südaffe in Afrika nur reichlichen Regen abbekommen haben.
Wie dies alles über die Erde kam, konnte uns also niemand erzählen, und hätte es einen sprachbegabten Australopithecus gegeben, so wären ihm die Ursachen genauso verborgen geblieben wie den bereits schriftkundigen Geographen der Antike: bis heute gibt es eine ganze Reihe einander widersprechender oder ergänzender Eiszeit-Hypothesen, woraus man ableiten möchte, daß diese Klimaschwankungen sehr verschiedenartige Ursachen haben, deren Wirkungen sich dann summieren, wenn nicht gar potenzieren.
Aus der heute bekannten Tatsache, daß jenes uns gut bekannte, relativ kurz zurückliegende Eiszeitalter keineswegs

die erste Erdeneiszeit war (wie man sehr lange Zeit vermutete), schließt die Forschung naturgemäß auf kosmische Ursachen. Man glaubt sogar, eine gewisse Periodizität erkannt zu haben, wobei die Intervalle zu unserem Glück etwa 250 Millionen Jahre betragen. Die Sonne als Hauptwärmequelle in dem sonst so kalten Weltall scheint in diesen großen Abständen von Schwächeperioden befallen zu werden, die mit der Wasserstoffverbrennung und deren Unregelmäßigkeiten zusammenhängen.

Die Temperaturabsenkung war mit 5-6 Grad im Mittel zunächst noch nicht sehr erheblich, aber irdische Folgen verstärkten die Wirkung dieser Schwankung: die vergrößerten Eisflächen vor allem auf der Nordhälfte der Erdkugel verstärkten die Wärmeabstrahlung, also die Reflexion der ohnedies abgesunkenen Sonnenwärme, so daß sich eine Art Kettenreaktion ergab, die zu einer weiteren Ausdehnung der Gletscher führte, zum Absinken der Meeresspiegel, weil die Gletscherzonen viel Wasser banden, und zu Regenzeiten in den äquatorialen Gebieten. Der Rückgang der großen Wasserflächen setzte schließlich die Niederschlagsmengen soweit herunter, daß die Gletscher nicht mehr weiterwuchsen und endlich sogar zurückwichen . . .

Ein Kreislauf mit seinen eigenen, aber immerhin konsequenten Gesetzen, ein Kreislauf, durch den sich die Hominiden zur Menschlichkeit emporkämpften, zunächst in den warmen, später auch in den kalten Zonen.

Mit einer Plötzlichkeit, die im erdgeschichtlichen Geschehen selten ist, senken sich am Ende des Tertiärs die Temperaturen. Große Säugetiere wie die Mastodonten beginnen Schwierigkeiten zu haben, unter den neuen kargen Verhältnissen ihre bedeutenden Nahrungsmengen zu finden, vor allem, da sie ja keine Fleischfresser sind. Das genügsame Wildpferd übersteht den Wandel der Verhältnisse ebenso wie Hirsche und Rehe, und die Tiere, die ohnedies stets auf Raub aus sind wie Wölfe und Hyänen, passen sich den neuen Verhältnissen mit bemerkenswerter Schnelligkeit an.

Nach der Eburon-Kaltzeit gibt es noch ein angepaßtes Lebe-

wesen mehr: den Homo habilis im Besitz des Feuers, das er auch dringend braucht, und im Begriff, sich die Werkzeuge, welche die Natur ihm nicht liefert, nun selbst herzustellen: die Geröllkulturen in der Art der Oldoway-Schlucht verdienen schon die Einbeziehung in die Altsteinzeit, wenn auch Mary Leakey sich hartnäckig weigert, die Frühmenschen, die sie vierzig Jahre lang in ihren Werkzeugen und in ihrer Lebensweise studiert hat, in den Zweig der Entwicklung einzureihen, der vom Australopithecus, also vom Südaffen, herbeiführt.
Während in Europa wieder eine Kalt-Zeit einbricht, also das Eis sich ausbreitet, und nach den Mastodonten nun auch die Elefanten verschwinden, stampft durch Java ein gewaltiger Urmenschentypus mit nicht sehr eindrucksvollem Gehirnvolumen: den mächtigsten Kauwerkzeugen, die man überhaupt je bei einem menschenähnlichen Wesen feststellte, stehen nur 750 ccm Gehirnmasse gegenüber, also etwa die Gorilla-Menge. Es ist der *Pithecanthropus robustus* oder auch *Modjokartensis*, 1936 von Koenigswald auf Java entdeckt. Er und seine afrikanische Verwandtschaft haben in den anbrechenden schweren Zeiten offensichtlich bessere Aufstiegs-Chancen als der grazile Homo habilis mit seiner Körpergröße von nur 110 - 120 Zentimetern. Der Mensch mit dem gewaltigen Kiefer wird bald nicht mehr viel zu beißen haben, darum beginnt er seine Wanderungen durch die Kontinente. Etwa eineinhalb bis 1,3 Millionen Jahre vor unserer Zeit erreicht er dabei, vom Südosten über die Ostränder des Mittelmeers kommend, einige der gastlichsten Landschaften des heutigen Europa: Petralona in Griechenland ist eine jener Fundstellen frühester europäischer Menschenballungen, Sandalja in Jugoslawien, dazu El Aculadero in Spanien und Südfrankreich mit einem Einschnitt, der Le Vallonet genannt wird.
Die Geröllgeräte aus den Vallonet-Höhlen und andere aus den genannten griechischen, italienischen und jugoslawischen Fundstellen sind bis heute umstritten. Zwar sind die relativ kleinen Steine tatsächlich an mindestens einer Seite behauen, so daß man sie gut anfassen und mit ihnen irgend-

welche schlagenden, hauenden, klopfenden Tätigkeiten verrichten kann; aber es ist nicht zu leugnen, daß man ähnliche Geröllwerkzeuge auch aus Zeiten gefunden hat, in denen von Menschen selbst bei größter Phantasie nicht die Rede sein kann, nämlich im frühen Tertiär, als es noch nicht einmal den Südaffen gab. Beweise sind angesichts so rudimentärer Funde schwer zu erbringen, aber unmöglich ist die Datierung auf 1,5 Millionen Jahre natürlich nicht, da wir ja aus der Oldoway-Schlucht ganze Sortimente von Werkzeugen besitzen, die noch eine halbe Million Jahre älter sind.
Indes gibt es einen Fund, der uns vollkommen deutlich macht, daß es nicht die Oldoway-Pygmäen waren, die sich Europa eroberten, sondern eben der Robustus-Typ, und dieser Fund gelang schon im Oktober 1907: der imposante Unterkiefer von Mauer bei Heidelberg, im Jahr 1908 in einer epochemachenden Untersuchung von O. Schoetensack erstmals beschrieben. Es ist allerdings bis heute nicht geklärt, ob jener Arbeiter, der den Fund hart nördlich des Dorfes Mauer bei Heidelberg tat, den Professor an Ort und Stelle brachte, ihm also den Fund *in situ* zeigte, oder ob er ihm nur die Versteinerung selbst übergab. Immerhin gilt heute als glaubhaft, daß der Fund tatsächlich in 23 Metern Tiefe gemacht wurde, und an seiner Echtheit wird schon darum nicht gezweifelt, weil sich in der gleichen Schicht, in nächster Umgebung, auch fossile Reste vom Breitstirnelch, vom Waldelefanten und vom sogenannten etruskischen Nashorn fanden, also von ausgestorbenen Tieren, auf die das heute angenommene Alter von 900 000 Jahren ebenfalls zutrifft.
Der Unterkiefer von Mauer ist 23,5 Zentimeter breit (gegenüber 15 cm beim modernen Menschen), die Zähne besitzen eindeutig menschlichen Charakter, die Eckzähne ragen nicht aus der Zahnreihe heraus, die Affenlücke ist nicht mehr vorhanden, und zu allem Überfluß fanden sich in der Sandgrube auch noch Steinwerkzeuge, allerdings von außerordentlich primitiver Art. Der *Homo eructus heidelbergensis Schoetensack*, wie heute die korrekt-einordnende Bezeichnung lautet, stand auf einer niedrigeren Kulturstufe als die Tschukutien-Men-

schen, die um ihren Riesenmeiler lebten, aber er war schließlich auch 200 000 bis 300 000 Jahre früher dran. Geologisch ist er in jene gemäßigt warme Klimaperiode einzuordnen, die man heute Cromerwarmzeit nennt. Für die altsteinzeitliche Kulturstufe, die mit dem Heidelberg-Menschen beginnt, hat man aufgrund der zahlreichen Funde in Nordwestfrankreich die Bezeichnung Abbevillien gewählt.

Interessant ist an diesem Fund nicht nur, was er über den Menschentypus und seine Kultur aussagt, denn dazu haben wir ja reichere Funde auf Java und in Südafrika. Die Sandgrube von Mauer bei Heidelberg liefert uns aber den Beweis für die ungeheuren Wanderungen des frühen Menschen. Der Heidelberg-Typus ist mit seinem javanischen Artgenossen so nahe verwandt, daß man auf keinen in Europa entstandenen Seitenzweig schließen kann, sondern auf eine Ausbreitung des Homo erectus aus den äquatorialen Gegenden Afrikas und Südasiens über die anderen Kontinente, soweit sie ohne größere Seefahrten zu erreichen waren.

Wenn es um den Unterkiefer von Mauer immer noch Kontroversen gibt – und zwar Meinungen, die diametral der soeben geäußerten Deutung widersprechen –, dann beruht dies vor allem auf dem Umstand, daß vom Heidelberg-Menschen noch keine Schädeldecke gefunden wurde. Selbst die genauesten Messungen und, wie man hier sagen muß, Hochrechnungen zur Erstellung eines Schädel-Gesamtbildes können nicht alle Forscher überzeugen. Um die vermutliche Lebenszeit des Heidelberg-Menschen, am Beginn der letzten Jahrmillion vor unserer Zeit, beginnt der Mensch sich nämlich bereits zu spezialisieren. Er hat in verschiedenen Kontinenten sehr verschiedene Lebensbedingungen vorgefunden und ist ihnen nun seit 400 bis 600 000 Jahren ausgesetzt, Zeit genug für die Natur, auf Umwelteinflüsse zu reagieren. Der Heidelberg-Mensch hat einen mächtigen Pflanzenfresser-Unterkiefer, aber Zahnreihen, die in ihrer Art dem allesfressenden Homo habilis entsprechen, was man international-höflich als *omnivore* bezeichnet. Der Homo habilis aber ist nur etwa halb so schwer wie der Heidelberg-Mensch, der zwar ver-

mutlich gebückt ging und seinen mächtigen Schädel vornüber hängen ließ, im Ganzen aber doch ein sehr kräftiges Mannsbild war. Rein spekulativ, darum aber nicht unmöglich ist die Annahme, daß in diesem mächtigen Schädel ein vergleichsweise kleines Gehirn saß.
Trotz aller Forschungen in der Sandgrube von Mauer fand sich nichts, was die Rekonstruktion eines Schädels ermöglicht hätte. Doch kam sechzig Jahre nach dem Fund von Mauer Bewegung in die Diskussion, als in Ungarn Mahlzähne und ein Hinterhauptsbein ebenfalls vom javanischen Typus zum Vorschein kamen (Verteszöllös 1965), aber nicht von jenem primitiven Typ der ältesten Java-Funde, sondern eher dem Trinil-Typus angenähert, den man auf 600 000 Jahre datieren und nach seiner Kulturstufe etwa neben die Tschukutien-Köhler stellen konnte. Dieser *Homo erectus palaeo-hungaricus*, von dem kleinen, ehrgeizigen Volk rund um Budapest lebhaft begrüßt, beherrschte die Diskussion jedoch nur wenige Jahre: in Prezledice bei Prag kam ein allerdings sehr kleiner Teil eines unzweifelhaft menschlichen Mahlzahnes zum Vorschein, inmitten einer Ansammlung von Werkzeugen, die vermutlich älter sind als jene aus der Sandgrube von Mauer. Nun ist ein Zahnsplitter sehr viel weniger als ein Zahn, und ein Zahn wiederum weniger als ein Unterkiefer. Wissen wir auch, daß die Moldaupforte bei Prag seit der Steinzeit praktisch dauernd besiedelt war, so ist doch zu bezweifeln, daß so geringe und unsichere Funde tatsächlich dazu führen, eine urzeitliche Industrie (wie man die Ansammlung homogener Werkzeuge nennt) im Prager Raum zu postulieren. Interessanter ist zweifellos die Frage, aus welchen Typen dieser Urbevölkerung die späteren europäischen Bevölkerungen aufwachsen.
Für dieses Problem wurde ein Schädelfund wichtig, der am 24. Juli 1933 dem Kiesgrubenbesitzer Karl Sigrist in Steinheim, etwa zwanzig Kilometer nördlich von Stuttgart gelang und den Professor Berckhemer wissenschaftlich bearbeitete. Es handelte sich um einen Frauenschädel, der gegenüber den primitiveren Typen deutliche Entwicklungsmerkmale zeigte:

eine steilere, höher gewölbte Stirn und vergrößertes Gehirnvolumen (1150 ccm, so daß man beim zugehörigen Mann auf ca. 1300 ccm schließen darf). Das Kinn ist deutlicher ausgeprägt als beim Heidelberg-Menschen, doch nimmt man an, daß der (in Steinheim fehlende) Unterkiefer noch nicht viel anders aussah als jener von Mauer bei Heidelberg. Nur wenig jüngere Schädel-Funde aus Swanscombe in England und Montmaurin in Frankreich erwiesen sich als eng verwandt und waren von der gleichen Fauna begleitet: Die Steinheim-Dame und ihre um etwa 100 000 Jahre jüngeren Artgenossen aus England und Frankreich lebten mit dem wollhaarigen Nashorn, dem Steppen-Mammut, dem Bison und – für den Steinheimfund speziell erwiesen – mit dem Löwen, der also vor etwa 400 000 Jahren noch die Umgebung von Stuttgart unsicher machte. Die reiche Tierwelt beweist, daß diese Menschen-Entwicklung in die sogenannte Holsteinwarmzeit zu verlegen ist, die Zwischeneiszeit zwischen den Kälteperioden Mindel und Riß.

Soviel war also klar; Verwirrung stiftete jedoch der Umstand, daß die junge Frau von Steinheim mit ihren deutlichen Augenbrauenwülsten und der breiten Nasenöffnung auf den Neandertaler-Typus hindeutete, zugleich aber mit Kinn, Stirnhöhe und Gesamtschädelbildung unleugbare Verwandtschaft mit dem heutigen Menschen aufwies, also mit dem Typus, den man inzwischen *homo sapiens sapiens* nennt, seit der einfache Sapiens-Zusatz dem Neandertaler zugebilligt wurde. Daß der Steinheim- bzw. Swanscombe-Typus der gemeinsame Ausgangspunkt für den modernen Menschen *und* für den Neandertaler darstellt, wurde von dem Chicagoer Universitätsprofessor W. E. Legros-Clark behauptet, aber schon wenige Jahre später von J. S. Weiner bestritten, der damals noch Präsident des *Royal Anthropological Institute* in London war: die Zeit, die seit der Existenz des Steinheim-Swanscombe-Typus verstrichen ist, könne niemals ausreichen, einerseits den Seitenzweig des Neandertalers, andererseits aber den Cro-Magnon-Typus als Urbild des modernen Menschen hervorzubringen. Die Steinheim-Frau stelle einen

Mischtypus aus bereits vorher existenten getrennten Entwicklungsästen dar. Der Neandertaler habe seine Ahnen zweifellos im Heidelberg-Typus zu suchen, der sich über den Montmaurin-Typus weiterentwickelt habe; auch der Solo-Man aus den javanischen Ngandong-Funden von 1934 sei mit diesem robusteren Menschen zweifellos enger verwandt als die Menschen von Steinheim und Swanscombe. Diese Weinersche These hat viel für sich, wenn man die ungeheuren Zeiträume bedenkt, die der Mensch bis dahin für seine Entwicklung brauchte; warum sollte die Natur plötzlich zum Eilzugtempo übergehen?

Folgt man Weiner – und es spricht ganz offensichtlich mehr für als gegen seine These –, dann gelangt man weiter zu der Annahme, daß sich aus den bekannten Völkerwiegen, vor allem den asiatischen, schon in sehr frühen Epochen Stämme auf die Wanderschaft begeben haben. Der robustere Djetis-Typus (vgl. S. 33) hatte seine eigene Nachkommenschaft ebenso wie der höher entwickelte, schon mit größerem Gehirnvolumen ausgestattete Trinil-Mensch. Die Haupterforscher der javanischen Funde, also von Koenigswald und Weidenreich, beurteilen die Unterschiede zwischen beiden Formen allerdings als nicht so gravierend, daß man gezwungen wäre, zwei selbständige Arten aus ihnen zu folgern: die zeitliche Aufeinanderfolge, die zeitliche Differenz von etwa zweihunderttausend Jahren genüge durchaus, die Unterschiede zu erklären.

Europa war also keineswegs nur einmal, in der frühen Phase weltweiter Wanderschaften, mit einem einwandernden Stamm beglückt worden, sondern hatte im Lauf der langen Zeiträume, die der Mensch nun schon auf der Erde zubrachte, immer wieder Zustrom erhalten: zunächst vom javanischen Djetis-Typus, kenntlich an seinem mächtigen, schnauzenartigen Unterkiefer und den starken Augenbrauenwülsten, danach aber auch vom Trinil-Menschen. Diese Einwanderungswellen, die möglicherweise nur aus Hunderten, höchstens wenigen tausend Individuen bestanden, gesellten sich zu Gruppen des Pithecanthropus robustus, die aus dem äquatorialen Afrika nach Norden gewandert waren. In Europa fanden demnach afro-asiatische Mischungsvorgänge statt, während der *Sinanthropus pekinensis*, der mit den javanischen Funden eng verwandte, in Tschukutien zu einer frühen Werkzeugindustrie gelangende Mensch, die Verbindung sowohl nach Süden als nach Südwesten zu verlieren scheint und eine eurasische Begegnung erst viel später einleitet – in der mittleren Alt-Steinzeit, als die Kapowaja-Höhlen im Südural ihre Jagdzeichnungen erhalten.

Europa verdankt also möglicherweise seinen überraschend deutlichen Vorsprung zumindest hinsichtlich der künstlerischen Leistungen in der Altsteinzeit dem Umstand, daß es zu einem Gebiet der Begegnungen und Vermischungen wurde. Die niedrigen Wasserstände der Eiszeit hatten Landbrücken geschaffen, die vorher nicht existierten; der Bosporus konnte noch trockenen Fußes überschritten werden, der Ärmelkanal war ein schmales, nur bei Flut eindrucksvolles Gewässer, an der ganzen nordfranzösischen, holländischen und deutschen Küste fehlten noch die tiefen Buchten, von denen einige ja erst in geschichtlicher Zeit entstanden sind. Der Kontinent lag also, zumindest in den Zwischeneiszeiten, vor den Einwanderern offen da, und vor allem im südlichen und westlichen Europa muß es, da dort die Meere natürliche Grenzen schaffen und Auswege abschneiden, zu jenen Begegnungen gekommen sein, welche die wandernden Gruppen des frühen Menschen angesichts der damals noch unendlichen Weite und Leere der Jagdgebiete im allgemeinen vermeiden konnten.

Der Vorgang ist im einzelnen natürlich nicht durchschaubar; er wäre es auch dann nicht, wenn wir zehn- oder hundertmal so viele Schädel und Skelette gefunden hätten, als wir heute besitzen. Wir wissen nicht, ob die junge Frau von Steinheim dem an robustere Weiblichkeit gewöhnten Mann von Montmaurin gefallen hätte, und es ist nichts weiter als Vermutung, wenn wir uns die kriegerischen oder friedlichen Begegnungen der verschiedenen durch Alteuropa ziehenden Horden vorzustellen versuchen – mit Zusammenarbeit, mit organisiertem Frauentausch zur Blutauffrischung, mit Frauenraub oder Versklavung der Unterlegenen. Im Grunde waren die Unterschiede zwischen den damals in Europa lebenden verschiedenen Typen des Frühmenschen nicht deutlicher als jene, die heutige Menschenrassen voneinander abheben. Und wenn auch die moderne Forschung darin übereinstimmt, einen herausragenden dritten Mahlzahn als ein Merkmal für größere Primitivität, für einen Rückstand in der allgemeinen Entwicklung zu halten, so braucht dieser Umstand die Partnerin des solchermaßen disqualifizierten Homo erectus ganz und gar nicht abgestoßen zu haben.

Es gibt zwei denkbare Gründe für die friedliche Zusammenarbeit und das zumindest gelegentliche friedliche Zusammentreffen verschiedener Horden oder Großhorden in jener Zeit. Der eine ist durch den Handel gegeben, der andere durch Unternehmungen, für die es einer Horde an Männern fehlte, so daß die Notwendigkeit der Kooperation Tatsache war. Schlüssige Beweise für den organisierten Handel oder gar die Existenz des Händlerberufes finden sich aus der Holstein-Warmzeit noch nicht. Sie wären vorhanden, wenn wir auf Händlerdepots gestoßen wären oder auf Ketten solcher Depots längs eines alten Handelsweges. Soweit sind wir also noch nicht, aus dem einfachen Grund, weil die Bevölkerung noch zu gering ist. Auch heute würde kein reisender Händler Gebiete aufsuchen, in denen er nur wenige und sehr verstreute Abnehmergruppen antrifft. Andererseits aber haben sich bestimmte Schmucksteine und Muscheln fern von ihrem natürlichen Vorkommen gefunden, auch Steinwerkzeuge mit eindeutiger Herkunft aus bestimmten Bergen und Hügeln tauchten Hunderte von Kilometern entfernt davon in prähistorischen Höhlensiedlungen auf. Natürlich kann die Menschengruppe, die diese Höhlen schließlich bewohnte, vorher anderswo gewesen und dort die Muscheln, bestimmte Steine usw. vorgefunden und mitgenommen haben. Der Vorgang ist aber doch im ganzen genommen zu häufig, um durch diesen Zufall erklärt zu werden: Begegnungen mit primitivsten, vielleicht sprachlosen Tauschgeschäften können also nicht

ausgeschlossen werden, ja sie sind, angesichts der Natürlichkeit des Erwerbstriebes, sogar wahrscheinlich.
Sehr viel klarer sehen wir bei einer anderen Form der Zusammenarbeit, die jener Epoche auch in höherem Maß entspricht – bei der Jagd. Die Kaltzeiten haben zwar den Großtierbestand dezimiert, aber eine Reihe mächtiger Säugetiere ist doch noch übriggeblieben und teilt sich in den Zwischeneiszeiten den europäischen Lebensraum mit den Jägern vom Typus des Steinheim-Menschen. Die Höhlen-Existenz gestattet den Menschen bereits das Anlegen von Vorräten, ja sie gebietet es sogar. Die Höhlen sind zwar zahlreich, aber nicht alle sind für die Aufnahme von Familien und Horden geeignet, und ist einmal eine Höhlen-Gruppe gefunden, in der sich eine ganze Großhorde über den Winter hinwegretten oder eine längere Kälteperiode überdauern kann, dann gewinnen die Vorräte an luftgetrocknetem, vielleicht sogar geräuchertem Fleisch naturgemäß an Bedeutung. Soviel Fleisch aber auf der Jagd nach dem schnellen Rotwild zu erbeuten oder gar mit Kleingetier zusammenzubringen, darf als ausgeschlossen gelten, nur der Elefant oder das Mammut konnten die großen Fleischmengen liefern.
Der Zufall und wohl auch das geschichtliche Interesse eines hochgeborenen und reich begüterten Mannes haben zusammengespielt, um uns den in dieser Art einzigartigen Einblick in das Leben früheiszeitlicher Jäger zu geben; begonnen aber hat alles mit dem Bau der Eisenbahn von Madrid nach Zaragoza. Es war nicht so dramatisch wie in China, wo beim Eisenbahnbau die Gebeine verehrter Ahnen aus dem Boden gehoben und verstreut wurden; man stieß lediglich 1888 bei Drainagearbeiten unter dem Bahnkörper auf einen Knochen, der viel zu gewaltig war, um von einem der in Spanien lebenden neuzeitlichen Tiere zu stammen. Weitere Knochen kamen zum Vorschein, und es wurde klar, daß man auf einen jener vielumraunten Elefantenfriedhöfe gestoßen war, von denen um die Jahrhundertwende die ersten aus Afrika zurückkehrenden Großwildjäger wie Karl Georg Schillings oder auch der Herzog von Aosta berichtet hatten. Einen in der Nä-

he lebenden Großgrundbesitzer, den Conde de Cerralbo, befriedigte diese Erklärung jedoch nicht. Er ließ weitergraben und hatte bis zum Jahr 1908 nicht weniger als fünfundzwanzig Exemplare des *Elephas antiquus* beisammen, dazu aber auch – und darin bestand die eigentliche Sensation – eindeutige Hinweise auf die Beteiligung von Menschen an diesem Elefanten-Massentod. Zwischen den Knochen fanden sich Steinwerkzeuge, Steinklingen, zu Waffen zugespitzte Elfenbein-Stoßzähne und sogar bearbeitetes Holz. Es war die Zeit, da die Sensation um den Fund aus dem Neandertal zwar abgeklungen war, der Unterkiefer von Mauer aber neue Diskussionen entfacht hatte, und nun fand ein Mann, an dessen Integrität nicht zu zweifeln war – ein spanischer Grande mit großem Vermögen, dem Bereicherungssucht oder Sensationsgier nicht unterstellt werden konnte –, Hinweise auf ganze Scharen eiszeitlicher Menschen, die gemeinsam mit Vorzeittieren gelebt und diese in organisierten Großaktionen erlegt hatten. Denn anders ließ sich die auffällige Mischung so vieler Tierskelette mit Vorzeit-Waffen eben nicht erklären. Cerralbo und den anderen Herren aus seiner Jagdgesellschaft, die allesamt die spanischen Jagdgründe genau kannten, war bald klar, wieso es in jener Senke im Raum von Soria, zwischen den Hügeln von Torralba und Ambrona, zu dieser Schlächterei kommen mußte: die Eiszeitjäger folgten in weit auseinandergezogenen Gruppen den wandernden Großtierherden, und dort, wo sich die Elefanten zusammenschließen mußten, weil die Bodengestalt dies erzwang, da legten sie den großen Tieren einen Hinterhalt. Zwischen den Ostausläufern der Sierra de Guadarrama im Norden von Madrid und den nördlichsten Hügeln der Sierra de Albarracin bei Medinaceli öffnet sich solch eine natürliche Pforte aus dem Raum Toledo-Madrid ins Duero-Tal. Zahllose Schlachten zwischen Christen und Mauren wurden hier, bei Siguenza, Atienza und anderen Orten geschlagen, aus dem gleichen geographischen Zwang heraus. Die ersten Schlachten aber schlugen vor 350-400 000 Jahren die Elefantenjäger, die sich ganz offensichtlich hier trafen, regelmäßig und also nach Ab-

sprachen verbündet, um die sonst überlegenen Dickhäuter in Fallgruben zu fangen, in die Enge zu treiben und gemeinschaftlich zu erlegen.
An den Conde de Cerralbo und seine unablässige Forscher- und Sammlertätigkeit erinnert heute das nach ihm benannte Madrider Museum an der Kreuzung der Calle de la Princesa mit der Calle Ventura Rodriguez. Es ist im ehemaligen Stadtpalais des Grafen untergebracht und wird heute mehr wegen der großen Münzsammlung und der Schätze an Gemälden aufgesucht. Man sollte angesichts des *Heiligen Franciscus* von Greco, der hier hängt, jedoch nicht vergessen, daß die lebenslange Mühe Cerralbos der Aufhellung frühester Zeiten in Spanien galt.
In den sechziger Jahren unseres Jahrhunderts haben amerikanische Forscher mit modernen Methoden die Arbeit Cerralbos fortgesetzt und sind zu wichtigen Einsichten gelangt. Die Herren Howell und Freeman fanden nicht nur ein halbes Hundert weiterer Elefanten, so daß man nun sich alljährlich wiederholende Jagden annehmen mußte, sondern erlangten auch Gewißheit darüber, daß die Treibjagd eine erstaunlich durchdachte und wohlorganisierte Großaktion gewesen war. Die Swanscombe- oder Steinheimmänner ließen es an nichts fehlen, sie jagten ihre großen Gegner nicht nur mit Waffen und Lärm, sondern auch mit Feuer.
Die Pollenanalyse, die dem Conde de Cerralbo noch nicht zur Verfügung stand, hat uns inzwischen verraten, daß die Jagden in einer Kälteperiode, also in der in Europa Riß genannten Kaltzeit stattfanden. Es war bittere Not, was die Menschen damals zwang, sich zusammenzuschließen, denn der Boden taute selbst in Spanien im Sommer nur ganz oberflächlich auf, und die Jagd auf die großen Tiere bot die einzige Chance, die in ihren Höhlen frierenden Menschen mit ausreichenden Nahrungsmengen zu versorgen. Der Selbsterhaltungstrieb hatte damals über alle etwa vorhandenen Spannungen und Rivalitäten gesiegt.
Es ist nur zu verstehen, daß die Wissenschaft die Chance einer so einzigartigen Fundstelle nützen wollte. Denn obwohl

sich auch in Frankreich eine ähnliche Konstellation ergab – Schauplatz einer immer wiederkehrenden Treibjagd mit Tierskeletten und Werkzeugen –, so blieb das ausgebreitete Feld der Funde von Torralba und Ambrona in seiner Fülle doch einzigartig, und die Hoffnung, Vergleichbares im dicht besiedelten und längst durchforschten Europa noch einmal aufzufinden, muß als sehr gering gelten. Seltsamerweise erwiesen sich jedoch alle Schritte über die bloße Registrierung der Funde hinaus als außerordentlich schwierig. Hier zeigte sich, daß alle Wissenschaft, alle Phantasie, alle Analogieschlüsse aus dem Verhalten heute lebender Naturvölker doch offensichtlich nicht zureichen, uns das Wesentliche von Vorgängen klarzumachen, die sich vor etwa 350 000 Jahren begeben haben.

Howell und seine Helfer glauben herausgefunden zu haben, daß jene Jagd an der Pforte zwischen den Hügeln mindestens zehnmal stattgefunden hat, aber sie vermögen nicht zu sagen, ob diese zehn Jagden in zehn, zwanzig oder hundert Jahren vor sich gingen. Und natürlich ist es ein geologischer Glücksfall, daß sich diese Knochenfülle erhalten hat; schon zwanzig Kilometer weiter weg können noch größere Elefantenfriedhöfe im Lauf der Zeit im Staub zerfallen, zum Humus der spanischen Erde geworden sein. Denkt man an die Heringsschwärme, die lange Zeit mit größter Regelmäßigkeit in stets denselben Gegenden der Weltmeere auftraten, plötzlich aber ausblieben oder andere Wege nahmen, so erscheint es möglich, daß auch die Elefantenherden, denen die Jäger folgten und die in der großen Treibjagd dann dezimiert wurden, kein alljährliches, gleichsam jahreszeitliches Ereignis waren, sondern eine jener Sensationen innerhalb der Eiszeitfauna, die der Steinheim-Mensch dank unablässiger Beobachtung der Tierwelt rechtzeitig erkannte, worauf dann das Massenaufgebot an Jägern erfolgte.

Eine Zeit, in der selbst in Spanien der Boden nur oberflächlich auftaute, so daß dieses heute blühende Land auf eine Tundren-Flora reduziert war, muß notwendigerweise für den Menschen sehr hart, ja eigentlich eine permanente Notzeit gewesen sein. Vielleicht gingen in anderen Teilen Europas ganze Menschengruppen zugrunde, vielleicht waren es die zahlreichen Höhlen des südlichen Frankreich und des nördlichen Spanien, die Schutz gegen die Kälte und zugleich einen Rest jagdbaren Wilds boten, so daß sich die Bevölkerung Europas nach und nach – und nach einer furchtbaren Auslese durch die Kälte – auf den Raum zwischen dem kantabrischen Gebirge und dem Rhein zurückzog.

Unter solchen Verhältnissen muß dem Großereignis der Elefantenjagd eine Bedeutung zugekommen sein, die weit über die eines jahreszeitlichen Geschehens wie etwa unserer Ernte oder Weinlese hinausging, und zweifellos scheuten die Menschen einen relativ weiten Anmarsch nicht, um die Elefanten in der Pforte von Torralba abzufangen. Denn gelebt, länger gehaust haben die Jäger in dieser Gegend allem Anschein nach nicht. Zwar fanden sich Anzeichen eines Festmahls, das man getrost als Orgie bezeichnen kann. Vielleicht zum erstenmal seit Jahren konnten sich Hunderte, wenn nicht gar Tausende von Jägern hier nach Belieben sattessen und auch noch eine beträchtliche Menge Fleisch getrocknet mitführen, als Vorrat für die kommenden Monate, von denen man ja wußte, wie hart sie werden würden. So lange der Conde de Cerralbo und – ohne viel von seinen Arbeiten zu wissen – die amerikanische Forschergruppe um Howell auch gruben und suchten, es wurden keine menschlichen Fossilien gefunden, nur immer wieder Tierknochen und Werkzeuge, Steine in unerklärlichen Anordnungen und an gewissen Stellen so viele zertrümmerte Knochen, daß man wußte: hier hatten die Festmähler stattgefunden, hier waren die Leckerbissen Knochenmark und Gehirn aus zerschmetterten Knochen hervorgeholt worden.

Wen könnte es verwundern, daß, in solchen Zeiten, Großjagd und Festmahl zu Höhepunkten des Jägerlebens, ja, des Daseins der Steinheimmenschen überhaupt wurden, zu Ereignissen, von denen man im vorhinein und nachher noch sprach, von denen die Erinnerung zehrte, obwohl wir uns diese gedanklichen Dimensionen beim Homo erectus der

Steinheimstufe noch relativ primitiv vorstellen müssen. Um so bemerkenswerter ist, daß er sich auf seine Art, das heißt ohne Wissen und ohne Ratio magisch-gläubig reagierend, mit diesem Ereignis beschäftigte und naturgemäß seine Wiederkehr wünschte, ja herbeisehnte. Das wäre eine der möglichen Erklärungen dafür, daß sich von insgesamt annähernd achtzig Elefanten des Torralba-Ambrona-Fundzirkels nur ein einziger Schädel erhalten hat, ein Schädel mit einem kunstgerechten Loch, durch das man das Gehirn herauskratzen konnte. Daß die anderen Schädel alle ganz zertrümmert wurden, was angesichts des dicken Elefantenstirnbeins und der unzureichenden Werkzeuge eine ungeheure Anstrengung und lange Mühen bedeutete, kann nur magische Gründe gehabt haben. Welcher Art diese Magie war, welch krause Überlegungen ihr zugrunde lagen, ist freilich pure Spekulation: daß der Elefant ein intelligentes Tier ist, müssen auch die Eiszeitjäger erkannt haben; vielleicht fürchteten sie, daß herumliegende Schädel die Elefanten späterer Jahre warnen könnten, so daß die so wichtige Herde einen anderen Weg nehmen oder umkehren würde. Oder man fürchtete nach dem großen Morden die Rache der Elefantengeister, die ja wohl nur in den Schädeln sitzen konnten.

Wie immer das auch war: der Steinheim-Mensch hatte den Kampf gegen die Eiszeit aufgenommen. Er verstand es, sein rudimentäres Hirn zu seiner Rettung einzusetzen, er hatte Verständigungssysteme entwickelt, die eine lebenswichtige Großveranstaltung wie die Gemeinschaftsjagd zu einem Erfolg werden ließen. Er verteilte, wie wir aus der Mischung der Knochen sehen, die gesamte Jagdbeute, die ja nicht nur aus Elefanten bestand, sondern auch den beliebten Großhirsch und anderes Wild umfaßte, mit der größten Genauigkeit und offensichtlich in friedlicher Übereinkunft. Niemand dachte also daran, das große Fest, das vielleicht eine heilige Handlung war, durch Unfrieden, Auseinandersetzungen oder gar Blutvergießen zu besudeln. In diesem Fall hätte man ja zwischen den Tierknochen ein paar fossile Reste vom Homo erectus gefunden. Aber dem war eben nicht so.

Die schweren Zeiten hatten den Steinheim-Menschen gezwungen, über seinen kräftigen Kiefern einen tauglichen Denkapparat zu entwickeln, andernfalls wäre er zugrunde gegangen. Ein Grillendasein in der Kälte war nicht denkbar, nur die Eichhörnchen mit ihrer Vorratswirtschaft überlebten, und ihnen hatte der aus der warmen Holsteinzeit in die unwirtliche Riß-Periode gelangte Früh-Europäer vielleicht abgeguckt, wie man sich einen kleinen Vorrat anlegt.

Zunächst freilich wurden Jagd, Sieg und Erfolg gefeiert, hatte man den Elefanten doch mit leerem Magen gegenübertreten müssen. Danach aber wurde ganz gewiß auf Vorrat an der Luft getrocknet oder sogar geselcht, vielleicht, angesichts der großen Kälte, Frischfleisch nach Hause getragen, waren die kantabrischen Höhlen von den Jagdgebieten doch nur drei oder vier starke Tagesmärsche entfernt. Ein Tier oder auch nur ein tierähnliches Wesen ist dieser überlegende, kalkulierende, vorsorgende und den Erfolg beschwörende Homo erectus also gewiß nicht mehr. Darin hatte das neunzehnte Jahrhundert irren müssen, weil es eben noch an Informationen fehlte. Auch hinter dicken Augenbrauenwülsten konnte man folgerichtig denken . . .

Die Höhlenmenschen von Tautavel

Sie waren dreizehn: drei Kinder unter zehn Jahren, eine Frau von etwa fünfzig, die anderen junge Erwachsene, etwa zwanzig- bis fünfundzwanzig Jahre alt. Man lebte nicht lange vor vierhunderttausend Jahren, und danach dann – da gab es die späte Auferstehung unter den Händen der Studenten und Studentinnen der Forschergruppe Henry de Lumley. Tautavel ist eine winzige Gemeinde im südlichsten Frankreich, an zwei nicht sonderlich guten Straßen, der D 59 und der D 9 gelegen, im übrigen aber leicht zu finden und schnell zu erreichen, seit die Languedoc-Autobahn Montpellier-Col du Perthus fertiggestellt ist: Von der Ausfahrt Perpignan-Nord nach Westen fahrend, durchqueren wir das berühmte Weingebiet von Rivesaltes und sind nach wenigen Autominuten im Tal des Flüßchens Verdouble, auf das sich die Wohnhöhle öffnet. Die Gegend ist gut abgeschirmt: gegen Osten, also gegen das Meer zu, deckt sie die fünfhundert Meter hohe, von einem Turm gekrönte Serre del Clot, ein Name, in dem noch das spanische Sierra steckt, weil die ganze Landschaft erst seit zweihundertfünfzig Jahren zu Frankreich gehört. Nach Norden zu werden die Berge zahlreicher und auch ein wenig höher. Wir befinden uns hier in einer der am wenigsten bekannten, aber auch einer der reizvollsten Landschaften des ganzen Frankreich, in den Corbières, einem

prachtvoll grünen, auf den Höhen von duftenden Bergkräutern bewachsenen Hügelland dünnster Besiedlung, an den Rändern markiert durch berühmte alte Abteien wie Fontfroide oder Lagrasse, überragt von uralten Burgruinen wie dem Château d'Aguilar oder dem Château de Queribus.
Schon wenn man sich die abenteuerliche Bergstraße zum Château d'Aguilar hinaufquält, ahnt man, daß man sich hier in einem Reduit befindet, in einer Zufluchts-Landschaft, deren Einsamkeit, Abgeschiedenheit, Unübersichtlichkeit und vielfältige Zerklüftung zu allen Zeiten Schutz gewährte. Wer sich hierher zurückzog, blieb unauffindbar – die Höhlenmenschen von Tautavel blieben es immerhin vierhunderttausend Jahre lang, genau gesagt bis 1838.
Damals entdeckte der Naturforscher Pierre Marcel Toussaint de Serres (1762-1842) – wie viele Geologen bis ins Alter ein rüstiger Wanderer – etwa auf halbem Wege zwischen Tautavel und Vingrau und hundert Meter über dem Verdouble gelegen, fossile Reste in der den Einwohnern der Gegend seit langem unter verschiedenen Namen bekannten Höhle. Sie nannten sie in ihrer Sprache Cova d'Argou, woraus später Grotte de l'Arago wurde, nach einer bekannten Naturforscherfamilie, ja -dynastie von Perpignan, die jedoch mit der Höhle selbst wenig zu tun hatte. Für Marcel de Serres freilich wäre sie, hätte er sie ein paar Jahre früher durchforscht, die Krönung seines Lebenswerkes geworden, denn er hatte im Gegensatz zu dem berühmten Cuvier stets – und als erster in Frankreich – an den fossilen Menschen geglaubt, an die Existenz menschlicher Gruppen in Lebensgemeinschaft mit den vorweltlichen, also eiszeitlichen Tieren. Die Höhle von Tautavel oder Arago hätte den glanzvollen Beweis für seine Theorien liefen können.
Die Lage an kleinen fließenden Gewässern ist typisch für die altsteinzeitlichen Wohnstätten – von Siedlungen kann man ja noch nicht sprechen. Das fließende Wasser brachte dem Homo erectus eine ganze Reihe von Erleichterungen: er trank es, wusch sich vielleicht auch und konnte ihm jedenfalls den Unrat anvertrauen; das Wasser lieferte Fische und Krebse und

half beim Reinigen und bei der Bearbeitung von Häuten und Fellen. Im nahen Têt-Tal, das sich nur zwanzig Kilometer südlich von Tautavel in den Ostpyrenäen öffnet, kann man heute genau verfolgen, wie der Mensch mit dem Flüßchen von Terrasse zu Terrasse in die Tiefe stieg, in dem Maß, als es sich tiefer in die Talschichten einfraß: Auf dem höchsten Niveau, der Fundstelle vom Mas Ferréol, sind die aus Quarz geschlagenen Steinwerkzeuge 1,2 Millionen Jahre alt, in Schiefer und Granitschichten gebettet. Auf der Rotschieferschicht von Cabestany, durch Anschwemmungen als Uferböschung ausgewiesen, lebte der Mensch vor 900 000 Jahren. Schon 300 000 Jahre später hatte das heute nicht sonderlich imposante Flüßchen Têt sich wesentlich tiefer eingewühlt: der Mensch folgte ihm auf die pliozänen Schichten gelben Lehms, welche die Fundstellen der Butte du Four tragen. Die Butte erstreckt sich an beiden Têt-Ufern von dem kleinen alten Städtchen Ille-sur-la-Têt bis hinaus nach Perpignan und trägt zahlreiche Fundstellen aus der Mindel-Eiszeit. Hunderttausend Jahre später war es die Gegend des heutigen Flughafens von La Llabanère bei Perpignan, wo die Eiszeitmenschen vom Têt-Ufer wohnten, und abermals hunderttausend Jahre später die Pia-Terrassen nördlich von Perpignan am Têt und am linken Ufer des Flüßchens Agly. Das war vor 400 000 Jahren, also etwa in der Zeit der Höhlenmenschen von Tautavel, und wir sind nun auch ganz in der Nähe dieses Lebensbereichs, denn der Agly ist der Fluß, in den der Verdouble von Norden her mündet.

Vom linken Agly-Ufer zog sich also damals eine Zone früher Besiedlung zu den Höhen der Corbières hinauf, in vielen Fundstellen nachgewiesen und doch für den Touristen so gut wie unsichtbar. Denn wer beachtet schon die kleinen Schaber, Klingen und Faustkeile aus Quarz (die aus Kalkstein hat der Boden wieder aufgenommen), wenn berühmte Kirchen wie die von Espira d'Agly oder so imposante Burgen wie das hochliegende Château de Queribus die Aufmerksamkeit fesseln.

Im Zweiten Weltkrieg änderte sich dies insofern, als besonders die geschützt liegenden, kaum zugänglichen Landschaften nun der Aufmerksamkeit sicher sein konnten. Und die Tautavel-Senke ist solch eine Landschaft, im Norden durch die Gorges des Gouleyrous und im Süden durch eine ähnliche Flußschluchten-Folge versperrt, eine Gegend, wie sie etwa Sonnleithner in seinen *Höhlenkindern vom heimlichen Grund* imaginiert hat – und Höhlenkinder waren die Tautavel-Menschen ja tatsächlich, wenn man bedenkt, wie jung sie alle waren, wie kurz sie lebten und wie klein der Gesichtskreis war, den sie hatten.

Gegen Ende des Zweiten Weltkriegs also begannen Amateur-Prähistoriker, durch die Schluchten und die Höhlen angezogen, mit gutgemeinten, aber doch eben laienhaften Grabungen. Darin lag die ungeheure Gefahr, in der mit 35 Metern Tiefe und zehn Metern Breite relativ kleinen Höhle so gut wie alles durcheinanderzubringen. Denn es kommt ja keineswegs nur darauf an, *was* man findet: das *Wo* und *Wie* sind genauso wichtige Umstände und geben dem Fundobjekt selbst erst das eigentliche Relief. »Prähistorische Wohnstätten«, schreibt Henry de Lumley, »bilden die Archive der ältesten Menschheitsgeschichte, Archive ohne Schrift, die unendlich wertvoll sind, aber nur ein einzigesmal gelesen werden können, denn die Ausgrabung selbst, die sie ans Licht bringt, zerstört sie auch für immer.«

Nun, Lumley wußte zweifellos, wovon er sprach, und als er mit seinen Studenten 1964 die Amateur-Vorgeschichtler aus dem Roussillon ablöste, begann in der Höhle von Tautavel ein neues, seltsames Leben. Da wurden Schnüre gespannt, die Höhleneingang und Inneres in regelmäßige Felder zerlegten; da wurde im Höhlengrund mit Werkzeugen gearbeitet, die eher denen eines Zahnarztes als dem legendären Spaten des Archäologen glichen, jenem Spaten, der hier mehr zerstört als zutage gefördert hätte. Photographien, Abgüsse, Koordinatensysteme und Karteikarten für jeden gefundenen Gegenstand vom kleinsten Nagetierzahn aufwärts sollten das, was Lumley ein Archiv für eine einzige Lektüre genannt hatte, so gut es ging festhalten und die Rekonstruktion der

Fundorte, der Schichten-Aufeinanderfolge, der Fundnachbarschaften ermöglichen. Neben den Knochen wanderten auch Erdproben in die Laboratorien der Universität Aix-Marseille, und während einer ganzen Reihe von Jahren fanden sich im sonnigen Süden Frankreichs Studentengruppen und andere freiwillige Helfer zu dem zusammen, was man in Frankreich *Stage* nennt: zu Grabungs-Campagnen, bei denen die jungen Teilnehmer freie Unterkunft meist in einer Schule und freie Gemeinschaftsverpflegung erhalten, im übrigen aber höchstens ein kleines Taschengeld. Auf diese Weise hat Frankreich in den letzten zwanzig Jahren den alten historischen und prähistorischen Untergrund vom Ärmelkanal bis zu den Pyrenäen durchforscht, die Baugeschichte frühmittelalterlicher Burgen, Kirchen und Klöster ebenso zu klären versucht wie die Lage und Ausdehnung der keltischen und galloromanischen Siedlungen. Und an den Südabfällen der Corbières waren es eben die Höhlenmenschen von Tautavel, die nach einem Schlaf von vierhunderttausend Jahren in die Universitätslaboratorien und Schaukästen übersiedelten.

Nach den gefundenen Kinnbacken, Kieferknochen und dem einen kostbaren Schädel konnte die Ausgräbergruppe de Lumley dreizehn Individuen unterscheiden.

Bei dreien von ihnen war das Geschlecht mit Sicherheit zu erkennen, weil die Frau jener Epoche viel kleinere Zähne und ein viel schwächeres Gebiß hatte als der Mann. Bei allen, deren Reste so weitgehende Schlüsse zuließen, traten die Bakkenknochen stark hervor, ebenso deutlich waren auch die Überaugen- oder Augenbrauenwülste und die weit auseinanderstehenden Augenhöhlen. Das Kinn war nur schwach entwickelt, die sogenannte Affenlücke im Gebiß fehlte, die Eckzähne standen nicht mehr hervor. Trotz all dieser übereinstimmenden rein menschlichen Merkmale war die Schädel-Kapazität noch weit von heutigen Werten entfernt: der zwanzigjährige Mann, dessen Schädel sich gefunden hatte, mußte sich mit 1 050 Kubikzentimetern zufrieden geben. Dafür lag in der Hirnschale ein Steinschaber, die Hinterhauptsdecke war entfernt *vraisemblablement pour en extraire le cerveau*, wie

Henry und Marie-Antoinette de Lumley es vorsichtig ausdrücken: Man hatte also dem Schädel das Gehirn entnommen, so wie den Elefanten nach den Treibjagden von Torralba. Fast scheint es tatsächlich, als habe der Steinheimmensch, der Mensch von Tautavel, seine Gehirnmasse selbst als unzureichend empfunden und darum Gehirnnahrung gesucht, wo immer er sie fand – und sei es bei den eigenen Artgenossen. Im Jahr 1971, als der sensationelle Schädelfund gelang, ließ sich das Mysterium dieses Todes nicht mehr aufhellen. Der junge Mann kann auch an einer bei der Jagd erlittenen Verletzung in der Höhle gestorben sein, und seine primitiven Verwandten und Lebensgefährten sagten sich, wie vielleicht schon oft in so einem Fall, daß man nichts ungenutzt lassen sollte . . .

Die Knochen und Zähne, die in der Höhle entdeckt wurden und die von dreizehn bis sechzehn verschiedenen Menschen stammen, lassen erkennen, daß sie aus verschiedenen Zeiten stammen. Darauf gab nicht nur der Bodenbefund Hinweise, sondern auch die Nachbarschaft vorgeschichtlicher Tiere und der Entwicklungsstand des menschlichen Fossils selbst. In einem Unterkiefer steckten die größten Zähne, die je vom Homo erectus gefunden wurden, selbst wenn man Java und China zum Vergleich heranzieht, und damit befindet man sich nun doch auf den Spuren eines europäischen Frühmenschen, der sowohl der Ahnherr des Neandertalers als auch des zum heutigen Typus überleitenden Cro-Magnon-Menschen gewesen sein könnte. Auch dieser Mann war jung ums Leben gekommen: sein dritter Mahlzahn war eben an seinen Platz vorgestoßen und noch kaum benützt, der Tod mußte also etwa im zwanzigsten Lebensjahr eingetreten sein. Auch die anderen Mahlzähne waren nur wenig abgenützt, was auf Fleischnahrung schließen läßt, und tatsächlich fanden sich in dem zugehörigen Bereich der Grotte besonders viele Hinweise auf Jagdtiere. In erster Linie scheint dieser früheste Bewohner der Tautavel-Höhle vom Wildpferd gelebt, aber auch Rotwild gejagt zu haben.

Von den weiteren Funden menschlicher Fossilien verdient

noch ein Hüftbein Erwähnung, aus dem man Rückschlüsse auf die Beschaffenheit des Beckens und der Fortbewegungsweise des *Homo erectus tautavelensis* ziehen konnte. Demnach steht es fest, daß der Tautavel-Mensch zwar aufrecht ging, aber aus der Hüfte heraus nicht die volle Bewegungsfreiheit hatte, über die wir heute verfügen.

Für die Lebensweise des Tautavel-Menschen wären allerdings besondere Leichtfüßigkeit und Behendigkeit wichtig gewesen, denn die verborgen liegende Höhle über dem linken Verdouble-Ufer war ein hervorragender Ausgangspunkt für die Jagd. Über schmale Pfade konnte der Tautavel-Mensch auf die Serre del Clot und die Serre d'Espira gelangen oder auf der Hügelkette am anderen Verdouble-Ufer jagen. Bergziegen, dazu das Antik-Moufflon und zeitweise auch Gemsen waren seine leichteste Beute, während Biber, der Pfeifhase, das Kaninchen, eine arktische Lemmingart und einige prächtige Urwelt-Hirsche gewiß nicht so leicht zu erlegen waren. Wehrhafte Gegner des Tautavel-Menschen waren vor allem der Höhlenlöwe, der Höhlen-Luchs, der Panther, die Wildkatze und der *Ursus Deninger*, eine kräftige, ausdauernd trottende Eiszeit-Bärenart.

Von all diesen Tieren mögen natürlich einige in der Höhle gelebt haben, in der Zeit, in der sie nicht von Jägern okkupiert war. Im allgemeinen aber bevorzugten Höhlenbär und Höhlenlöwe kleinere und vor allem niedrigere Höhlen, und auch die Lage der Knochen bewies, daß diese reiche Tierausbeute dem Umstand zu verdanken ist, daß die Jäger von Tautavel die erlegten Tiere zur weiteren Verwertung in jene Höhle schleppten. Dazu müssen beträchtliche Körperkräfte nötig gewesen sein und, angesichts der Höhenunterschiede, auch gewisse primitive Transportmittel, vielleicht große Häute, auf denen ein erlegtes Tier gezogen werden konnte, oder junge Baumstämme, an denen die Jäger nach Art der Negerträger ein Tier mit den zusammengebundenen Beinen befestigen konnten.

Eigenartiges Nebenergebnis aus der Erforschung der Höhle: Die Tierwelt war stark gemischt. Es fanden sich mit dem Polarfuchs, dem Moschusochsen und dem weißen Bären Tiere, die zum Tundren-Charakter der nordspanischen Landschaft paßten, den uns die große Elefantenjagd von Torralba verriet. Tiere, die man heute nur im Polarkreis findet, sind also vor dem wachsenden Eis nach Süden gewandert und haben sich dort eingefunden, wo heute zwischen Collioure und Port Leucate eines der europäischen Bade-Paradiese die Menschen anlockt. Der *Vulpes praeglacialis,* wie die Wissenschaft ihn nennt, war kleiner als sein heutiger Nachfahre, vermutlich noch kein reiner Fleischfresser, und wurde überall am südlichen Eisrand gefunden, in Ungarn, Österreich, Frankreich und Spanien.

Gefährlicher als diese kleinen Füchse waren die stets in Rudeln jagenden wilden Hunde, von denen in den Höhlen am Verdouble und am Agly gleich drei Rassen auftreten, die aus Asien gekommen sind und sich inzwischen auch wieder dorthin zurückgezogen haben. Westeuropa haben sie schon vor dem Ende der Würm-Eiszeit wieder verlassen, vielleicht, weil die Jäger vor allem diese unbarmherzigen Verfolger des Wildes schon im eigensten Interesse energisch bekämpfen mußten. Etwa um die gleiche Zeit, um 8 000 vor Christus, verschwanden auch die letzten Höhlenlöwen aus Europa, für deren hohes Alter in unserem Kontinent die Tautavel-Höhle den ersten Beweis geliefert hat. Da der Höhlenlöwe nur eine kleine Mähne hatte, wurde er bisweilen mit dem Tiger verwechselt. Inzwischen aber haben die Knochenfunde die Höhlenzeichnungen ergänzt, und wir können sagen, daß der *Leo spelaea* bedeutend größer als der heute in Afrika lebende Löwe war und in dieser besonderen, mächtigen Abart nur in Westeuropa nachgewiesen ist. Er blieb im mittleren und östlichen Europa in einer kleineren Art bis in historische Zeiten erhalten und wird von den griechischen Schriftstellern als Wildtier Anatoliens erwähnt.

Einer der interessantesten Funde in der Tautavel-Höhle waren die Knochen eines riesigen Hirsches, den man sich der Gestalt nach etwa wie die heutigen Wapiti-Hirsche Kanadas, nur eben größer, denken muß. Obwohl die Zoologen hin-

sichtlich dieser Art noch nicht völlig klar sehen, nehmen sie an, daß dieser Eiszeithirsch als Ahnherr verschiedener späterer Rotwildarten anzusprechen ist. Ein furchterregender Gegner des Tautavel-Menschen war auch der Steppenbüffel *(Bison priscus)* mit seinem Zweimeter-Gehörn. Er ähnelte stark den amerikanischen Bisons und soll noch in einigen Exemplaren in ostpolnischen Forsten leben. Völlig ausgestorben ist hingegen der dem Tautavel-Menschen noch durchaus vertraute Auerochs *(Bos primigenius)*, von dem ein letztes Exemplar 1627 in Masovien erlegt wurde. Seither wurde er stets mit dem Wisent oder Bison verwechselt, auch von so großen Jägern wie Hermann Göring. Cäsar begegnete einem dieser schwarzen, durch einen weißen Rückenstreifen gekennzeichneten Tiere und muß wohl ziemlich erschrocken sein, denn er schilderte ihn als so groß wie einen Elefanten. Da der Auerochs schnell und in seiner Gereiztheit ein Kämpfer von unbändigem Mut war, galt es unter den Germanen als besonders rühmlich, einen Auerochsen erlegt zu haben; Schmuck aus seinen Hörnern oder Gürtel aus seinem Leder wurden von den Frauen geschätzt, eben weil sie nur durch außerordentlichen Mannesmut errungen werden konnten. Die Tautavel-Jäger, die mit ihren gehärteten Stöcken und Steinspitzen gegen den furchtbaren Bos primigenius herzlich wenig Chancen hatten, mußten auf dieser Jagd gewiß so manchen Gefährten beklagen.
In ihrer Gesamtheit beweisen die Tierfunde in der Tautavel-Höhle, daß zunächst das uns schon bekannte kalte Klima herrschte, bei geringem Pflanzenwuchs und Tundracharakter der Landschaften. Rentier, Bergziege und Mufflon herrschen vor. In der zweiten, höherliegenden Schicht des Höhlenbodens fanden sich mit dem Riesenhirsch und anderem Rotwild Tiere aus einer wärmeren Zeit, in der die Corbières, das Aglytal und die Pyrenäenhänge bei großer Feuchtigkeit mit dichten Wäldern bewachsen waren. Die dritte, oberste Schicht schließlich barg wieder Tiere kalter Zeiten, nämlich die Polarfauna, in der sich das Mufflon und das Wildpferd gehalten hatten. Das Prärienashorn und andere Tiere dieser Schicht

weisen auf kaltes und trockenes Klima hin, in dem die Landschaft Steppencharakter angenommen hat. Das sind Wandlungen, die naturgemäß nicht Tausende oder Zehntausende von Jahren brauchen, sondern insgesamt an die zweihunderttausend Jahre; als die ersten Jäger die Höhle entdeckten – vor 550 000 Jahren – herrschten also vollkommen andere klimatische Bedingungen und Umwelt-Gegebenheiten als zu der Zeit, da wir die letzte Benützung dokumentiert finden (vor 350 000 Jahren). Paläo-botanische Forschungen haben diese Befunde bestätigt und Veränderungen erkennen lassen, wie sie innerhalb geschichtlicher Zeiträume, also der maximal 10 000 Jahre, die wir überblicken, nicht mit solchen Extremen festgestellt werden können.

Daraus ist nun, nicht auf das Individuum, aber auf die Art bezogen, die ungeheure Anpassungs-Leistung des frühen Menschen erkennbar, und man wird in ihr ein weiteres Spezifikum des Menschen erkennen müssen, ja sie zu einem Kriterium für das Menschsein erheben dürfen zu einer Zeit allerdings, da an dieser Menschlichkeit keine Zweifel mehr bestehen. Denn wir sehen in der steinernen Nußschale der Tautavel-Höhle die mächtigsten und zähesten Tierarten kommen und gehen, auftauchen und abwandern, gegen die Eiszeit ankämpfen und schließlich aussterben. Der Mensch aber, obwohl er noch nichts anderes zur Verfügung hat als Steine, Holz und einen knappen Liter Gehirnmasse, überlebt Hunderttausende von Jahren auf einer Erde, die sichtlich bemüht ist, ihn wieder abzuschütteln wie ein lästiges Insekt. Er gräbt sich in die hintersten Höhlengründe, er hungert und friert, er stellt sich in der keinen Schutz bietenden Steppe oder auf der offenen Tundra Tieren, die stärker, schneller und angriffslustiger sind als er, weil er nicht anders kann und weil in seiner kleinen Gehirnmasse doch der eine Funken immer lebendig bleibt, das Verlangen, zu überleben, die verzweifelte Suche nach der noch kläglichen Möglichkeit, wenigstens zwanzig, fünfundzwanzig Jahre am Leben zu bleiben. Und zwischen den jungen Männern, die nach der Jagd ihre Wunden lecken und ihre toten Gefährten gleich mitverzehren, sitzt eine älte-

re Frau, die weiß, wie es früher war, die inzwischen als die Klügste und Weiseste der kleinen Horde gilt und die die vaterlosen jungen Männer anlernt. Sehr viel später werden diese klugen Mütter in der keltischen Sage wieder auftauchen und die Helden wie Cuchulinn in allen Tricks des Waffengebrauchs unterweisen, ganz einfach, weil sie als Frauen am Leben bleiben durften in einer unbarmherzigen, auf den frühen Tod ausgerichteten Welt.
Der Höhlenboden gibt auch Auskunft über das menschliche Leben in dieser Jäger-Zuflucht, karge Auskunft, aber doch einige Anhaltspunkte: Auch eine Grotte im Fels bleibt durch eine halbe Million Jahre nicht unverändert. Der Eingangsbogen ist durch die Erosion abgetragen worden und liegt nun tiefer im Hang als früher, auch die Böschung hinab zum Fluß hat sich verändert, und damit sind die Plätze verschwunden, an denen sich die Höhlenbewohner naturgemäß am häufigsten aufgehalten haben. Das Höhleninnere ist ja wegen der Dunkelheit und der schlechten Entlüftung weder für irgendwelche Arbeiten noch für die Lagerung geeignet. Nur eine kleine Sandmulde etwa ein Dutzend Meter vom Eingang entfernt bot angenehmen Aufenthalt, weil der Sand weich war und wärmte, während der feuchtkalte Fels erst durch dicke Reisigbündel erträglich wurde.
Es läßt sich erkennen, daß die Höhle im Lauf der sehr langen Zeit ihrer Benützung bisweilen nur als Unterstand diente, häufig als Jagdstützpunkt, nicht selten aber auch als Wohnstätte für längere Zeiträume. In diesen Fällen machten sich die Tautavel-Menschen die Mühe, den Boden mit Flußkieseln aufzuschütten, einmal, um der Feuchtigkeit zu begegnen, zum andern aber, um ebene Flächen herzustellen und nicht in den Sand zu versinken.
Das Mobiliar bildeten große Steinblöcke, die von außen herangeschafft wurden. Auf ihnen wurde das Wild zerlegt, wurden die Knochen aufgeschlagen, um an das Mark zu kommen. Es steht auch fest, daß die Tierhäute abgezogen, die Felle zu Kleidungsstücken verarbeitet wurden. Ein weiterer Steinblock diente als Amboß bei der Herstellung der steiner-

nen Werkzeuge. Hauptmaterialien waren Quarz und Feuerstein (Silex); dazu kamen Quarzite und Kalkstein, aber auch Schiefer, der fast ausschließlich für Klingen verwendet wurde. Ein weiteres Rohmaterial für allerlei Werkzeuge und Werkzeug-Griffe bildeten die Geweihe des Rotwilds und die Hörner der Wildrinder, Bergziegen und Mufflons.
Sie fanden sich in der Höhle sehr zahlreich, entstammten jedoch nur zum geringsten Teil Jagdtrophäen: Der Tautavel-Mensch hatte abgeworfene Geweihe, abgebrochenes Bocksgehörn und dergleichen sorglich gesammelt, um es zu verwenden. Vielleicht gab es damals schon die ersten Schließen, wenn auch nicht gerade Knöpfe, aus Hirschhorn, denn irgendwie mußte man ja die Fellkleidung um den Körper zusammenhalten.
Das überraschendste, ja kaum glaubliche Ergebnis der Forschungen unter der Leitung von Henry de Lumley ist jedoch die Tatsache, daß der Tautavel-Mensch das Feuer offenbar nicht kannte. »Diese Menschen hatten sich das Feuer noch nicht untertan gemacht. Kein Stückchen Holzkohle, keine Spur von Asche, nicht ein einziges verbranntes oder angesengtes Knochenteilchen unter Hunderttausenden wurden auf dem Boden dieser Wohnstätte gefunden.« (de Lumley) Hingegen fanden sich so viele und so schöne Werkzeuge aus Mineralien aller Farben, daß man das prächtigste Steinzeit-Museum aus ihnen zusammenstellen konnte und auch erkannte, wie die Tautavel-Jäger mit ihren Steinklingen die Tierhäute aufschlitzten, Knochen spalteten, das Fell zurechtschnitten, aber auch ihre Wurfwaffen mit kunstvoll zugehauenen Steinspitzen versahen. Mit anderen Worten: Sie verwendeten unendliche Mühe auf die Jagd und die Jagdbeute: sie verwerteten das Wild und alles, was von ihm kam, mit der Akribie, wie sie die Notlage gebot, aber sie beschränkten sich, auch wenn sie länger in der Höhle hausten, auf das absolute Minimum an Einrichtung, an Einrichtungs-Arbeiten, an Verbesserung der natürlichen Situation. Nur aus dieser Gleichgültigkeit gegenüber jeder auch der kleinsten Bequemlichkeit oder Erleichterung ist zu erklären, daß sie keinen

Weg fanden, in den Besitz des Feuers zu kommen, während etwa gleichzeitig oder wenig später die Elefantenjäger von Torralba ihr Wild bereits mit Feuerbränden scheuchten oder gar die Prärie anzündeten, um es zusammenzutreiben.

Die Werkzeuge wurden zu 85 % auf die einfachste Weise gewonnen: man legte einen großen Block Quarz oder Quarzit auf den als Amboß dienenden mächtigen Stein und zertrümmerte ihn. Die Splitter wurden dann je nach Größe, Gestalt, Schneide und Spitze verwendet. Nur ein gutes Achtel der Werkzeuge weist nachdrückliche, konsequente Bearbeitungsspuren auf. Der Tautavel-Mensch befand sich also auch in dieser Hinsicht auf der untersten Stufe steinzeitlicher Industrien und hatte sich über den Homo habilis der Oldoway-Schlucht, der eine Million Jahre vor ihm lebte, lediglich körperlich, offensichtlich aber nicht geistig erhoben. Hinter den gleichzeitigen Menschen der Tschukutien-Kultur in China blieb er vor allem dadurch zurück, daß man dort das Feuer kannte und in großen Meilern hütete. Der Tautavel-Mensch fror sich durch Äonen und lernte nicht aus den Blitzen, die innerhalb von hundertfünfzig- oder zweihunderttausend Jahren ja auch am Verdouble oder am Agly einen Baum in Brand gesetzt haben müssen. Aber Steppen und Tundren haben eben wenig Bäume.

Dennoch: ein Minimum an sozialer Organisation und damit an Ausdrucksmöglichkeiten müssen auch die Menschen am Verdouble und am Agly gekannt haben, sonst wären sie niemals der großen und gefährlichen Raubtiere Herr geworden, sonst hätten sie sich nicht zum Fallgrubenbau, zum Fallenstellen, zur Mufflonjagd zusammentun können. Auch die Frauen und Kinder waren bei diesen Aktivitäten beschäftigt, jedenfalls ergaben sich keine Hinweise auf pflanzliche Nahrung, auch nicht aus dem mikroskopischen Studium der Zähne. So richtig unheimlich wird uns aber erst, wenn wir das altsteinzeitliche Tautavel-Lager, nach dem erwähnten Hüftknochen und mit modernsten Methoden auf 45 000 Jahre zu datieren, mit einem jungsteinzeitlichen, nur 12 000 Jahre alten Jägerlager ein paar Kilometer weiter nördlich vergleichen.

Hier haben sich, ebenfalls auf der Verdouble-Terrasse, ganz in der Nähe der eben beschriebenen Höhle und nur wenig südlich von den Schluchten, die heute Gorges de Gouleyrous heißen, Menschen einer somit sehr viel späteren Epoche niedergelassen, Tiere beobachtet, erlegt und zerteilt, und die steinernen Werkzeuge, die sie dabei benützten, sind wohl schlanker, praktischer, besser zugeschliffen als die rüde behauenen Keile der Tautavel-Stufe. Aber noch immer schlägt sich der Mensch mit den Steinen herum, noch immer lebt er vom Wild, er holt sich nur seine Rohmaterialien von weiter her: Ein Gutteil der Werkzeuge stammt aus der Bucht von Sigean, an der man heute die Tiere in freier Wildbahn beobachten kann, Tiere, die inzwischen aus Europa abgewandert sind. Sigean und Tautavel zusammen geben also ein wenig von jener Welt wieder, die sich hier in unendlich langsamem Schritt durch die Jahrtausende entwickelte.

Der arme Vetter

Im August 1856 hatte die deutsche Wissenschaft eine ihrer nicht ganz seltenen Sternstunden. Goethe war vierundzwanzig Jahre tot, Ernst Haeckel zweiundzwanzig Jahre alt, und Johann Carl Fuhlrott, Vorsitzender des Naturwissenschaftlichen Vereins zu Elberfeld, war durch Studien und Interessen bestens gerüstet für den Fund eines fossilen Menschen, von dem soviel zu Tage kam, wie man noch nie von einem dieser umstrittenen Lebewesen gefunden hatte: ein Schädeldach, beide Oberarmknochen, je eine Elle und Speiche, dazu eines der Schlüsselbeine, die beiden Oberschenkelknochen, Bruchstücke der Rippen, eines Schulterblattes und der Beckenknochen. Das alles lag 60 Zentimeter tief unter eiszeitlichem Lehmschutt in einer Höhle unweit der alten Feldhofschen Waldmühle am Eingang des Neandertales bei Düsseldorf. Der Neandertaler war auferstanden.
Sieht man ihn heute so vor sich, wie ihn die Rekonstruktionen uns zeigen, ganze 160 Zentimeter groß, mit hängenden, ungeheuer kräftigen Armen, einem von der Wucht des Hauptes gebeugten Nacken und an dem Monsterschädel ein alphaft-äffisches Gesicht, dann verstehen wir, daß diesen Vorfahren zunächst niemand haben wollte, am wenigsten im provinziell-eleganten Düsseldorf. Bei diesem Untermenschen, so folgerten die ersten Betrachter schnell, könne es

sich doch wohl nur um einen Kosaken handeln, der bei den Befreiungskriegen, von einer französischen Kugel getroffen, im Neandertal den ewigen Schlaf angetreten habe. Oder das rätselhafte Individuum sei ein bedauernswerter Dorftrottel, der sich vor langer Zeit eben in einer Höhle vergraben und dort unterm Lehm verschüttet sein Ende gefunden habe.

Die Autoritäten brauchten etwas länger, ehe sie nach genauem Studium ihr Dictum abgaben. Rudolf Virchow, damals auf dem Höhepunkt seines Rufes als Professor der pathologischen Anatomie und eben im Begriff, aus Würzburg nach Berlin zurückzukehren, erklärte sich die für uns heute so charakteristischen Überaugenwülste und andere Besonderheiten des Neandertaler-Skeletts ebenfalls pathologisch: der Ärmste müsse entsetzlich unter der Gicht gelitten haben, aber ein Urmensch sei er mitnichten.

Johann Carl Fuhlrott, wohl nicht der Auffinder, aber für die Wissenschaft der Entdecker des Neandertalers, blieb mit der Würde des Schulmanns und der Bescheidenheit des preußischen Beamten vom ersten Tag an bei seiner Überzeugung, daß wir es mit einem Eiszeitmenschen zu tun hätten, und tatsächlich ist diese erste und heftigste Streitfrage inzwischen vom Tisch. Obwohl die Fundumstände sehr ungünstig waren, obwohl vermutlich nicht alle Teile des Skeletts, die noch existierten, auch gerettet wurden und weder tierische Reste noch Werkzeuge die Datierung erleichterten, gilt es heute als sicher, daß *der* Neandertaler am Beginn der letzten, der Würm-Eiszeit gelebt und das südliche Deutschland bevölkert hat. Er ist der am besten bekannte Menschentypus der mittleren Altsteinzeit, denn es gibt mittlerweile Schädel und Knochen von mehr als hundertfünfzig Individuen aus verschiedenen Teilen des mittleren, südlichen und westlichen Europa, aber eben diese vor hundert Jahren noch unvorstellbare Fülle der Funde schafft das heutige Neandertaler-Problem: wir kennen Neandertaler mit dem Gehirngewicht des modernen Menschen, wir kennen Schädel von so bedrückender Primitivität, daß der *Homo erectus* aus den jüngeren Javaschichten gegen ihn als fortschrittlich wirkt. Wir müssen annehmen, daß der Neandertaler sich über Bestattungen und damit über das Leben nach dem Tode Gedanken machte, aber wir wissen nicht, wie er das anstellte, da ihm die Gehirnpartien, die erst ein höheres geistiges Leben möglich machten, noch fehlten. Hatten die Tautavel-Menschen also schon fleißig Schädel geöffnet und Gehirnmasse verspeist (was sehr viel später Oscar Kiss Maerth zu der Behauptung verleiten wird, daß Intelligenz eßbar sei), so hatte dies, sofern es überhaupt eine Wirkung produzierte, lediglich eine Vermehrung der Gehirnmasse zur Folge gehabt. Die Gehirnwindungen, denen – nach der heutigen Lokalisationslehre – die höheren Funktionen des Denkens und Sprechens zuzuordnen sind, die waren im Flachhirn des Neandertalers noch sehr unzureichend ausgebildet. Blake, der den Uralt-Düsseldorfer 1864 einen armen Idioten genannt hatte, war also in gewissem Sinn im Recht gewesen, nur daß dieser arme Idiot sich doch schließlich als unser Vetter entpuppte.

Meyers Konversationslexikon von 1902/08 – das beste, das es je gab – schreibt ein halbes Jahrhundert nach dem Fundjahr ruhig und überzeugt, der Neandertaler »vereinigte in sich menschliche Merkmale mit Affencharakteren und nimmt in der Mehrzahl seiner Eigenschaften zwischen den höchststehenden Affen und dem Menschen eine Mittelstellung ein, jedoch so, daß er erstern bedeutend näher steht als letztern«. *Erstern*, das sind also die Affen! Und das im Jahr 80 000 vor Christus, ja noch später, denn die letzten Neandertaler verschwanden erst um 35 000 vor heute von der Erdoberfläche! Daraus ergab sich ziemlich zwingend der zweite Teil des lexikalischen Urteils: »Da der Neandertaler eine größere Anzahl von Merkmalen aufweist, die keine der ausgestorbenen oder jetzt lebenden Rassen des *homo sapiens* besitzen, er also mehr oder weniger außerhalb der Variationsbreite des Menschen steht, so erklärt Schwalbe ihn für eine besondere Art, zu der auch die Schädelreste von Spy, Krapina, Brünn, La Naulette und andere zu rechnen wären.«

Hut ab also vor Professor Schwalbe, dem Quedlinburger, der in Straßburg zu Ruhm gelangte, und einer Feststellung, die

auch nach siebzig Jahren wohl nicht die einzige und unbestrittene, aber noch immer die schlüssigste Deutung des Neandertaler-Rätsels genannt werden muß: der Neandertaler ist das Produkt einer erstaunlich späten Sonderentwicklung am Stamm der Menschheit, das Ergebnis der besonderen Lebensbedingungen der Eiszeiten und zugleich auch ihr Opfer, ein »hochspezialisierter Altmensch«, wie Meyers Lexikon ihn 1978 nennt, extrem angepaßt an eine extrem karge Welt, untersetzt, kräftig, genügsam – aber eine Sackgasse. Legen auch die eine oder andere Gruppe von Skeletten die Vermutung nahe, daß es zu starken Vermischungen gekommen ist und daß der Prä-Neandertaler seine Robustheit anderen, aus dem Osten und Süden eingewanderten Rassen mit auf den Weg durch das Eis gegeben haben mag, so unterliegt es doch heute keinem Zweifel mehr, daß der klassische Neandertaler, wie man die reinen Formen der Hoch- und Spätzeit nennt, ganz schlicht ausgestorben ist. Er hat uns nicht einmal Kunstwerke hinterlassen, denn so hoch flog sein Sinn nicht; er hatte lediglich ein einigermaßen entwickeltes Gefühlsleben, denn es fanden sich Gräber von Neandertaler-Kindern, die eine rührende Zärtlichkeit für das kleine tote Wesen und damit den Familiensinn dieses behaarten Ungeheuers, ja sein weiches Herz verraten. Hunderttausende von Jahren in einer Lappen-Existenz bei beinahe reiner Eskimonahrung aus Fett und Fleisch haben ihm niemals gestattet, sich über das allerdürftigste Leben zu erheben. Ohne Muße, ohne Abwechslung, ohne Impetus zu irgend etwas anderem als zum Nahrungserwerb und zur Fortpflanzung, war er eben vollkommen an eiszeitliche Lebensverhältnisse angepaßt, als die lange Riß-Eiszeit zu Ende ging und die Riß-Würm-Zwischeneiszeit mit ihren subtropischen Lebensbedingungen in ganz Mitteleuropa anderen, intellekuell besser ausgestatteten Menschenrassen die große Chance bot.
Aus jenen Gegenden unseres Erdballs, in denen die Eiszeiten nur Regen-Epochen zur Folge gehabt hatten, strömten offensichtlich nicht unbeträchtliche Einwanderermengen aus dem Osten und Südosten nach Europa, vielleicht auch schon über

die Straße von Gibraltar, denn nicht nur in Südosteuropa, sondern auch in Spanien fanden sich Anzeichen für frühe Entwicklungfortschritte über den Neandertaler hinaus. Süddeutsche Forscher haben aus Höhlenfunden in der Schwäbischen Alb eine Art Hochrechnung angestellt und sind zu dem Schluß gekommen, daß in der letzten Eiszeit, also dem sogenannten Würm-Glazial, etwa 60 000 Menschen in Süddeutschland lebten, in der Jungsteinzeit, also *nach* dem Ende der Eiszeit um 10 000 vor Christus, seien es jedoch schon zehnmal so viele gewesen.

Das hört sich viel an, aber wenn wir bedenken, daß der große Othenio Abel in einer einzigen Drachenhöhle der höheren alpinen Regionen die Reste von 30-50 000 Höhlenbären ermittelte, die nicht von Jägern getötet wurden, sondern ihres natürlichen Todes starben, dann ergibt sich für uns eine aus dem eiszeitlichen Schlaf erwachende Natur von ungeheuer intensivem Wachstum mit verblüffend hohen Zuwachsraten. Und in dieser explosiven Vermehrung aller Lebewesen sind die letzten Neandertaler, die spätesten Exemplare des sogenannten klassischen Typs, tatsächlich nur noch Nachzügler, diluviale Ungetüme, denen keine Zukunft mehr beschieden sein kann. Neue, höhere Rassen eines anderen, weniger restringierenden Entwicklungsganges nehmen zunächst die Territorien in Besitz und drängen damit den Eiszeitmenschen *par excellence*, den *homo sapiens neandertalensis*, aus der Vorgeschichte in die Ewigkeit.

Damit führt uns der klassische Neandertaler etwas vor, was es in der langen Entwicklungsreihe zwischen den Pongiden und dem Homo Sapiens vermutlich schon einige Male gegeben hat: Unsicherheiten der Hauptentwicklungsrichtung, die zu Nebenästen und absterbenden Seitenzweigen führen. Da die Meinungen der Forscher einander gerade in diesem Bereich bis heute heftig widersprechen, verzichten wir auf eine eingehende Diskussion, die ja nichts Abschließendes bringen könnte. Erwähnenswert bleibt jedoch, daß namhafte Anthropologen zum Beispiel den Pithecanthropus, den Australopithecus und sogar den Paranthropus für solche Sackgassen oder Irrwege der Entwicklung ansehen, wenn wir einmal annehmen wollen, daß der Mensch tatsächlich das Ziel der Schöpfung sei. Den Bewertungen ist da ein besonders großer Spielraum geboten: C. Loring Brace zum Beispiel sieht zwar den Australopithecus boisei als einen Irrweg an, also einen Vormenschentypus, dem man einen Platz auf dem Niveau des Neandertalers schwerlich verweigern könnte, während er den Neandertaler selbst in die direkte Vorfahrenreihe des heutigen Menschen einordnet. Und Louis Leakey wiederum, dessen ungeheure Erfahrung wohl besondere Beachtung verdient, stellt den Neandertaler nicht nur an das Ende einer Sackgasse, sondern sieht in ihm sogar einen schon *vor* dem homo habilis abgetrennten eigenen Zweig; ein zukunftsträchtiger, aber noch tierischer Vorfahr, den Leakey *Kenyapithecus* nennt, sei die letzte, an der Grenze von Miozän und Pliozän einzuordnende gemeinsame Stufe zwischen dem Neandertaler und dem heutigen Menschen.

Dieser bemerkenswerten, aber doch extremen Ansicht stehen die Ehrenretter des Neandertalers gegenüber, wozu man sagen muß, daß ein Geschöpf von den begrenzten geistigen Möglichkeiten des Neandertalers im gewissen Sinn diesseits von Gut und Böse angesiedelt ist und der Ehrenrettung somit gar nicht bedarf. Er ist, deutlicher als manch andere Stufe der Menschheitsentwicklung, ein Produkt katastrophaler Verhältnisse auf der im ganzen sonst so gastlichen Oberfläche der Erde. Die Natur hat bei ihm auf das tierische Anpassungskonzept gesetzt und in ihm – wie die Gehirnbildung vermuten läßt – Sinneswahrnehmungen und Gefühlsleben entwickelt, statt ihn als Menschen zu behandeln und seinem Verstand zu vertrauen. Die anderen Rassen, die inzwischen in Asien und Afrika aufgewachsenen Frühmenschen, hatten körperlich schlechtere, verstandesmäßig aber bessere Voraussetzungen, die letzte Eiszeithürde, nämlich die relativ kurze Würmperiode, durchzustehen – sie halfen sich bereits selbst.

Dennoch kann man an der Tatsache nicht vorbeigehen, daß in uns allen irgendwelche Neandertaler-Ingredienzien schweben, herumschwimmen, erhalten geblieben sind. Man kann nicht sagen, daß wir den Intellekt aus Asien, das Gefühlsleben aber vom Neandertaler haben (obwohl uns manche Zeitgenossen in solchem Verdacht bestärken), aber wir wissen heute, nach den vielen Funden der letzten neunzig Jahre, daß sich der Neandertaler keineswegs auf den Raum Düsseldorf beschränkte, sondern hunderttausend Jahre lang rund um das ganze Mittelmeer lebte. Es ist vielleicht auch kein Zufall, daß der älteste Neandertalerfund (damals noch nicht als solcher erkannt) unweit des Felsens von Gibraltar gemacht wurde: dort könnte der homo neandertalensis aus Afrika nach Europa gelangt sein und sich mit anderen Neandertaler-Einwanderungen getroffen haben, die den Weg über die Ostränder des Mittelmeers und die Balkanhalbinsel genommen haben. Nur das Eis setzte seinem Wandertrieb eine Grenze; überall, wo kein Eis war, sind Neandertaler-Funde gelungen, so daß man annehmen muß, diese Rasse habe zeitweise den europäischen Menschen gestellt, die Bevölkerung Europas gebildet. Man kann sich vorstellen, wie Professor Virchow auf diese heute vielfach belegte Erkenntnis reagiert hätte oder gar jener britische Gelehrte, der im Neandertaler einen armen Idioten erblickte, der sich in eine Höhle zurückgezogen habe . . .

Durch die Ausbreitung über den ganzen Mittelmeerraum, das südöstliche, mittlere und westliche Europa erweist sich der Neandertaler als ein außerordentlich agiler Typus von beträchtlicher Vitalität. Er muß die Ebbe des Atlantiks genützt haben, um die Straße von Gibraltar zu überqueren, denn wenn auch der Meeresspiegel damals um etwa hundert Meter tiefer lag als heute, so war diese wichtige Verbindung zwischen dem Ozean und dem Binnenmeer dadurch doch nicht völlig unterbrochen. Und er muß fähig gewesen sein, sich so unterschiedlichen Landschaftsformen wie den Küsten Nordafrikas ebenso anzupassen wie den kalten Einöden, die damals das nördliche Alpenvorland bildeten.

Seit man dies alles weiß, hat sich soviel Forscherfleiß auf den Neandertaler konzentriert wie auf keinen anderen der Alt-Menschen, und während man, frappiert von den herrlichen

5 a *Altbüffel, Ibis und Mensch. Gravierung in Sandstein in Ksar-Amar (Nordafrika).*

5 b *Antilopen? Malerei auf Sandstein, Bou Ahian (Nordafrika/Algerien).*

6 Lascaux, rechte Felswand. Die große Galerie, vom Hintergrund aus gesehen.

7 a *Lascaux, rechte Felswand. Malerei des späten Magdalénien.*

7 b *Innenraum der Höhle von Lascaux. Nachbildung.*

8 Lascaux, linke Felswand: Rotes Pferd mit »duftigem Kopf« und schwarzer Mähne. Hirschgruppe. Spätes Magdalénien.

Höhlenzeichnungen des Cro-Magnon-Menschen, in der ersten Hälfte unseres Jahrhunderts nicht müde wurde, über Altamira, Lascaux und die Eiszeitkunst zu schreiben, so scheint man heute an dem Neandertaler, dem armen und mißachteten Vetter der modernen Menschen, all jene Vorurteile gutmachen zu wollen, denen er begegnete.
Bis zum Augenblick haben jedoch die vereinten Bemühungen der Ausgräber, Deuter und Rekonstrukteure jenen einen kardinalen Punkt noch nicht klären können, der uns begreiflicherweise am meisten interessiert: War der Neandertaler ein Altmensch *sui generis* und von allen, die nach ihm kamen, so verschieden, daß sich eine Vermischung gar nicht ergeben konnte? Oder haben zahlenmäßig und an Bewaffnung überlegene neue Völker, die nach Europa einströmten, den Neandertaler unterworfen, aufgesaugt und ausgerottet, wobei es wohl zu Vermischungen gekommen sein müßte – denn eine Organisation, die solche Mischehen oder geschlechtliche Kontakte mit der unterworfenen Rasse unterbinden konnte, hat es ja noch nicht gegeben.
Von diesen genetischen Problemen kann eines als gelöst angesehen werden: der 400 000 Jahre alte Steinheim-Mensch und die ihm verwandten, jüngeren Funde von Swanscombe und Montmaurin repräsentieren einen breit gestreuten Typus, den man heute ziemlich allgemein als Früh-Neandertaler bezeichnet. Von ihm führen Entwicklungslinien zum klassischen Neandertaler der letzten Eiszeit, aber es gibt auch Anhaltspunkte dafür, daß dieser Früh-Neandertaler in generative Verbindungen zu den Vorstufen des Cro-Magnon-Typus eintreten konnte und eingetreten ist.
Als Beweise für diese Annahme gelten heute vor allem die Funde, die in Krapina unweit Agram und am Berg Karmel in Israel gemacht wurden, wobei es sich immer um eine relativ große Anzahl von Individuen handelt.
Während der ersten Fundperiode, die von 1899 bis 1905 reichte, war Krapina-Teplitz einer der beliebten Badeorte der Österreichisch-Ungarischen Monarchie, 152 Meter über dem Meer im Komitat Warasdin gelegen. Die warmen Quellen der

Gegend waren bereits den Römern bekannt. Beim Ausräumen einer Felsenhöhlung, in die Trümmer gestürzt waren, wurden fossile Reste von mindestens dreizehn Menschen entdeckt, darunter fünf wenn auch nicht vollständige Schädel und Knochen von allen Teilen des Gerippes. Da man vor achtzig Jahren noch nicht mit jener Sorgfalt zu Werke ging wie heute, gelang es leider nicht, Werkzeuge zu bergen. Offenbar wurden sie nicht als solche erkannt, als simple Steine weggeworfen oder gingen auf andere Weise verloren. Dennoch ließen sich inzwischen die Funde, die man ursprünglich für älter gehalten hatte, in die Dritte Zwischeneiszeit (Riss-Würm) datieren.

Neben dem Umstand, daß die Krapina-Menschen das Feuer kannten und ihre Toten gelegentlich auch verbrannt haben mochten, ist vor allem wichtig, daß diese zeitlich zum Früh-Neandertaler gehörende Menschengruppe ganz deutlich auch Merkmale des modernen Menschen aufweist. Der Schädel mit den starken Augenbrauenwülsten wirkt noch altmenschlich, doch macht die Wölbungslinie einen beinahe modernen Eindruck, und die Rekonstruktion jenes einen Schädels, der sich dazu besonders eignete – es handelt sich um den Schädel eines jungen Mannes –, erweist diesen als kurzköpfig (brachykephal). Im Vergleich mit den langen, niedrigen Schädeln der Frühneandertaler legt dies den Rückschluß auf eine Vermischung mit Einwanderern aus Asien nahe, sind doch die Mongolen heute die deutlichsten Brachykephalen.

Auch beim Knochengerüst fehlten die meisten Neandertaler-Charakteristika, und obwohl die Knochen stark zertrümmert und schwer zu rekonstruieren waren, läßt sich doch sagen, daß sie in vielem auf den heutigen Menschen hinweisen, und zwar wesentlich stärker als die Neandertaler-Funde aus der gleichen Epoche. Vor allem aber ist der Unterschied gegenüber dem klassischen Neandertaler mit seiner außerordentlich entwickelten Muskulatur und den überkräftigen Gelenken klar ausgeprägt.

Folgerungen, wie man sie aus einem einzigen, wenn auch

reichen Fund wie bei Krapina wohl noch nicht hätte ziehen dürfen, drängten sich geradezu auf, als einer britisch-amerikanischen Expedition zwischen 1929 und 1934 am Berg Karmel Funde gelangen, die sehr wertvolle Ergänzungen der Ergebnisse von Krapina brachten. Die *British School of Archaeology* und die *American School of praehistoric Research* erforschten unter der Leitung von D.A.E.Garrod einige Höhlen in jenen Westausläufern des Berges Karmel, die sich gegen das Wadi el Mughara vorschieben. *Karmel* heißt soviel wie Fruchtgarten, und tatsächlich kommt der nahe am Meer liegende Berg in den Genuß reichlicher Niederschläge, so daß er bis zum Gipfel bewaldet ist und wohl zu allen Zeiten angenehmen Aufenthalt und Jagdmöglichkeiten geboten hat. Im Namen des Wadis steckt das hebräische Wort *el muchraqua*, Ort der Verbrennung, eine Anspielung auf das Gottesurteil, zu dem der Prophet Elia König Ahab bestimmen und damit die Baalspriester besiegen konnte: damals fiel auf Elias Opfertier Feuer vom Himmel herab und Gott gewährte Regen nach langer Trockenheit. (1 Könige 17-18) Auch die Araber nennen das etwa fünfzig Kilometer lange Karmel-Massiv nach dem Propheten Dschebel Mar Elias.

In den Höhlen über dem Flußtal, also in einer durchaus typischen Lage für eiszeitliche Wohnstätten, fand die Expedition zwei Gruppen von menschlichen Resten, von denen die jüngsten zwar noch vorgeschichtlich, aber eisenzeitlich waren, die ältesten jedoch durch die Radiocarbon-Methode auf 45 000 Jahre (+ oder - 2 000) datiert werden konnten. Sie entstammen also der letzten Eiszeit, vielleicht einem sogenannten Interstadial, also einer kurzzeitigen Klimamilderung.

Die begleitende Tierwelt ist uns schon bekannt, der Riesenhirsch wurde auch am Karmel gejagt, dazu eine Nilpferdart, die sich auch auf dem Land ganz wohl gefühlt zu haben scheint, und zahlreiche Gazellen. Kleineres Rotwild und Hyänen vervollständigten das Mischbild einer Wald- und Steppenfauna, aus der man schließen muß, daß es rund um den Berg Karmel mit den Niederschlägen nicht so gut bestellt war wie auf dem Massiv selbst.

Das Interessanteste an diesen Funden des Mount-Carmel-Man, wie sie aus der Tabun- und aus der Skhul-Höhle zutage kamen, war die deutliche Mischung körperlicher Merkmale, wozu noch kam, daß die Tabun-Funde 5-10 000 Jahre älter sein mögen als jene aus der benachbarten Höhle. Sie wirken denn auch archaischer, die Muskelansätze im Nacken und an der Schulter entsprechen dem kräftigen Neandertalertypus, nur die Wirbelsäule gleicht beinahe der des modernen Menschen. Bei den jüngeren Funden ist die Entfernung vom Neandertaler weit fortgeschritten, Hände und Füße sind größer und höher entwickelt, der Auftritt ist der des modernen Menschen. Vor allem aber weist der Oberschenkelknochen nicht mehr jene charakteristische Beugung auf, die man beim Frühneandertaler festgestellt und beim klassischen Neandertaler dann voll ausgeprägt gefunden hat. Der Gang des Berg-Karmel-Menschen war demnach voll aufrecht, nicht gebückt, der Gang eines Menschen, der in dieser Position seine Gliedmaßen frei hat und seine Sinne voll gebrauchen kann – Voraussetzungen für Fortschritt und Aufstieg in die geschichtliche Welt.

Angesichts der schwerwiegenden Folgerungen, die sich aus diesen Funden ergeben mußten, wurden sie sehr genau und durch viele Jahre studiert. Die erste Annahme, von T.D. McCown und A. Keith 1939 vertreten, lief darauf hinaus, die beiden Fund-Höhlen als von zwei verschiedenen Völkern bewohnt zu vermuten, was nicht so abwegig war, wenn man bedenkt, daß ja Tausende von Jahren zwischen Tabun- und Skhul-Menschen verstrichen waren oder verstrichen sein konnten (die Schätzungen erstreckten sich hier bis zu 10 000 Jahren, während andere Forscher in schroffem Gegensatz Gleichzeitigkeit annehmen!)

Heute, Jahrzehnte nach diesen ersten Forschungen, neigen die Spezialisten der Berg-Karmel-Funde zu der Annahme, in beiden Höhlen hätte das gleiche Volk gelebt, die Zeitunterschiede hätten nur einige Generationen betragen und seien dadurch vorgetäuscht, daß einzelne Skelette innerhalb der beträchtlichen Bandbreite jenes Misch-Typus eben extreme

Ausformungen zeigten. Dazu sei es gekommen, weil in dieser entscheidenden Zeit vor 40-47 000 Jahren die aus Palästina-Neandertalern bestehende Bevölkerung durch Eindringlinge vom fortgeschrittenen Homo-Sapiens-Typus, also von einer dem heutigen Menschen näher stehenden Rasse, bedrängt und schließlich teilweise vertrieben worden sei. Eine Abwanderung etwa auf den Balkan sei denkbar, weil die Verwandtschaft zwischen den Berg-Karmel-Funden und jenen von Krapina offensichtlich ist.
Damit war nun, angesichts nicht wegzuleugnender Knochenfunde, ein Mischtypus zwischen dem Frühneandertaler und dem Vor-Cro-Magnon-Typus aufgefunden worden, und die wenigen Forscher, die immer noch die Möglichkeit einer solchen Vermischung, also der erfolgreichen Zeugung zwischen diesen Rassen leugneten, konnten sich nur noch darauf berufen, daß in Palästina weder reine Neandertaler noch reine Cro-Magnon-Menschen gefunden worden seien: man könne also nicht ausschließen, daß die Menschen vom Berg Karmel im Lauf der Jahrtausende entstandene Varianten seien, nicht Ergebnisse der simplen geschlechtlichen Vermischung.
Man versteht die Reserve der Anthropologen, sie hat aufs innigste mit unserem Begriff vom Menschen selbst, mit der Besonderheit seines freien Willens und der Annahme der Entscheidungsfreiheit zu tun, die aus der tierischen Paarung die menschliche Zeugung macht. Wer je auf einer kleinen Insel weilte und dort vor Augen hatte, zu welch bizarren und nicht selten abschreckenden Vermischungen es innerhalb der Insel-Hundewelt kommt, nur weil eben auf diesem begrenzten Raum keine freiere Wahl möglich ist, wird verstehen, daß es hier um Grundpositionen geht. Denn wenn auch romantische Jahrhunderte sehr viel später den sanften Wilden und die edle Naivität in ihm entdeckten, so öffnete sich zwischen dem Cro-Magnon-Menschen, dem Schöpfer der eiszeitlichen Höhlenkunst, und dem noch wesentliche menschliche Attribute entbehrenden Neandertaler doch eine tiefe Kluft. Das Tabu, um das es hier geht, ist uralt und findet sich nicht nur in afrikanischen, sondern auch in orientalischen Erzähl-Über-

lieferungen bis herauf zu der schaurigen Geschichte in der Sammlung aus Tausendundeiner Nacht, in der eine Nymphomanin sich von einem Pavian begatten läßt, aber nur einen schwarzen Wurm gebiert. Der Neandertaler bleibt auch für die Wissenschaft *La Bête* im Sinn des Märchens, er ist ein dumpfes, unschuldiges, aber eben doch auf der geschlechtlichen Ebene inakzeptables Wesen, dem sich die Cro-Magnon-Schönen höchstens soweit zuwenden wie einem guten, großen Haustier, dem man das Fell krault.

Zweieinhalb Kilometer von Nazareth entfernt, in einer großen Höhle des Dschebel Kafzeh, wurden 1933-35, 1966 und 1970 dann jene Funde gemacht, die uns zeigen, wie es weiterging. Die durch einen schützenden Vorraum für Dauerbewohner besonders geeignete, über zwanzig Meter breite Höhle hat der Forschung bis heute Reste von elf Individuen geliefert, von denen acht erwachsen waren. Ein besonders vollständig erhaltener Jungmänner-Schädel wurde präpariert, zeigt einen wohlgewölbten Oberschädel und nur noch schwache Augenwülste; das Gehirnvolumen entspricht mit 1586 ccm dem des modernen Menschen.

Angesichts dieser Funde, die allerdings vor allem hinsichtlich der Skelettknochen noch nicht voll ausgewertet sind, ließ sich die These, man sei auf eine Variation des Neandertalers gestoßen, nicht mehr halten. Vor allem F. Clark Howell, der durch seine sorgfältigen Methoden bei der Auswertung von Funden berühmt wurde, ging mit den wenigen Autoren, die diese These noch vertraten, streng ins Gericht und zerpflückte ihre Annahmen. Nach Howell steht der Dschebel-Kafzeh-Mensch zwischen dem Neandertaler und dem modernen Menschen, aber nicht etwa in der Mitte, sondern uns wesentlich näher. Die Steinwerkzeuge jedoch, die in der Höhle gefunden wurden, gehören vom Typus und von der Datierung her ins sogenannte Moustérien, jene mittlere Periode der Altsteinzeit, für die bis dahin der Neandertaler als Alleinherrscher angesehen wurde. Die reiche Dschebel-Kafzeh-Industrie bewies nun, daß auch der höher entwickelte Mensch aus dieser Höhlenwelt hinsichtlich der Werkzeuge nicht besser ausgestattet war als der Neandertaler – aber sie zeigte auch, daß sich bereits neben der Neandertaler-Bevölkerung, die Europa um diese Zeit auf ihre Weise erfüllte, neue Völker auf den Marsch in unseren Erdteil vorbereiteten, und daß sie vom Südosten kamen.

Sehen wir den Steinheim-Menschen als einen Früh-Neandertaler an, womit ihm gewiß kein Unrecht geschieht, so sind diesem Typus und seiner klassischen Spätform insgesamt etwa 300 000 Jahre zugemessen, ein Zeitraum, wie ihn, selbst nach den hoffnungsvollsten Prognosen, die Cro-Magnon-Menschheit wohl kaum durchstehen wird. In die Neandertaler-Zeit fällt erdgeschichtlich zunächst die Mindel-Riss-Warmzeit, der nach den Steinwerkzeugen die Epoche des Acheuléen entspricht. Auf sie folgt die Riss-Eiszeit und dann die für die Erforschung des Neandertalers ergiebigste Epoche, nämlich das Riss-Würm-Interglazial, die warme Zwischeneiszeit vor etwa hunderttausend Jahren. Nach der Kulturstufe entspricht ihr das Moustérien, die hohe Zeit des Neandertalers, in der er zeigt, was er kann und was ihm verwehrt ist, und nach der er schließlich verschwindet in einem Vorgang, den man ohne Übertreibung den geheimnisvollsten Abgang der Menschheitsgeschichte nennen kann.
Bis dahin aber hat er sich, wie gesagt, ziemlich lang Zeit gelassen, und er hat diese drei Jahrhunderttausende auch auf seine Weise genützt: durch den Neandertaler hat Europa zumindest in der Vorgeschichte sowohl das mittlere und südliche Afrika als auch Asien überflügelt. Die Zeit der Tautavel-Menschen, die nicht einmal das Feuer kannten und damit etwa hinter dem Pekingmenschen zurückblieben, ist vorüber. Der Neandertaler als Schöpfer der Moustérien-Kultur zieht rund um das Mittelmeer einen Kulturkreis, dem die übrigen damals bevölkerten Gebiete der Erde nichts wirklich Gleichwertiges entgegenzusetzen haben. Dieses Gesamtbild müssen wir uns vor Augen halten, wenn wir die auf den ersten Blick beschämende Tatsache zur Kenntnis zu nehmen haben,

daß dieser Fortschritt sich im wesentlichen auf die Kombination von Holz und Stein zu neuen Werkzeugen beschränkt. Die Leistung des Neandertalers besteht – neben seinem bravourösen Überleben in der mittel- und westeuropäischen Tundra – darin, daß er die Schäftung erfand. Daß er also Steinwerkzeuge so zuschlug, daß sie sich in Holzstiele oder Holz-Halterungen einpassen und dort befestigen ließen. In einer Höhle bei Triest fand sich ein Bärenschädel, dessen Scheitelbein zertrümmert worden war, und zwar von einer Feuerstein-Spitze. Daß der Jäger diese Spitze in der bloßen Hand hielt und sie dem Tier in den harten Schädel rammen konnte, muß selbst angesichts der beträchtlichen Muskelkraft des Neandertalers ausgeschlossen werden. Die Steinspitze saß also in einer Keule, blieb stecken, tötete das Tier und wurde nicht mehr herausgezogen, aus welchem Grund immer. Vielleicht führten die Eiszeitjäger sogar schon Ersatz-Spitzen mit sich, um die Keulen neu zu armieren, wenn ein Tier eine Spitze entführt hatte. Feuersteinspitze *und* Schaft wurden in einem fossilen Elefanten gefunden, der beim niedersächsischen Lehringen zutage kam. Auf dem Freiland-Lagerplatz eiszeitlicher Mammutjäger, den man aus vier bis fünf Metern Tiefe bei Salzgitter-Lebenstedt unweit Braunschweig ausgrub, hausten die Menschen der frühen Würm-Zeit in Zelten, hatten eine örtliche Steingeräte-Industrie entwickelt und zierten ihre Wurflanzen mit Knochenspitzen und Widerhaken in der wohl aus bitteren Erfahrungen gewonnenen Erkenntnis, daß eine taugliche Stein-Spitze auf einer Lanze zu schwer sei und die Wurfbahn ungünstig beeinflusse. Hatte man also das Schäften einmal entdeckt, so boten sich verschiedene Materialien dafür an, so wie ja auch durchaus nicht alle Feuer der Eiszeit mit Holz gespeist wurden, das in der Tundra recht rar ist, sondern über fetten Knochen flackerten. Derlei erscheint uns heute selbstverständlich, naheliegend und damit als minimaler Fortschritt. Der Neandertaler mit seinem tierisch-wachen Sensorium, aber noch schwach entwickelten intellektuellen Möglichkeiten brauchte für jede dieser Aufstiegsstufen zehn- bis zwanzigtausend Jahre.

Den ersten Hinweis auf eine spezielle Werkzeug-Kultur des Neandertalers erhielt die Welt schon bald nach dem Schädelfund im Neandertal, und zwar aus einer ganz anderen Ecke unseres alten Erdteils. Der französiche Maschinenbauer Gabriel de Mortillet, 1821 in Meylan bei Grenoble geboren, war ein Mann von hohen Gaben. Sie führten ihn einerseits zu einer beachtlichen politischen Karriere zunächst als Bürgermeister und danach als Abgeordneter und sie veranlaßten ihn, neben der Ingenieurtechnik noch Geologie und Paläontologie zu studieren. Die erd- und menschheitsgeschichtlichen Kenntnisse, die er dabei gewann, verschärften zwar seinen antiklerikalen Kurs auf der politischen Ebene und nötigten ihn, sich zeitweise in die Schweiz abzusetzen. Aber sie führten 1869 zur Erstellung einer ersten und vorläufig noch relativen Chronologie der frühen Epochen der Menschheitsgeschichte. Die vier Hauptstufen, nach den wichtigsten Fundplätzen benannt, heißen Moustérien, Solutréen, Aurignacien und Magdalénien und wurden später von einem seiner Schüler durch das zweigeteilte Acheuléen als älteste Stufe ergänzt.
Seither hat die Vielfalt der neuen Funde diese erste und wohl noch behelfsmäßige Gliederung wieder mit neuen Unterteilungen und Aufteilungen versehen und dadurch nicht übersichtlicher gemacht. Für uns genügt es, festzustellen, daß die Zeit vor dem Neandertaler in Europa als Acheuléen bezeichnet werden kann, daß der Neandertaler selbst im wesentlichen das Moustérien prägt und daß die darauffolgende Stufe des Aurignacien bereits vom Cro-Magnon-Menschen getragen wird. Während das Solutréen durch die neuesten Funde immer mehr eingeengt wurde und als selbständige Epoche von vielen nicht mehr anerkannt wird, hat das Magdalénien – nach der französischen Grotte La Madeleine – als letzte und jüngste der diluvialen Steinzeitkulturen seinen Platz behauptet und wird nach modernen Methoden auf die Zeit vor 15 000 bis vor 8 000 Jahren datiert.
Zeitlich durch 100 000 Jahre getrennt, liegen Moustérien und Magdalénien im heutigen Frankreich auf engstem Raum bei-

sammen, nämlich in der Dordogne und unweit von dem großen Dorf Les Eyzies de Tayac, das dank dieser Nachbarschaft zu einem touristischen Zentrum von städtischem Anstrich mit dem *Musée national de Préhistoire* und gleich zwei Luxushotels geworden ist, deren eines sich sinnigerweise *Cro-Magnon* nennt. Die Küche ist jener der Neandertaler-Ära um Äonen überlegen, die schattige Terrasse lädt dazu ein, die Desserts und den Kaffee im Freien zu nehmen, und ein idyllischer Blumengarten befreit uns von den gelegentlich alphaften Eindrücken in der Gorge D'Enfer (Höllenschlucht), den Grotten und Höhlen und den vorgeschichtlichen Schaustükken von Laugerie.

Hier, 525 Kilometer südlich von Paris, öffnete sich eine Reihe jener Höhlen, die der Neandertaler dank seiner Kraft und seinem Mut den Raubtieren mit Erfolg streitig gemacht hatte. Sie bargen in erster Linie eine große Fülle steinerner Werkzeuge, aber in Moustier selbst auch das Skelett eines fünfzehn- bis sechzehnjährigen Jungen, der vermutlich richtiggehend bestattet wurde. Vermutlich muß man sagen, weil im Jahr 1908, als der Fund gelang, leider auf die Fund*umstände* noch nicht mit der nötigen Sorgfalt geachtet wurde. Unter dem Eindruck neuerer Funde wie zum Beispiel der unverkennbaren Bestattung eines Neandertalerkindes in Usbekistan (UdSSR) kann man allerdings die Bestattung von Le Moustier als Tatsache akzeptieren und damit annehmen, daß sich auch der Neandertaler schon gewisse Gedanken über den Tod und das Jenseits machte.

Sicherer bleibt freilich auch auf dieser Stufe der Befund der steinernen Werkzeuge. Bei ihnen handelt es sich (wie schon bei früheren Faustkeilen, Schabern usw.) immerhin »um bewußt und planvoll auf einen ganz bestimmten Zweck hin gestaltete Werkzeugformen, die zu einem Teil sicher zum Schneiden dienten und damit eine Funktion erfüllten, die in den natürlichen Organen des Menschen nicht vorgebildet ist, die also auf eine echte Erfindung zurückgehen. Sie bezeugen für ihre Herstellung die Fähigkeit zu echt menschlicher, von den Zufälligkeiten absehender (abstrahierender) Seins- und

Beziehungseinsicht. Mit anderen Worten: Sie zeigen uns den Menschen jener Zeit als ein geistig vollwertiges Wesen. Das erhellt auch daraus, daß dieser das Feuer zu zähmen und nützen verstand und gewiß in geordneten Gemeinschaften lebte, die über den Rahmen einer Kleinfamilie hinausgingen«.
Karl J. Narr, dem wir diese Feststellungen und damit die auf exakten Kriterien philosophischer Natur beruhende Ehrenrettung des Neandertalers verdanken, geht in seiner *Urgeschichte der Kultur* darüber noch hinaus. Er gibt dort zu bedenken, daß alle heute lebenden Menschen, welcher Kulturstufe immer sie angehören mögen, der Gattung *homo sapiens* zugerechnet werden, die man dem Neandertaler verweigert, also »auch die einfachsten Wildbeuter, bei denen wir aber ebenfalls so gut wie gar keine Spur bildender Kunst antreffen, im Gegensatz zu den Völkern einer höheren Jägerkultur«. Auch Tanz sei Kunst, auch kultische Tänze seien Formen der Religion und schlügen sich an den Höhlenwänden dennoch nicht nieder.
Damit sind sehr wichtige Überlegungen in die Gesamtbeurteilung des eiszeitlichen Europäers, der Neandertaler-Bevölkerung unseres Kontinents eingeführt, aber auch starke Unsicherheitsmomente. Denn wenn man sich auch mit einiger Phantasie die halbgebückten, muskelbepackten Tundra-Jäger vorstellen kann, wie sie mit ihren Riesengesichtern schwerfällig um ein Feuer herumspringen, über dem ein erlegtes Rentier schmort, so ist es doch klar, daß derlei sich niemals wird erweisen lassen. Man hätte schon, dank der anhaltenden Wolkenlosigkeit über großen Eisflächen, das Neandertaler-Europa von einem anderen Planeten oder von Satelliten aus filmen müssen ...
Da mit solchen Dokumenten in absehbarer Zeit nicht zu rechnen ist, müssen wir uns an die Sprache der Höhlen halten, an das, was sie uns aus jenen fernen Zeiten überliefern. Lange genug hat es ohnedies gedauert, ehe diese schlummernden Schätze erweckt wurden.
Frankreichs Neandertaler-Landschaft, die Dordogne, ist

einer jener stillen Winkel, in denen Ausländer selten sind. Den britischen Touristen fehlt hier das Meer, für die Deutschen ist zu wenig los, und für die Holländer sind die Straßen zu schmal. Die Franzosen aber schätzen die Dordogne seit Generationen als das Land der klassischen Sommerfrischen mit kleinen Promenaden und vielen Gelegenheiten zum Angeln. Als das Ländchen rund um das verschlafene Provinzstädtchen Brive durch den Steinzeitboom aus seinem Dornröschenschlummer geweckt wurde, war ganz Frankreich überzeugt, daß die Neandertaler keinen geeigneteren Ort für einen hunderttausendjährigen Schlaf hätten finden können. Den insgesamt etwa hundert Individuen vom Neandertaler-Typus, die wir heute kennen, stehen viele Tausende von Steinwerkzeugen gegenüber, die, in einem Museum aufgereiht, den Laien zunächst enttäuschen, dann verwirren und schließlich völlig ratlos wieder entlassen. Dennoch haben sie uns etwas zu sagen, wenn wir uns um die Aussage der Steinwerkzeuge auch nur darum so bemühen mußten, weil andere Informationsquellen über jene Zeit nicht zur Verfügung stehen oder aber noch weniger aussagen als die Steine. Dazu kommt allerdings die so gut wie sichere Tatsache, daß hölzerne Geräte und Werkzeuge sich nur in ganz besonderen Glücksfällen erhalten konnten, während der Stein eben auf uns gekommen ist.

Die Werkzeuge des Moustérien gestatten uns von sich aus eine gewisse Abgrenzung der Epoche gegenüber früheren Zeiten, aber auch gegenüber nachfolgenden Epochen. Sie sind kleiner als die Faustkeilformen der Tautavel-Stufe. Spitzen und Dreiecksformen werden nun bevorzugt, aber nicht, wie in späteren Zeiten, durch Schleifen verfeinert, sondern ausschließlich zugeschlagen. Die typische Moustierspitze ist nur an den Rändern zugeschlagen und sieht aus wie ein großer steinerner Pflaumenkern; daneben fanden sich Kratzer und Schaber vor allem aus abgesplitterten Stücken.

Die kunstvollste dieser Zuschlag-Techniken haben wir in Steinwerkzeugen vor uns, die auf den ersten Blick einem Schildkrötenpanzer gleichen. Hier haben zweifellos erfahre-

ne und spezialisierte Handwerker für sorgfältigste Zurichtung gesorgt und schließlich durch einen kunstgerechten kräftigen Schlag eine breite, meist dreieckige Klinge mit dikker Basis hergestellt, die das Gerät widerstandsfähig, haltbar und handlich machte. Nach dem Hauptfundort Levallois-Perret – einem Seinehafen unterhalb von Paris, sechs Kilometer von Saint-Denis – wird diese Technik *Levalloisien* genannt. Eine eigene Kultur kann man sie nicht nennen, sie entfaltet sich aber voll im Rahmen des Moustérien, und es unterliegt keinem Zweifel, daß diese geschickten Hersteller von Steinwerkzeugen einer besonders gebrauchsfähigen Art ebenfalls Neandertaler waren. Die Levallois-Technik ist, wie die Funde uns zeigen, außerordentlich weit verbreitet worden: im Osten bis an die Wolga, im Südosten bis an den Persischen Golf und im Süden bis ins Niltal und in die mittlere Sahara. Allerdings wirft eben diese weite Verbreitung die Frage des Ursprungs auf. Man hat in Südafrika nämlich in der unserem Moustérien entsprechenden Zeit so kunstvolle dünne und blattförmige Feuersteingeräte gefunden (Lorbeerblattspitzen), wie sie in Europa erst in der Mitte der Jungsteinzeit vorkommen. Die Vermutung liegt also nahe, daß Afrika auch die Levallois-Technik, die ja nicht so kompliziert ist wie etwa die Dampfmaschine, unabhängig von Paris erfunden hat, und daß Ähnliches auch am Ostrand des Mittelmeeres gelang. Immerhin ist mit den Levallois-Funden für das Seine-Becken und den heutigen Raum von Paris nicht nur früheste Besiedlung nachgewiesen, sondern auch eine gewisse Zentralfunktion gegeben; denn mineralogische Untersuchungen haben ergeben, daß an der Seine hergestellte Steinwerkzeuge bis nach Italien gelangten.
Der Neandertaler hat also allerlei erfunden und Erfundenes weiterentwickelt. Er hat Gerätschaften aus verschiedenen Materialien kombiniert und sich darum bemüht, geeignete Rohmaterialien wie den belgischen Feuerstein auf oft langen Transportwegen heranzuschaffen, worin wir die frühesten Formen europäischen Handels erblicken dürfen. Es ist jedenfalls wahrscheinlicher als die Vorstellung, daß wandernde

Neandertaler-Sippen Karren mit unbehauenen Feuersteinen mit sich schleppten, um stets geeignetes Rohmaterial zur Hand zu haben.

Der Verbrauch an diesen Materialien war hoch, denn wenn auch eine Moustérien-Spitze aus Feuerstein aus an sich haltbarem Material bestand, so konnten die Ränder und Spitzen doch brüchig und damit unverwendbar werden. Auch lagen die Werkzeuge nicht jedem gleich gut in der Hand, ja aus gewissen Fundhäufungen möchte man sogar schließen, daß der Neandertaler stets ein ganzes Arsenal von Werkzeugen in seinen Wohnstätten für die verschiedenen großen und kleinen Familienmitglieder ansammelte. In der Rusenschloßhöhle unweit Blaubeuren (leicht zu finden, weil sie von der Ruine des mittelalterlichen Rusenschlosses überragt wird) fand man bei den 1960-64 durchgeführten Untersuchungen mehr als ein halbes Tausend von Steinwerkzeugen aus dem Moustérien, zum Teil in Levallois-Technik. In dieser Höhle hatten sich übrigens die Steinzeitjäger schon vor 90 000 Jahren ein kleines Windschutz-Mäuerchen aufgeschichtet, »das älteste Bauwerk von Menschenhand in unserem Gebiet«. (Eberhard Wagner) Und man fand ein flaches Trinkgefäß aus dem Stirnbein eines Rentiers ...

Rentiere in Süddeutschland! Und doch ist es so gewesen, auch wenn uns bei dieser Vorstellung etwas kühl ums Herz wird. Es gibt einen Tierknochen mit Rentierdarstellungen, allerdings aus einer etwas späteren, auf den Neandertaler folgenden Epoche, von dem ja Kunstwerke nicht bekannt sind. Aus dieser Darstellung geht hervor, daß das Ren so, wie wir es kennen, in gewaltigen Herden auftrat, in Herden, deren Gewirr, das Nebeneinander der Tierrücken und der Geweihe, den Künstler beeindruckt hatten. Auch zu Beginn der Würm-Eiszeit, also in der Epoche des klassischen Neandertalers, war das Ren bereits eines der Jagdtiere; es findet sich in den entsprechenden Schichten südfranzösischer und süddeutscher Höhlen. Aus den abgeworfenen Geweihen dieser Tiere hat man jedoch schließen können, daß die Rentierherden in Südfrankreich überwinterten und die Sommer in Süddeutschland zubrachten; es gab also jene großen Rentier-Trecks, die wir aus dem heutigen Lappland kennen, auch schon vor hunderttausend Jahren.

Der Neandertaler freilich scheint diesen Tieren noch nicht in dem Maß gefolgt zu sein und mit ihnen gelebt zu haben wie der Mensch der letzten Altsteinzeit-Epoche; er stellte vor allem dem Wildpferd nach und dem Steinwild, also Steinböcken und Gemsen, deren Lieblingsplätze und Gewohnheiten er genau kannte. Warum das so war, kann nur vermutet werden. Es gibt eine Theorie, die aus Schenkel- und Fußknochen des Neandertalers schließt, er sei kein großer Wanderer und langen Märschen oder gar einem steten Wanderleben darum abgeneigt gewesen. Hingegen hätte die Tierbeobachtung, das Leben mit den Tieren seiner nächsten Umgebung seinen Neigungen und Fähigkeiten besser entsprochen. Auch sei das Steinwild seiner feststehenden Gewohnheiten wegen leichter zu jagen, als es zunächst den Anschein habe, vor allem, da die starke Vergletscherung es aus dem eigentlich alpinen Bereich vertrieben habe.

Unklar ist auch noch, ob wir für die Würm-Eiszeit großen Tierreichtum annehmen dürfen oder nicht. Unsere Phantasie speist sich aus den Schilderungen der amerikanische Pionierzeit, man denkt an die riesigen Büffelherden im Mittelwesten und die Millionen von Rentieren, die in Kanada beobachtet wurden, Herden von zweieinhalb Millionen Köpfen und mehr. Denn Amerika war vor der Ankunft des weißen Mannes dünn besiedelt, und die Indianerwaffen waren nicht geeignet, in diese riesigen Tierherden merkliche Lücken zu reißen.

Auch im eiszeitlichen Europa konnten nur die natürlichen Verhältnisse die Vermehrung der Tierwelt begrenzen, der Neandertaler war gewiß nicht imstande, mit Wurflanzen und Schlagsteinen, Fallgruben und Schlingen häufige Tier-Massenmorde zu veranstalten

Im Département Saône-et-Loire, in den Höhlen von Solutré, fand man eine etwa 3800 Quadratmeter große Schicht aus Pferdeknochen, die nach Schätzungen möglicherweise von

100 000 Tieren stammen. Da die Höhlen am Südfuß einer Gruppe steiler Kalksteinfelsen liegen, erklärt man sich die Ansammlung von Pferdeknochen aus den Treibjagden: die verängstigten Tiere hätten sich, auf das Plateau hinausgetrieben, schließlich über die Felsen hinuntergestürzt. Das läßt auf große Pferdeherden und organisierte Jagden auch in der Zeit der Neandertaler schließen, wenn auch die Zahl von 100 000 Tieren auf dem Hintergrund vieler, vieler Jahre gesehen werden muß. Es ist durchaus denkbar, daß die Jägergruppen in jenem Teil Frankreichs die Gunst einer besonderen Landschaftsbildung Jahr für Jahr ausnützten und die leichtfüßigen Wildpferde auf jene Felsenplatte hinauftrieben, so wie anderswo Pferdeherden in engen Tälern zusammengetrieben wurden. Die Pferde-Massenmorde von Solutré gehen jedenfalls nur zum geringsten Teil auf das Konto des Neandertalers, wenn es auch wohl Neandertaler waren, die hier zu jagen begannen: zwischen den Pferdeknochen fanden sich Steinwerkzeuge der Mittel- und Osteuropäischen Gravettien-Kultur, die bereits von Einwanderern aus dem Osten getragen wurde.
Zweifellos aber bestimmte das Tier den Gesichtskreis des Neandertalers; nichts anderes hatte für ihn auch nur annähernd die gleiche Bedeutung. Aus irgendeinem, bis heute noch nicht zureichend erklärten Grund kam es nicht zur Schaffung einer Tier-Kunst, eines Tier-Stils, wie ihn etwa die Skythen sehr viel später aus einer Schamanenkultur heraus entwickelten und damit selbst die hochkultivierten Griechen entzückten. Vielleicht hatte der Neandertaler mit seinem eiszeitlichen Spezialhirn ganz andere Formen des Zusammenlebens und der Auseinandersetzung mit dem Tier entwickelt, eine so starke Identifizierung, daß die schöpferische Distanz fehlte, die das Kunstwerk erst entstehen läßt.
Jedenfalls wissen wir, daß er zumindest mit den Bärenschädeln ein höchst seltsames Ritual aufführte. Er schichtete sie in steinernen Kisten oder Vertiefungen mit Steindeckeln sorgsam auf, Schädel neben Schädel, und alle in die gleiche Richtung blickend. Die anderen Bärenknochen kamen nicht in die

Kisten, wurden aber ebenfalls geordnet und geschichtet. Der Hauptkonkurrent um die Wohnungen, der Höhlenbär und sein Winterschlaf, spielte zweifellos in diesen unendlich fernen und für uns so schwer zu erfassenden Neandertaler-Lebensläufen eine ganz besondere Rolle.

Unklar sind auch noch die Beziehungen zwischen Bären- und Totenkult. In der Neandertaler-Höhle vom Monte Circeo, etwa hundert Kilometer südlich von Rom, wurden zwei Männerschädel gefunden, wobei der eine von einem etwa Fünfzigjährigen stammte. Das Hinterhauptsloch war erweitert (wie auch bei vielen Schädeln der Tschukutien-Kultur), was verschiedene Ursachen haben kann. Beim Tautavel-Menschen schloß man aus solchen Schädellöchern auf eine Extraktion des Gehirns, zweifellos, um es zu verzehren. Rund um den Schädel vom Monte Circeo waren jedoch Steine in deutlich ornamentaler Absicht zum Kreis geordnet, und innerhalb des Kreises fanden sich Tierknochen, vielleicht von einem Totenopfer. Im Rahmen eines solchen Rituals, das deutliche Bezüge zu speziellen Vorstellungen über den Tod und das Weiterleben danach aufweist, könnte jene erweiterte Hinterhauptsöffnung auch das vielbesprochene Seelenloch sein: die künstlich geschaffene beziehungsweise hier: erweiterte Öffnung, die der Seele das Verlassen des Leibes gestatten soll. In den Megalithgräbern, also in der vorgeschichtlichen Großstein-Kultur, werden wir das Seelenloch in Grabsteinen, Grabdeckeln und in Urnen wiederfinden. Hatte der Neandertaler also vielleicht eine Ahnung vom Übersinnlichen, von einem unsterblichen Teil seines Ichs?

Sicher ist heute, was lange Zeit bezweifelt wurde: Zumindest einige seiner Toten hat der Neandertaler bereits durch Bestattungen geehrt. Zumindest den Oberhäuptern der Sippen oder einem besonders geliebten Familienmitglied wurden sorgfältige Bestattungen zuteil, das haben Funde in beinahe allen Teilen Europas bewiesen, wenn auch manche an der Übergangszone zwischen dem späten (klassischen) Neandertaler und jenen Gruppen anzusiedeln sind, die ihn zu verdrängen im Begriffe waren. Unzweifelhaft reine, aus der mittleren Altsteinzeit stammende Neandertalerbestattungen erbrachten die Funde von Spy in der belgischen Provinz Namur, die reichen Grotten von Moustier, der Neandertaler von La Chapelle-aux-Saints (40 km südlich von Brive im Département Corrèze) und einzelne der Skelette von La Ferrassie in der Dordogne: Die Gräber waren ausgehoben, um die Leichname aufzunehmen, weswegen wir in diesen Fällen auch meist vollständige Skelette vor uns haben. Totenehrung und Jenseits-Vorstellungen sind demnach mit Sicherheit älter als die Kunst, aber auch älter als die Menschheit vom Homo-sapiens-Typus in Europa: Als diese neue Menschenwoge nach Europa hereinschlug, hatte unser Kontinent bereits Bewohner mit Gefühlen und Vorstellungen religiöser Art und festen Ritualen, an denen sie offenbar seit Jahrtausenden festhielten, wo immer sie sich befanden. Die Zeugnisse des Bärenschädel-Kults fanden sich in verschiedenen Höhlen, in Höhen von 1200 bis 2100 Metern, also in den Bergen unserer Alpen. Die Bestattungsriten ähneln einander zwischen dem Berg Karmel in Israel und dem Monte Circeo südlich von Rom, als seien die für uns heiligen Stätten der Bibel und des Christentums schon vor hunderttausend Jahren als heilig empfunden worden. Man kann dabei an geologische Zufälle glauben und auf die Funde hinweisen, die an völlig gleichgültigen Hängen und in nichtssagenden Mittelgebirgshöhlen gelangen; seltsam bleibt es doch, daß der Mount-Carmel-Man an der Grenze zwischen dem Neandertaler und dem Menschen modernen Typs steht, als sei schon damals eine neue Epoche im Osten aufgegangen.

Gehörnte Figur aus der Cueva de los Letreros, Prov. Almería,
ca. 3 000 v.Chr.

Die Höhlen beginnen zu sprechen

Es ist einer der hübschesten, ja beinahe anekdotischen Zufälle aus dem Bereich der vorgeschichtlichen Forschung, daß es ein ganz junger Mensch war, der die ältesten Malereien der Menschheit als erster erblickte. Und obwohl die kleine Geschichte schon verschiedentlich erzählt wurde, darf sie auch hier nicht fehlen.

Wie viele spanische Geschichten beginnt sie mit einem Herrn von Stand, dem Baron Marcelino de Sautuola, und einer standesgemäßen Beschäftigung, nämlich der Jagd. Einem Jäger des Barons entlief ein Hund, das heißt, er kehrte von der Verfolgung eines Fuchses nicht zurück, und der Mann, der annahm, das Tier sei im Fuchsbau in Bedrängnis geraten, grub nach, um seinen Hund wiederzubekommen. Das war 1868, nach anderen Quellen 1869, und es war ein glücklicher Umstand, daß Baron Sautuola 1867 in Paris bei der Weltausstellung gewesen war und dort einige vorgeschichtliche Fundstücke gesehen hatte. So horchte er nun auf, als der Jäger beim abendlichen Beisammensein berichtete, daß sein Hund sich offenbar in einem großen Höhlensystem verirrt habe, Höhlen hinter einer Felsspalte, von denen niemand etwas gewußt habe.

Marcelino de Sautuola hatte weder das Vermögen noch die umfassende Bildung des Grafen Cerralbo, aber an der regnerischen Biskaya blieb dem Landedelmann viel Zeit, sich mit dem Fund des Jägers zu beschäftigen, und schließlich lagen die Höhlen auf seinem eigenen Grund und Boden und waren also einiges Interesse wert. Daneben las er, vor allem das, was im nachbarlichen Frankreich über die Steinzeit veröffentlicht worden war, und war also nicht ganz unvorbereitet, als er 1877 mit den ersten Grabungen an der Stelle begann, die der Jäger ihm bezeichnet hatte. Die ersten Funde waren keineswegs spektakulär, aber doch einigermaßen anregend: Faustkeile kamen zutage, ganz ähnlich jenen, die der Baron in Paris gesehen hatte, dazu bearbeitetes Gehörn, wie es jeden Jäger interessieren mußte. Als er tiefer in die Höhle vordrang, bemerkte er wohl verschiedentlich dunkle Flecken, die im schlechten Licht seiner kleinen Grubenlampen schwarz zu sein schienen, maß ihnen aber keine Bedeutung bei, weil er sie für Feuchtigkeits-Austritte hielt.

Inzwischen war Sautuolas Töchterchen Maria soweit herangewachsen, daß der Vater sie auf seinen Exkursionen mitnehmen konnte. Neugierig trippelte die kleine Baronesse durch die niedrige Höhle, in der sie sich ja viel freier bewegen konnte als ihr hochgewachsener Vater, schlüpfte durch eine Felsenspalte und stand auf einmal in einem Saal, den der Baron noch nie bemerkt hatte. Im Lichtschein ihrer Windlaterne tauchten bunte Bilder an den Wänden, vor allem aber an der Decke auf. Der überraschte Schrei Marias rief den Baron vom Knochensuchen in jenen Raum, der heute »der Bildersaal« heißt, die *Sala de Pinturas*.

Bei den Bildern herrschen die Farben rot und schwarz vor, es fanden sich jedoch in der insgesamt etwa 250 Meter tiefen Höhle auch einfache Umrißzeichnungen. Die größte Bewunderung erwecken nach wie vor die Deckengemälde in der achtzehn Meter langen, an der niedrigsten Stelle nur einen Meter hohen Sala de Pinturas. Hier hatten die eiszeitlichen Maler nämlich nicht nur alle Nuancen ihrer wenigen Farben kunstvoll und wirkungssicher eingesetzt, sondern auch die natürlichen Unebenheiten ihrer Fels-Leinwand mit außerordentlicher Geschicklichkeit genützt, um plastische Wirkungen zu erzielen. Viele Gemälde sind also eigentlich bemalte Halb-Reliefs, und daß es der gewachsene Fels ist, der im Verein mit den Farben diese Wirkungen hervorbringt, schafft eine Atmosphäre der Urtümlichkeit und Echtheit, die uns die Jahrzehnte währende Skepsis der Fachwelt gegenüber diesen Kunstwerken heute als unverständlich, ja unbegreiflich erscheinen läßt.

Und doch war es so: Es gab kein Erfinder-, aber ein Finder-Drama, vergleichbar den Diskussionen um den ersten Java-Schädel und um den Neandertalerfund, und leider war auch unser braver Professor Virchow wieder unter den Skeptikern, als der Prähistoriker-Kongreß von Lissabon im Jahr 1880 die Malereien als Fälschungen deklarierte, statt sie wenigstens zu besichtigen, was doch eigentlich nicht sehr schwierig gewesen sein konnte. Es gab bereits die Eisenbahn, und Virchow etwa mußte auf dem Weg von Lissabon nach Berlin ohnedies Santander passieren. Eine kurze Wagenfahrt hätte ihn nach Santillana del Mar gebracht und zu jenen Höhlen, die heute als Cuevas de Altamira einer der Hauptanziehungspunkte des ganzen nördlichen Spanien sind.

Zwei Männer freilich glaubten unbeirrbar an die Echtheit der Bilder, so prachtvoll, so kunstfertig, so modern sie auch wirkten. Der eine war der Baron de Sautuola selbst, denn er wußte, daß die Höhle unbekannt gewesen war und daß niemand in ihr hätte malen können, ohne daß er, der Grundbesitzer, dies bemerkt hätte. Den Bildersaal hatte Maria de Sautuola entdeckt und als erster Mensch seit Jahrtausenden betreten. Der andere Gläubige war kein Kunsthistoriker und kein Anthropologe, sondern ein Geologe, Professor Vilanova von der Madrider Universität.

Don Juan Vilanova y Pierra ließ sich von der Leuchtkraft der Bilder, ihrem verblüffenden Erhaltungszustand und ihrer künstlerischen Qualität weniger beeindrucken als von dem, was ihm der Boden sagte und was sich sonst noch in den Höhlen fand. Da die Geologen im vorigen Jahrhundert noch nicht so hochspezialisiert waren wie heute, beschäftigte er sich mit den zahlreichen Tierknochen und prüfte auch die

Angaben des Barons über die lange Unzugänglichkeit der Höhle nach, kurz, er ging unbeirrt und sachlich zu Werke und war wohl auch nicht sosehr wie seine Historiker-Kollegen von der Übermacht der Antike geblendet, die ja für jeden Gebildeten des vergangenen Jahrhunderts einen einmaligen Höhepunkt und auf jeden Fall den Anbeginn aller menschlichen Kunstübung darstellte.
Die Sensation des überraschenden Fundes scheint Professor Vilanova mit bewunderndem Elan ausgestattet zu haben; er wartete gar nicht bis zu seinem nächsten Madrider Semester, sondern hielt bereits in Santander, also im nächsten Umkreis der Höhlen, eine erste Reihe von Vorträgen über die entdeckten Kunstwerke und die zweifellos in der letzten Eiszeit gemeinsam mit Höhlenbären und anderen Vorwelttieren Nordspanien einst bevölkernden Menschen, denen die Kunstwerke zuzuschreiben waren.
Vilanovas guter Name bewog König Alfons XII. von Spanien (1857-85) zu einem Besuch der Höhlen. Der am Wiener Theresianum erzogene und mit einer österreichischen Erzherzogin verehelichte Monarch setzte sich für dieses neueste und bedeutsamste Dokument aus Spaniens Vergangenheit ein, aber auch er war gegen die vereinte Absage der in Lissabon versammelten Fachwelt machtlos. Ohne daß die Bilder an sich untersucht und die Höhle selbst genauer geprüft wurden, siegten vorgefaßte Meinungen über eine Evidenz, die sich nicht verteidigen konnte: alte, und nun gar uralte Malerei, müsse anders aussehen, sie durfte vor allem nicht moderner im Stil sein als die klassische Antike. Vielleicht hätte man anders geurteilt, wären schon zahlreichere Stücke des skythischen Tierstils bekannt gewesen, die in ihrer ornamentalen Stilisierung, in ihrer zeitlosen Schönheit keiner bestimmten Epoche angehören, sondern – ähnlich wie Altamira – nichts anderes sind als die naive Antwort eines schönheitstrunkenen und unverbildeten Künstlers auf die Impression, auf die Begegnung mit den Lebewesen seiner Welt.
Als auch Mortillet, seit seiner Einteilung der Steinzeit die führende Autorität, in seiner Zeitschrift die Malereien als brand-

Bildsymbole aus Eira d'os Mouros bei San Jorge de Sacos, Prov. Pontevedra, Spanien

neu erklären ließ und der Vermutung Raum gab, man habe sie nach 1875, also nach der Entdeckung der Höhlen, dort angebracht, war der Stab über Altamira gebrochen, und es bedurfte nur noch des eisigen Schweigens, mit dem der große Emile Cartailhac Altamira überging, um den Funken der Erkenntnis auszutreten, der seit wenigen Jahren glomm. Cartailhac nämlich veröffentlichte 1885 ein Buch *Oeuvres inédites des artistes chasseurs de rennes*, in dem er von der bislang unbekannten Kunst der Rentierjäger sprach, die Existenz einer Eiszeitkunst also zugab, Altamira jedoch nicht erwähnte, sich nicht einmal mit dem Problem dieser Höhlenmalerei auseinandersetzte.

Wie so oft kam der Fortschritt aus der unbeirrten Heimatforschung, der es um den kleinen Umkreis mehr ging als um das große Ganze und die darum, von den großen Streitfragen und Problemen unbeeinflußt, die geheimnisvolle Sprache der Höhlen besser zu deuten verstand. In den letzten zwei Jahrzehnten des vorigen Jahrhunderts stießen – durch Altamira angeregt und ermutigt – in verschiedenen Teilen vor allem des mittleren und südlichen Frankreich Lokalhistoriker oder interessierte Amateure auf vielversprechende Höhlen, fanden Zeichnungen, kleine Kunstwerke und auch Wandmalereien (die nicht immer beachtet wurden) und publizierten getreulich, was sie vor Ort gefunden und gesehen hatten.

Man kennt heute allein in Europa etwa hundertundzehn Höhlen mit Malereien und Zeichnungen, dazu große Felswände mit Ritzungen und andere vorgeschichtliche Kunst in Hülle und Fülle; aber schon um die Jahrhundertwende reichte das Material aus, einem rechtschaffenen Gelehrten wie Emile Cartailhac zu sagen, daß er sich geirrt habe. Sein offenes *Mea Culpa eines Skeptikers*, 1902 in einer Fachzeitschrift veröffentlicht, ist nicht nur eines der schönsten Zeugnisse von wissenschaftlicher Selbstkritik, das wir besitzen, sondern brachte nun natürlich die doppelte Sensation: Wenn Cartailhac Altamira zum Anlaß solch eines Aufsatzes nahm, nachdem er zwanzig Jahre lang die Echtheit der Malereien nicht hatte anerkennen wollen, dann bedeutete das naturgemäß mehr als alles, was inzwischen zum Vorschein gekommen war (Lascaux wurde erst 1940 entdeckt). Und als Cartailhac 1906 gar gemeinsam mit dem Abbé Breuil ein eigenes Buch über Altamira schrieb, da hatte sich die alte Forschergeneration mit jener neuen, ihr nachfolgenden Gruppe verbündet, zu der sie zunächst in einem unüberbrückbaren Gegensatz zu stehen schien.

Nachdem nun diese Prinzipienfragen geklärt, die Echtheitsprobleme vom Tisch gefegt waren, ging es um die Datierung und die Deutung der etwa hundertfünfzig Bilder aus verschiedenen Eiszeit-Epochen – aus einer Zeit also, die selbst den Gebildeten, selbst den interessierten Lesern historischer Werke damals so gut wie unbekannt war und mit der niemand eine Vorstellung verband. Selbst wenn man sich von der liebgewordenen und dank tüchtiger Gymnasiallehrer auch gut bekannten Antike losmachte: was konnte es denn *vor* den gewaltigen Pyramiden gegeben haben, *vor* dem Turmbau von Babel und jenem Ninive, dessen Entdeckung die Gemüter eben noch in Aufregung versetzt hatte? Eben war Mesopotamien, das Land der Sintflut und der babylonischen Gefangenschaft, einigermaßen ins Bewußtsein Europas eingegangen, als Altamira schon neue Maßstäbe setzte und das Tor zu neuen Zeiträumen aufstieß . . .

Vielleicht ist es kein Zufall, daß es zwei katholische Geistliche waren, die nach den Lebensspuren des nunmehr eindeutig menschlichen Menschen suchten und die feststellten, wie früh sich die Seele und ihre Sehnsucht nach einem höheren Dasein in diesen primitiven Jägern einer fernen Zeit gemeldet hatten: der Abbé Henri Breuil (1877-1961) und der Regensburger Pater Hugo Obermaier gleichen Jahrgangs, aber schon 1946 in Freiburg in der Schweiz gestorben, wo er lehrte. Auf ihren Pionierleistungen in Europa und Südafrika fußte, alert und beweglich, eine Generation moderner Forscher, die sich wie Herbert Kühn und der von ihm in Deutschland eingeführte Henri Lhote auf der Suche nach Höhlenmalereien und Felsbildern an die Spitze von Expeditionen setzten und unser Wissen vom künstlerischen Drang und vom geistigen Leben des frühen Menschen durch kühnen persönlichen Einsatz erweiterten. Daß derlei jung erhält, hatte ihnen schon Henri Breuil vorgelebt, der manche ausgedehnte Höhle als erster Forscher selbst betrat und durchkroch, als alter Herr noch die Strapazen von Wüstenfahrten in Südafrika auf sich nahm und doch vierundachtzig Jahre alt wurde. Die Lebenskraft strömte aus den nie gesehenen, unverbrauchten künstlerischen Leistungen einer jungen Menschheit in sie alle, und selbst der Skeptiker Cartailhac schrieb in einem Brief von 1902 an einen Freund: »Seit acht Tagen zeichnet der Abbé (Breuil) diese Bisons, diese Pferde, diese Hirsche und Eber in Farben. Altamira ist die schönste, die großartigste und interessanteste von allen bemalten Höhlen. Wir leben in einer neuen Welt, wir sind wie neu geboren!«
Nicht gerade neu geboren, aber mit sechsundzwanzig Jahren doch sehr jung für eine umfassende Arbeit, hatte Herbert Kühn aus Belitz im Kreis Potsdam schon 1921 ein erstes begeistertes Buch über die Eiszeitkunst veröffentlicht, das später zahlreiche Auflagen erlebte; 1931 folgte gemeinsam mit Altmeister Hugo Obermaier ein Buch über Buschmannkunst, eine Zusammenarbeit, die für den jüngeren Forscher gleichsam den Meisterbrief darstellte. 1923, in dem Jahr, da er Privatdozent wurde, besuchte Kühn zum erstenmal die Höhlen

von Altamira und sprach mit der Tochter Maria des Barons Sautuola, »die damals schon eine alte Dame war«, wie Kühn schreibt. Sie war zu diesem Zeitpunkt ganze 48 Jahre alt, aber dem jungen Gelehrten, der sich in den großen Zeiträumen der Vorgeschichte schon so sicher bewegte, kamen die wenigen Jahre eines Menschenlebens damals eben ein bißchen durcheinander.

Um so eindrucksvoller ist die große Ordnung, die Herbert Kühn, unablässig weiter forschend und registrierend, in diesen künstlerisch so bedeutenden, geschichtlich hingegen so schwer zu erfassenden Ablauf gebracht hat und die sich wie folgt präsentiert:

In der Mitte der letzten Eiszeit, vor etwa 40 000 Jahren, begann die impressionistische Phase der Eiszeitkunst und, wie wir heute sagen können, der Beginn menschlicher Kunstausübung überhaupt. Ihr Ende setzt Kühn mit 10 000 vor Christus an, doch ist dieser Ansatz durch die Funde und Entdeckungen der jüngsten Zeit ebenso relativiert worden wie durch die Einbeziehung der Plastik in die Gesamtbetrachtung. In diese Phase gehören die Malereien von Altamira ebenso wie jene von Lascaux, von den Höhlen im Font de Gaume, von Les Combarelles, die Henri Breuil noch selbst erforschte, und viele andere.

Eine zweite, nun eher expressionistisch wirkende Phase der Eiszeitkunst verdient diesen Namen nur in ihren Anfängen, weil ja um 8 000 vor Christus die letzte Eiszeit zu Ende ging und die Kunst dieser Charakterisierung den Zeitraum von 10 000 bis 3 000 vor Christus erfüllt, also bereits in jene Jahrtausende hereinreichte, die im Nahen Osten und in Ägypten, aber auch in China und Indien als geschichtlich anzusprechen sind. Felsbilder dieser Phase fanden sich vor allem im östlichen Spanien, doch gesellte sich 1962, also nachdem Kühn diese Einteilung getroffen hatte, noch die bilderreiche Höhle von Altxerri bei Santander hinzu, die an den Anfang dieser Epoche zu setzen wäre.

Die größte Überraschung löste bei den Kundigen jedoch die dritte Gruppe der Vorzeit-Kunst aus, deren Malereien nach

3000 v. Chr. in einem Europa entstanden, an dessen Rändern sich bereits die Seefahrer der Megalithkultur (vgl. S. 292) eingefunden hatten. Sie bildeten nach der langen impressionistischen und kurzen, aber eindrucksvollen expressionistischen Phase einen neuen abstrakten Stil aus, der allerdings zu diesen Abstraktionen gezwungen worden ist: die Malereien dieser Epoche orientieren sich sichtlich an den Felsbildern und Ritzungen, also an einer grobflächigen Kunst, die aus Gründen des Materials und der Technik zur Abstraktion und zum Symbol gelangen mußte. Diese bereits in die Bronzezeit hereinreichenden und damit den Rahmen dieser Darstellung sprengenden Kunstwerke fanden sich vor allem bei Los Velez und am Tajo de las Figuras in Andalusien, im Pena Tu (Asturien) und in Las Batuecas bei Salamanca. Es handelt sich um gemalte oder geritzte, stets aber schematisierende und abstrahierende Kunst von großer Eindringlichkeit, die vor allem auf der Pyrenäenhalbinsel stark verbreitet erscheint, verwandt aber auch im Val des Merveilles bei Tende und im Val Camonica auftritt.

Bei dieser Einteilung, die im großen und ganzen unwidersprochen geblieben ist, fällt die Übereinstimmung mit der Abfolge modernen Kunstschaffens auf, ganz so, als habe sich zwischen 1880 und 1960 das wiederholt, was in einem Zeitraum von vierzigtausend Jahren als Aufeinanderfolge sichtbar wurde: Auch in Europas spätbürgerlicher Kunst bedeutete der Impressionimus einen radikalen und befruchtenden Vorstoß zu neuen Inhalten und Formen des künstlerischen Erlebnisses; nach der Zäsur des Ersten Weltkriegs siegte der Expressionismus mit einer bis heute bewunderten, wenn auch nur kurzen Intensiv-Phase, auf die dann der Kubismus und die Abstrakten folgten. Die unleugbaren Anregungen, welche von der eiszeitlichen Kunst und der Kunst der Naturvölker in dieser Zeit ausgegangen sind, erklären diese Wiederholung der Abfolge nur zum Teil.

Ordnungen dieser Art, auch wenn sie nur in großen Zügen in Geltung bleiben, sind wichtig und hilfreich. Wirklich befriedigen werden sie freilich erst dann, wenn es gelingt, Zusam-

menhänge zwischen der Kunstproduktion und dem Künstlervolk herzustellen. Damit rückt die Eiszeitmalerei als Dokument in die Reihe der anderen Höhlenfunde, muß sich die Nachbarschaft geologischer, paläobotanischer, anthropologischer und paläontologischer Argumentationen gefallen lassen und gerät damit in die Krise der historischen Wissenschaften unserer Tage – die Krise, die da Überspezialisierung heißt. Wie schwierig Zusammenschauen geworden sind, wie wenig selbst die größten Gelehrten sie sich zutrauen, das geht schon aus der eminenten Position emeritierter Professoren wie Herbert Kühn hervor, die sich aus der Vielfalt der Einzelforschung herausheben, wie jener *rocher de bronze*, von dem einst ein Preußenkönig gesprochen hat.
Reizvolle Fragen harren demnach der Klärung in einer Gesamtkonzeption wie etwa jene nach der Geschichte der Farben selbst. Sind die schwarzen Rußfarben die ältesten? Ist das Schwarzweiß die Mutter aller Malerei und ihre erste Stufe? Oder triumphierte das augenfällige Rot, aus Rötel und anderen roten Erden gewonnen, Festfarbe als Schminke, Farbe des Lebens bei bestatteten Leichnamen? Oder aber war die Polychromie, die natürliche Vielfarbigkeit, der Anfang aller Bilderkunst und die Beschränkung auf ein oder zwei Farben eine spätere Abstraktion?
Viele Irrtümer sind möglich, ja unvermeidbar angesichts so mancher Höhlenzeichnung, deren Skizzenhaftigkeit Absicht sein kann oder Kunststil, oder aber ganz einfach Un-Vollendung, weil der Künstler die Lust verlor, in Rückenlage an einer niedrig über ihm hängenden Felsendecke weiterzuzeichnen und zu malen. Vielleicht aber konnte er es nicht besser, vielleicht hatte ein Schüler neben dem Meister skizziert, das Kind den Vater nachgeahmt ...
Das Spielelement, in aller Kunst gegenwärtig, sorgt in der Vorzeitkunst für manche Unsicherheit, ja hat schon gewagten Hypothesen Raum gegeben, deren einige – keineswegs alle – man bei Charroux und seinem Schüler Däniken nachlesen kann und für die uns die zahlreichen über die ganze alte Welt verstreuten Handabdrücke als Beispiel dienen mögen:

sie gehören zu den ältesten künstlerischen Bekundungen der Menschheit überhaupt und werden von manchen Forschern mit der Entdeckung der Farbe verbunden. Farberden, in die jene Höhlenbewohner ihre Hände getaucht hatten, und die farbigen Abdrücke dieser Hände an der Wand wären demnach der Auslösevorgang für die bildnerische Freude an der Wandbemalung. Die nächste Stufe war dann der negative Handabdruck, das heißt, die Hand wurde an die Wand gedrückt, die ganze Fläche mit Farbe übergossen oder überstrichen, und was nicht gefärbt war, das blieb dann als Hand-Abbild übrig.

Über jene ersten Malereien, die eigentlich noch keine sind und allenfalls Yves Klein vorwegnehmen, ist soviel gerätselt und tiefgründig spekuliert worden, daß eigentlich nichts mehr fehlte als der vorgeschichtliche Astronaut von einem anderen Stern, der auf seinen Händen an der Höhlendecke spazierenging. Da aber an dem hohen Alter dieser Hand-Abdrucke, an ihrer Gleichzeitigkeit mit den allerersten Malereien dank exakter Datierungsmethoden heute nicht mehr gezweifelt werden kann, sei aus der Fülle der Überlegungen jene hierhergesetzt, die Hermann Müller-Karpe, der Frankfurter Prähistoriker, in seiner *Geschichte der Steinzeit* unserer Aufmerksamkeit empfiehlt. Er entnimmt aus dem Vergleich mit Statuetten und gezeichneten Figuren die Tatsache, daß die geöffnete Hand mit den gespreizten Fingern ein wichtiges Symbol vorgeschichtlichen, früh-menschlichen Lebens gewesen sein muß, »und zwar sowohl im innerweltlich-gesellschaftlichen Verkehr als auch im religiösen Bereich. Nachweislich vom Neolithikum an ist diese Bedeutung der erhobenen oder ausgestreckten, weit geöffneten Hand in zahlreichen Kulturen wohlbekannt, so daß es glaubhaft erscheint, daß diese Geste auch im Jungpaläolithikum bereits diese Bedeutung hatte«.

Müller-Karpe denkt dabei an Betende, wonach die Darstellung der Hände, ihre Selbstdarstellung eigentlich, wohl auch einem religiösen Vorgang gleichkäme, ja einem Bekenntnis. Bleibt dies auch die wahrscheinlichste Deutung, so sei doch eine weitere Möglichkeit angedeutet: die erhobene offene Hand ist auch eine Geste des Friedens. Der Mensch zeigt damit, daß er keine Waffe, keinen Stein trägt, daß er nicht kämpfen will, sondern Frieden halten, vielleicht auch, daß er die Unterwerfung anbietet. In den schriftlosen Jahrzehntausenden der Altsteinzeit mag solch eine Unterwerfung, solch ein Friedens-Gelöbnis durch den Abdruck der offenen Hand besiegelt worden sein.

Die Selbstdarstellung des Menschen war unmittelbar gefolgt von der Darstellung des Tieres oder ging neben ihr her. In der ersten, der impressionistischen Phase, dominiert das Tier sehr deutlich, es wird ohne den Jäger gezeigt als das Stück Umwelt, das man an den Höhlenwänden zu beschwören gedenkt – im simplen Abbild oder in der magischen Absicht, durch dieses Abbild auf das Urbild zu wirken. Ist es aber Magie, so bedient sie sich nicht der Priester und nicht der Zeichen, denn zur magischen Wirkung hätte es ja jener großartigen Wirklichkeitsnähe gar nicht bedurft, die uns die Wände der spanischen und der französischen Höhlen zeigen. Für die Magie ist die Identifizierung wichtig, und die tritt auch bei einem hingestrichelten Auerochsen ein. Es muß schon viel *l'art pour l'art* dabeigewesen sein. »Es ist eben doch nicht bloß die Lebendigkeit der Bewegung, die letztlich überzeugt, sondern das große Lebensgefühl, mit dem sich eine eminente Elastizität verbündet. Es ist gewiß so, daß die mächtigen Auerochsen schwer wuchtend dastehen, mit riesiger Fülle am Boden liegen, mit plumper Energie den Kopf herumdrehen. Und dennoch vereint sich mit dieser überstarken Massenhaftigkeit ein solcher Sinn für glücklich abgewogene Verhältnisfügungen und Spannungen, vereint sich vor allem aber ein solcher Rhythmus im Auf- und Abschwellen der Umrisse, vereint sich auch ein solcher Wagemut in der nur andeutenden Angabe etwa der Hörner, des Schweifes, der Hufe usw., daß aus der Einheit all dieser Subjektivität, die in das tief erfaßte Wirkliche der Objektivität hineinverwachsen ist, sich ein hohes Gefühl menschlicher Spannkraft und persönlicher Dynamik ergibt und man vom Naturalismus kaum irgendwo reden mag.«

Der Mann, der in diesen inspirierten Zeilen den Versuch macht, das Verhältnis des Steinzeitmenschen zu seiner künstlerischen Produktion zu erfassen, ist Eckart von Sydow. Sein Auge hatte sich an sehr viel Eingeborenenkunst geschult, in einer kleinen Schrift von 1921 hatte er versucht, ihre Geheimnisse mit dem Rüstzeug, das Carl Einstein und Leo Frobenius ihm an die Hand gegeben hatten, zu enträtseln. Und wenn auch so mancher Rückschluß von der Eingeborenenkunst auf die Kunst der Steinzeit schon zu Irrtümern und Fehldiagnosen geführt hat (und überhaupt noch zu viele solcher Analogieschlüsse die vorgeschichtliche Forschung belasten), so hat sich Eckart von Sydow im Anschaun dieser afrikanischen und ozeanischen Kunstwerke doch ein Gespür vor allem für die innere Dynamik dieser rätselhaften Bilderwelt erworben und das erlösende Wort vom *dekorativen Naturalismus* gefunden, der das ganze Zeitalter durchwalte: »Welche Seite man auch betrachten möge, Ritzzeichnungen und Plastik, Baukunst und Malerei – überall ist es der gleiche Charakter großzügiger, elastischer Lebendigkeit, der sich äußert.« Erinnern wir uns der Tatsache, daß in allen Phasen der älteren Steinzeit das Tier verfolgt und gejagt werden mußte, daß es Tierwanderungen und Tierwechsel, Treibjagden und Fallgruben waren, von denen die Existenz des Tautavel-Menschen, des Neandertalers und der ihn ablösenden Einwandererstämme abhing. Und wenn sie in ihren Höhlen lagerten, wenn sie vielleicht tagelang kein Wild gesehen hatten oder wenn es ganz einfach aus jahreszeitlichen Gründen verschwunden war, dann kreisten die Gedanken und wohl auch das wortkarge Gespräch um die Jagdtiere und die Jagderlebnisse. Es konnte nicht anders sein. Das Tier war das Thema eins des frühen Menschen, und darum wurde es auch zum Hauptthema der frühen Malerei. Daß dieses Nacherschaffen der Tierwelt an den Decken und Wänden der Höhlen schließlich seinen Sinn erhielt, daß es die beruhigende, lebenspendende Gegenwart des Tieres in einem langen kargen Winter simulierte, ja im Fackellicht vielleicht sogar zu halluzinatorischer Wirklichkeit werden ließ, das erklärt die archaische Be-

9 a *Pech Merle, Höhle im Depart. Lot: Pferdefries, darüber negative Handabdrücke, 18 000 – 15 000 v. Chr.*

9 b *Niaux, Felszeichnung: Bison von Pfeilen getroffen. Mittl. Magdalénien.*

10 a *Altamira: Hirschkuh und kleiner Bison. Felsmalerei aus dem Magdalénien.*

10 b *Lascaux. Detail der steinztl. Malereien: Rinder.*

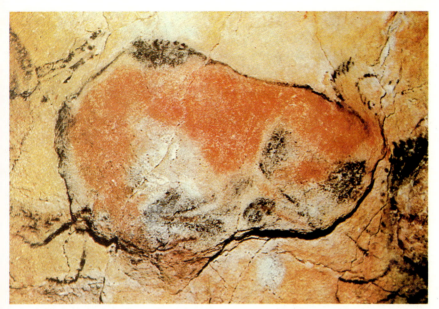

11 a *Altamira, Bildersaal, Decke: Sterbender Bison. Magdalénien.*

11 b *Altamira: Tierdarstellungen an der Decke im Großen Saal.*

12 Bei der vor wenigen Jahren erfolgten Ausbaggerung der Etangs (Lagunen) von Leucate und Barcarès kamen jungsteinzeitliche Funde in großer Anzahl ans Tageslicht.

liebtheit dieses dekorativen Naturalismus. Was hätten sie sich sonst an die Decken malen sollen, diese Kinder der Eiszeit, da sich das Tier doch viel leichter darstellen läßt als der Hunger und viel mehr Befriedigung verschafft.
Was Eckart von Sydow noch nicht kannte, was Leo Frobenius niemals gesehen hat, das war der Saal der großen Stiere, das waren die Höhlenmalereien von Lascaux im Tal des wilden Flüßchens Vezère unweit Montignac, einem Städtchen von 3000 Einwohnern hundert Kilometer südsüdwestlich von Limoges. Die Entdeckung der Höhle vollzog sich ganz ähnlich wie im Fall von Altamira: Vier Jungen, die mit einem Hund spielten, entwischte das Tier; sie suchten in der Felsspalte, in der es verschwunden war, entdeckten einen kleinen Schacht und, nachdem sie einiges an Steinen weggeräumt hatten, die Höhle selbst mit den Wandmalereien. Die Bilder waren also nahe dem Eingang zu finden, anders als in Altamira, wo leider nicht der alte Eingang gefunden wurde, auf den eine lange bilderlose Strecke folgt, sondern ein zweiter Zugang, der nun so nahe an der Sala de Pinturas lag, daß diese selbst den schädlichen Einflüssen der Außenluft und der Besucherströme beinahe unmittelbar ausgesetzt war. Die neue Cantabrica, die Autobahn von San Sebastian nach Westen, tat ein übriges, um den Zugang nach Altamira zu erleichtern, man braucht sich nicht mehr – wie es mir bei meinem ersten Besuch der Höhle vor mehr als zwanzig Jahren widerfuhr – durch die Industriestädte der Küste zu kämpfen, sondern landet nach erholsamer Fahrt bei geringem Verkehrsaufkommen in dem schönen *Parador de Gil Blas,* den die Spanier also nicht nach den Höhlenmalereien ihrer eigenen Vergangenheit benannt haben, sondern nach dem Schelmenroman des großen französischen Schriftstellers Alain René Lesage.
Lascaux hingegen ist so sehr Nationaldenkmal, als es die Vorzeitkunst überhaupt nur sein kann; die Wandmalereien der Auerochsenjäger werden behütet wie die Archive der *Légion d'Honneur* an der Pariser Rue de Lille. Macht man sich jedoch klar, welch glücklichen Fügungen man die außerordentlich gute Erhaltung dieser etwa 14 000 Jahre alten Fresken ver-

dankt, dann wird man mehr Verständnis für die komplizierten Schleusen und Einschleusungs-Vorgänge aufbringen und – mit Bedauern – auch für die Langzeit-Schließung wegen der Algenbildung auf den Fresken.

Decken und Wände der ungefähr H-förmigen Höhle von Lascaux bestehen aus einem sehr feinkörnigen Kalkstein, der sich mit einer wasserundurchlässigen Schicht bedeckt hat, welche die Bildung von Stalaktiten verhinderte. An den Wänden legte sich darüber eine dünne Schicht weißlichen Kalzits (Kalziumkarbonat), die den festen und sehr dauerhaften Bildgrund abgab. Die Imprägnierung der Wände setzte sich fort, als sie bereits mit Malereien bedeckt waren, und überzog die Fresken mit einer dünnen, durchsichtigen und doch schützenden Schicht, die uns die Kunstwerke angesichts der in der Höhle wenig schwankenden klimatischen und Lüftungsverhältnisse bis heute in einem verblüffend guten Erhaltungszustand bewahrte. Als im Herbst 1940 Lehrer Laval aus Montignac, von seinen Schülern gerufen, die Fresken erblickte, war diese stupende Verfassung uralter Bilder zunächst das Hauptargument gegen ihre Echtheit. (Auch die Fresken in der Altamira-Höhle müssen unmittelbar nach der Auffindung so gut erhalten gewesen sein, sonst hätten sie die Redakteure archäologischer Zeitschriften nicht für eben erst angebracht erklären können.)

Heute freilich kennt man die Ursachen der guten Bewahrung jener zunächst so unglaubwürdig leuchtenden Lascaux-Fresken. Der alarmierte Abbé Breuil hatte als führende Autorität auf diesem Gebiet noch Gelegenheit, die achthundert Wandgemälde selbst zu besichtigen und zu prüfen, und die Datierung mittels der Radiocarbon-Methode ergab ein Alter von 13 500-14 000 Jahren.

Die Freude war jedoch von kurzer Dauer. Trotz Einrichtung einer Klimaanlage und der erwähnten Luftschleusen zeigten sich 1961 jene grünen Algen an Wänden und Bildern, die den wohl kostbarsten Schatz der Menschheit an frühester Malerei bedrohten, und während in den Altamirahöhlen und anderen Fundorten die Zerstörung dieses unschätzbaren Erbes

durch die Einwirkungen von außen, die Atemluft, das Licht und die Temperaturschwankungen erschreckend schnelle Fortschritte macht, wurde in Lascaux entschlossen und hoffentlich noch rechtzeitig gehandelt . . .
In den vier sogenannten Galerien von Lascaux zählte man insgesamt etwa achthundert Wand-und Deckengemälde. Gleich am Eingang begegnen wir dem sogenannten Zauberer, einer in schwarz und rot gehaltenen, 165 Zentimeter hohen Figur mit Tierfell und Kultmaske mit geraden Hörnern, die beinahe so aussieht, wie unsere Karikaturisten mit Vorliebe die Medizinmänner Afrikas darstellen. Die Hauptattraktion bildet jedoch zweifellos *La salle des taureaux*, der Saal der Stiere. Sie bezog ihren Namen von der beherrschenden Gruppe schwarzer Stiere, die mit hinreißendem Schwung und beachtlicher Größe abgebildet sind, eines der kennzeichnendsten Kunstwerke der ganzen Epoche und Stilrichtung. In dem Saal finden sich allerdings auch Wildpferde, Hirsche und ein Tier, das für unser märchenhaftes Einhorn Modell gestanden haben könnte, hätte es nicht in der Kopfpartie auch deutliche Elemente vom Raubtier. Ob wir es hier mit einer unbekannten Tiergattung zu tun haben (was nicht sehr wahrscheinlich ist), mit wenig präziser Zeichnung (was der sonst erkennbaren Meisterschaft widerspräche) oder mit der absichtlichen Darstellung eines schon damals als Fabelwesen geltenden Tieres, wird sich wohl niemals wirklich klären lassen. Manche der Spezialforscher akzeptieren ja nicht einmal die Ergebnisse der Radiocarbon-Datierung, sondern beharren darauf, daß die Bilder des Saals der Stiere ins Gravettien gehören, also etwa 25 000 Jahre alt sind.
Besondere Aufmerksamkeit fanden, weil sehr selten, die in Lascaux dargestellten *Szenen*. Die eine findet sich in einem Seitengang: der schöne Fries mit schwimmenden Hirschen, ein herrliches Stück der Tierbeobachtung und ein bis heute höchst originell gebliebenes Motiv. Die andere, nicht ganz so klar zu erfassen, ist in einem etwa sieben Meter tiefer liegenden Schacht gefunden worden. Ein offenbar verwundeter Auerochse mit aufgerissener Flanke hat vorher einen Jäger

getötet oder sich an ihm für die Wunde gerächt. Das Tier wirkt noch in seinem Niederbruch furchterregend und kampfbereit. Die Szene zeigt die Technik, Umrißlinien schwarz zu verdeutlichen, damit der Inhalt des Bildes, das, was es erzählen soll, ganz klar wird.

Wildpferde wurden, wie eine bildliche Darstellung beweist, mit Pfeil und Bogen gejagt, im übrigen aber finden sich immer wieder jene gitterartigen Zeichnungen, die wohl nur Fallen meinen können, vermutlich überdeckte Fallgruben. Steinböcke, Vögel, Antilopen und andere Tiere vervollständigen den Bilderzoo aus dem Magdalénien. Bezeichnet Lascaux auch den Höhepunkt der Höhlenmalerei und stellt es auch durch die hervorragende Erhaltung einen besonderen Glücksfall dar, so haben sich andererseits doch unsere Kenntnisse über die Kunst des Magdalénien, der ihm unmittelbar vorangehenden und der ihm nachfolgenden Epochen sehr wesentlich auch durch eine Reihe anderer Höhlen, *Abris* (geschützter Positionen unter Felsen), Felswände mit Ritzzeichnungen und ähnliche Fundorte erweitert. Der diesbezügliche Abschnitt in dem Monumentalwerk *La Préhistoire française* füllt inzwischen zwei Quartbände von zusammen 1500 Seiten, und unter den aufgezählten und studierten Fundstellen fehlt kaum ein einziges der rund hundert französischen Départements.

Daraus ergeben sich für uns zwei verschiedene Folgerungen, nämlich erstens, daß zwischen 40 000 und 35 000 vor Christus ein Menschentypus in Europa auftaucht - aus Vorneandertaler-Wurzeln und aus Einwanderungen entstanden -, der ganz offensichtlich alle geistigen Bedürfnisse des heutigen Menschen mitbringt. Fortan sind gleichsam auf einen Schlag Malerei, Bildhauerkunst, Tanz und damit Musik, aber auch Religion und ein Minimum an Tabus und Gesetzen überall existent, wo wir diesem Menschentypus begegnen, das heißt zwischen Südspanien und Westsibirien und rund ums Mittelmeer mit einem Streifen Nordafrikas.

Die zweite Folgerung aber muß lauten, daß ein Studium all der nun entstehenden und dank ihres Höhlencharakters einigermaßen erhaltenen Lebens-Zentren und Kunststätten nicht mehr möglich und für unseren Zweck auch nicht mehr mehr notwendig ist. Der neue Mensch, von dessen Erscheinung und materieller Kultur noch ausführlicher zu sprechen sein wird, hat den eisfreien Raum Europas mit den eindrucksvollen, ja stellenweise glanzvollen Beweisen seiner Fähigkeiten und Ansprüche erfüllt, und es ist für den Gesamtzusammenhang natürlich unwichtig, ob die eine Höhle tausend Jahre älter ist als die andere und in welchem Land sich die großartigsten Gemälde erhalten haben: eine winzige Elfenbeinstatuette kann ein Wildpferd darstellen oder eine nackte Frau, sie ist damit doch in erster Linie Beweis für die Kunstübung vor 35 000 Jahren, und die Frage nach dem Sinn dieser Kunst und den Hintergedanken der Künstler wird naturgemäß an die zweite Stelle rücken müssen. Henri Breuil, der in jeder Phase seines Lebens bemüht war, die vorgeschichtliche Kunst dort zu betrachten, wo sie vor Jahrzehntausenden entstanden war, hielt nicht allzuviel von den Schreibtischarchäologen (sein Ausdruck), die sich unter Heranziehung kompliziertester religiöser, psychologischer und anthropologischer Argumentationen die Köpfe über jene Bilder zerbrachen, die der Jäger der Eiszeit mit großartigem Schwung und sichtlich intimster Vertrautheit an die Höhlenwände geworfen hatte. Und tatsächlich sind alle diese Deutungen so vage und umstritten, daß sie auf ein sehr weites Feld hinausführen.

Indessen darf aus künstlerischen Darstellungen späterer, aber immer noch steinzeitlicher Epochen geschlossen werden, daß die magische Beziehung zwischen Bild und Orginal eine große Rolle spielte. Zwar ist es denkbar, daß sie sich bisweilen erst dann einstellte, wenn das Bild von der Wand leuchtete. Andererseits aber muß man annehmen, daß die herrlichen Felsbilder, von den Lichtquellen des Magdalénien unsicher und schwankend beleuchtet, bei Kulthandlungen eine zentrale Funktion erhielten. Und welchen anderen Gegenstand sollte der Kult von Jägern gehabt haben als immer wieder das Tier? Henri Breuil, immerhin ein Mann, der wußte, wovon er sprach, vertritt die Meinung, daß für diese

Kulthandlungen mit Vorliebe dunkle und versteckte Plätze - also Höhlengründe, Höhlenschächte - aufgesucht wurden, was erklären würde, warum gelegentlich neue Bilder über die alten gemalt sind: der Platz an den geeigneten Wänden war knapp, die Säle und Gänge aber waren die unerläßlichen und nicht austauschbaren Orte, an denen die Beschwörungs-, Droh-oder Dankrituale stattfanden.

Eine deutliche Sprache sprechen in diesem Punkt die kleinen Tierstatuetten, Kleinplastiken, die - da sie sich besser über die Jahrtausende hinwegretteten - mitunter doppel so alt sind wie die Wandmalereien. Der Abbé Breuil erzählt von Tonfiguren - Auerochsen und Bären -, wie sie sich in den Höhlen der Départements Ariège und Haute Garonne dank besonders glücklicher Umstände erhalten haben: »Derartige Figuren wurden offenbar bei den magischen Jagdritualen durchbohrt, geköpft oder ganz vernichtet.« Tatsächlich ist jener Bär aus dem Lehm der Höhle von Montespan auf kuriose und eindrucksvolle Weise viel mehr als ein Kunstwerk. Er hat keinen Kopf mehr, aber ein Loch im Hals zeigt, wo dieser Kopf aufgesetzt war und daß er abgenommen, abgeschlagen werden konnte. Außerdem zeigt der Lehmkörper des 110 Zentimeter langen und sechzig Zentimeter hohen, in kauernder Stellung nachgeformten Tieres die Spuren von zahlreichen Speerwürfen. Derlei geschah zweifellos nicht oder nicht in erster Linie zur Übung, sondern es handelt sich um ein religiöses oder magisches Ritual, durch das die Jäger die Entscheidung kommender Bärenjagden vorwegzunehmen trachteten. Vielleicht wurden auch Jungmänner auf diese Weise auf die erste Bärenhatz vorbereitet, auf den Augenblick der ersten Bewährungsprobe Aug in Aug mit dem gefährlichen Gegner.(In den kantabrischen Bergen, einem der Hauptorte der Eiszeitkunst, wurde noch um 1 000 nach Christus ein Fürst von Oviedo von einem Bären getötet.)
Die Auerochsplastiken vom Tuc d'Audubert werden hingegen als dingliches Zentrum eines Fruchtbarkeitsrituals gedeutet, weil es sich um ein weibliches und ein männliches im

Höhlenlehm nachgebildetes Tier handelt. Die Fußabdrücke in dieser Höhle werden, so wie sie sich im Lehm erhalten haben, als Beweis dafür angesehen, daß hier rituelle und vielleicht sogar orgiastische Tänze stattfanden.

Man sieht, wie dankbar Vermutungen sein können, wenn sie zugleich die Forscher-Phantasie beflügeln. Wie dürr nimmt sich dagegen aus, was sich über die bei diesen Malereien an Höhlendecken und -wänden verwendeten Farben, Farbpulver und Farbpasten ermitteln ließ, und darum gibt es über dieses wichtige Thema auch noch keine genauere fachliche Untersuchung.

Schon der Abbé Breuil hatte herausgefunden, daß die Steinzeitmaler sehr souverän mit der Farbe umgingen und die verschiedensten Techniken beherrschten. Grundstoffe lieferten die ja auch heute noch an vielen Orten des südlichen Frankreich zutage liegenden Farb-Erden und der Höhlenruß; dazu kamen für das Schwarz der Töne und Linien das natürlich vorkommende Manganbioxyd und die Holzkohle. Alle Farben wurden mit Fett gebunden und geknetet. Nicht selten wurde die Wand zunächst eingefettet und danach das Farbpulver, die zerriebenen Farbstoffe, aufgeblasen. Auf diese Weise entstanden zum Beispiel die Negativbilder von Händen. Da und dort ließ sich auch Pinselarbeit feststellen, doch waren es wohl nur sehr ausnahmsweise Pinsel in unserem Sinn. In der Regel wurden geeignete Holzstücke an einem Ende zerklopft und damit aufgespalten, aufgefasert.

Daß nicht nur Höhlenwände und -decken bemalt wurden, sondern auch Leder, Rinden und Einrichtungsgegenstände, die sich allesamt nicht über die lange Zeit erhalten konnten, darf angenommen werden (*presque sans risque d'erreur*, wie André Leroi-Gourhan sich ausdrückt), und auch Malereien an offen daliegenden Felswänden muß es gegeben haben, nur hatten sie eben keine Chance, die fünfzehn bis zwanzig Jahrtausende zu überstehen, die uns vom Magdalénien trennen.

Auch die in Höhlen und außerhalb des Lichteinfalls angebrachten Malereien haben im Lauf dieser langen Frist natürlich Veränderungen erlitten, so daß ins Detail gehende Aussagen über Farben und Techniken nur noch mit beträchtlichen Vorbehalten gemacht werden können. Immerhin ergab das nun doch schon ziemlich umfangreiche Studienmaterial Zusammenhänge zwischen Untergrund und Maltechnik. War er glatt, so scheute sich der Steinzeit-Maler nicht vor der großen, durchgehenden, in einem hingeworfenen Linie und Kontur. Auf rauhem Untergrund bevorzugte er eine pointillistische Technik. Für jedes dieser Verfahren standen ihm bereits verschiedene Malutensilien zur Verfügung, deren Kenntnis ziemlich verbreitet war. Es haben sich keine Anhaltspunkte dafür ergeben, daß ein einzelner Künstler in diesen Dingen einen Wissensvorsprung vor den anderen gehabt hätte, so wie er – für das sechzehnte nachchristliche Jahrhundert – den Niederländern und ihrem besonderen Firnis zugeschrieben wird.

Unter den heute nicht mehr verwendeten Hilfsmitteln befanden sich Puderquasten aus Haaren, mit denen Farbpulver aufgetupft wurde, wenn das Auf-Blasen wegen der Konturen zu riskant erschien. In Lascaux wurde diese Technik vor allem dazu benützt, Tierkörper mit Farbe zu erfüllen, also größere Flächen zu färben. Die aufgebrachten Konturen selbst scheinen gelegentlich durch Schablonen gegen das Heruntertropfen oder Ausrinnen der Farbstoffe gesichert worden zu sein, wozu die bewegliche, vom Maler oder einem Helfer gehandhabte Schablone vielleicht einen mit saugfähigem Material besetzten Rand besaß.

Trotz dieser variierenden Techniken je nach Untergrund und Rohmaterial ergab sich, daß der Stil der Wandmalereien selbst von diesen dinglichen Voraussetzungen unbeeinflußt blieb. Leroi-Gourhan schließt daraus, daß die Maler, deren Werke wir im frühen Magdalénien, also um 18 000 bis 15 000 vor Christus finden, ihre Meisterschaft bereits ererbt hatten, das heißt, daß die Malerei und ihre Beherrschung wesentlich älter sind als ihre auf uns gekommenen Zeugnisse in den verschiedenen Höhlen: Es fällt kein Meister vom Himmel, schon gar nicht in jener Epoche der Menschheitsgeschichte, in der unsere Vorfahren noch Zehntausende von Jahren brauchten, um eine neue Technik der Steinwerkzeug-Herstellung zu entwickeln.

Keine Frage des Stils, sondern des zur Verfügung stehenden Raums scheint die Größe der Figuren zu sein. Lascaux zeigt uns deutlich, daß die Maler die Wände zu nützen verstanden und zu nützen suchten; sie gingen mit manchen ihrer Tierdarstellungen resolut bis an die Decke, und der Auerochse wurde dann eben so hoch, wie er werden konnte.

Anderswo hingegen, in Lascaux und in anderen Höhlen, zeigen sich die bis heute nicht zufriedenstellend erklärten Übermalungen. Warum wählte der Maler hier nicht ein kleineres Format, das ihm gestattet hätte, seine Gemälde noch zwischen jenen der Vorgänger unter- beziehungsweise anzubringen? Die Eiszeitmaler müssen ein sehr spezielles Verhältnis zu dem Raum gehabt haben, den sie bemalen wollten, und es ging ihnen dabei ebensowohl um eine gewisse lockere Symmetrie als auch um jenen Rhythmus, der wohl am meisten zu bewundern ist. Grundsätzlich, aber nicht überall, wurde wohl das erste darzustellende Tier in die optische Mitte der ganzen Fläche gesetzt. Tier zwei und drei erhielten ihren Platz in der optischen Mitte der links und rechts frei gebliebenen Flächenteile. Wurde dieses Verfahren weit genug fortgesetzt und auch von späteren übermalenden Künstlern befolgt, so ergab sich naturgemäß ein gelegentlich sehr verwirrendes, im ganzen aber natürlich-rhythmisches Gewoge der Tiere auf den Wänden, und das um so mehr, als der Boden, die Erd-Linie, an die der Künstler wohl gar nicht dachte, auch nicht eingezeichnet war: das Tier selbst war wichtig, es erschien losgelöst an der Höhlenwand und war damit etwas anderes geworden als draußen in der freien Natur. Eine ähnliche Unbefangenheit spricht schließlich auch aus der sogenannten verdrehten Perspektive, das heißt zum Beispiel aus der Darstellung des vollen Geweihs, auch wenn es nur von der Seite her sichtbar gewesen sein kann.

Soviel Aufmerksamkeit man den Fragen der Perspektive

auch gewidmet hat, – je mehr Höhlen und Wandmalereien entdeckt wurden, desto deutlicher ließ sich erkennen, daß in diesem Punkt verläßliche Entwicklungen und damit zumindest relative Datierungen nicht zu gewinnen seien. Ganz offensichtlich am Ende des Magdalénien entstandene Gemälde zeigten noch das verdrehte Geweih, während ältere Darstellungen in anderen Höhlen in moderner Perspektive gehalten waren. Bedenken wir auch, daß die ägyptische Kunst, zehntausend Jahre nach der franco-kantabrischen Höhlenmalerei, rigoros aperspektivisch war und blieb, in einer beinahe sakralen Konsequenz, die denn auch ihre ganz besonderen Wirkungen hatte. Und wie würden Archäologen des vierten oder fünften nachchristlichen Jahrtausends unsere Kunst beurteilen, wenn sie bei Ausgrabungen nichts anderes fänden als drei Gemälde von Pablo Picasso, aus seiner kubistischen Periode, die sich in einem Atombunker erhalten haben?

Der beherrschende Eindruck, den uns die hundert Höhlen und ihre Kunst vermitteln, besteht zweifellos darin, daß diese Kunstübung allgemein war und daß sie einen wichtigen Bestandteil des Lebens bildete. Sie war nicht der schöne Luxus, als den wir sie heute am Rande unseres Daseins in der Wohlstandsgesellschaft mitlaufen lassen, sondern sie bildete die geistige Mitte eines noch vagen und vorwiegend extravertierten Selbstverständnisses; sie gab dem Menschen der letzten Eiszeit die Möglichkeit an die Hand, seine Umwelt nachschaffend zu bewältigen, seine tägliche Selbstbewährung im jagdlichen Kampf in die sakrale Ebene hinaufzuheben. Gemälde und Statuetten erlangen auf dieser frühen Stufe der Menschheit bereits jene Bedeutung, die ihnen später, in Ägypten wie in China, ein ausgereifter Totenkult, ein etablierter Jenseitsglaube geben werden. In seiner Kunst und mit ihrer Hilfe nimmt der Mensch des Magdalénien das vorweg, was er mangels Realienkenntnis und intellektuellen Trainings auf andere Weise noch nicht erklären, nicht umreißen, nicht eingrenzen könnte. Gefühlsleben und Sinnesleistung sind voll entwickelt, die Beobachtungsgabe schärfer als die unsere, die Naturvertrautheit als ein Einssein mit dem Umfeld anzusehen: nur der Pinsel in ihrer Hand schafft jene schöpferische Distanz, in der diese Künstler die Vorstufe der Erkenntnis erreichen.

Aus all diesen Gründen erzählt der Eiszeitmensch in seinen Bildern so gut wie gar nichts; die Szenen, in denen dies geschieht, sind die kargen Ausnahmen, neben den aus Lascaux erwähnten verdient eigentlich nur noch ein verwundet vor einem Bären liegender Jäger Beachtung (Peschialet); hingegen wird die bildnerische Erfassung des tierischen Gegenübers immer souveräner, sie gewinnt an Details und setzt sich schließlich über sie hinweg, als habe die errungene Meisterschaft plötzlich keine Bedeutung mehr. Das allzubekannte Tier wird zum Symbol reduziert, auf ein paar Charakteristika zurückgeführt, wird nicht gerade zum Abstraktum, aber zum Siegel, ähnlich jenen Symbolen für das Weib und sein Geschlecht in der Vorzeitkunst (vgl. S. 198 ff.).

Wer den Weg aus der Farbe in die Zeichnung, aus der Impression in die Abstraktion miterleben will, wer in einem Höhlenboden einen Auerochsenkopf in wenigen Matisse-Strichen sehen möchte, der besuche auf dem Weg nach Andorra die Grotte von Niaux, fünfzehn Kilometer südlich der alten Herzogstadt Foix bei Tarascon-sur-Ariège gelegen. Das Vicdessos-Tal ist noch friedlich, der Hauptverkehr zieht durch das Ariège-Tal hinauf zu den neuen Wintersportzentren bei Ax-les-Thermes, es ist wieder eine jener versteckten Lagen zwischen den Hügeln, wie sie bereits der Tautavel-Mensch nutzte. Niaux, nach dem Abbé Breuil eine der sechs wichtigsten unter den zahlreichen Höhlen, ist mit einer Länge von etwa 1 400 Metern sehr groß. Die Malereien beginnen erst 600 Meter vom Eingang, weswegen sie sich so gut erhalten haben, und die eindrucksvollsten finden sich im *Salon Noir*, beinahe 800 Meter von der Außenwelt entfernt – von jenem Eingang, der wie ein Durchschlupf wirkt und die Schönheiten im Berginnern nicht ahnen läßt. Die fünfundzwanzig Auerochsen sind schwarz konturiert, ihr Fell mit den langen Haaren ist durch Schraffierung angedeutet, man sieht gleich-

sam die zotteligen Untiere vor sich, und nicht wenige sind bereits von den Geschossen der Jäger getroffen. Die Linien sind sicher, souverän und ohne Scheu vor Sujet und Aufgabe an den Wänden hingezogen, und die gleiche Freude an der schöpferischen Betätigung führt den Matisse des Magdalénien auch weiter, zu den Linien, die er in den Lehmboden des *Salon noir* zieht. Ein Ur mit großem Auge entsteht vielleicht binnen Minuten, dazu Forellen in meisterlicher Darstellung.
Die Höhle geht dann noch weiter, über den Kultraum, den schwarzen Salon hinaus, und auch diese Fortsetzung war bemalt, ohne daß man heute mit Sicherheit sagen könnte, was die roten Symbole, die sich neben den Resten der Tiermalerei finden, für eine Bedeutung hatten. Daß hier Kulthandlungen stattfanden und daß in ihnen die großartigen Tiermalereien eine besondere Rolle spielten, ist durch Niaux ebenso bestätigt wie die Tatsache, daß der kampfstarke und in seiner Wut ungeheuer mutige Auerochse der dämonisch-mächtige Gegner war, um den es in diesen Schamanen-Ritualen ging. Das Symbol, als Ergänzung des Höhlenbildes zu erkennen, ist noch nicht gedeutet und vielleicht auch nicht deutbar. Alexander Marshack vom Peabody-Museum of Archaeology and Ethnology der Harvard-Universität hat jedoch schon angedeutet, daß die bislang vernachlässigte Prüfung aller nichtgegenständlichen Vorzeitkunst und des zugehörigen Kunstgewerbes uns da weiterhelfen wird. Symbolgruppen und Symbolreihen werden, wie bei der Entzifferung von Geheimschriften, den Weg nicht nur zum Verständnis dieser Symbole weisen, sondern damit auch zur geistigen Welt des Menschen in jener sehr fernen Zeit. Mikroskopische Prüfungen verschiedener Kleingeräte haben bewiesen, daß diese erst mit Verzierungen und Bildnisdarstellungen versehen wurden, als sie beim praktischen Gebrauch Schaden genommen hatten oder zerbrochen waren. Sie beginnen dann eine traditionsreiche Symbolik zu tragen, die erhalten bleibt, als die Höhlenmalerei um 12 000 vor Christus endet, und die zum Unterschied von dieser im wesentlichen auf Frankreich, Spa-

nien und den Mittelmeerraum beschränkten Malkunst sich im ganzen Cro-Magnon-Bereich verbreitet, bis hinein nach Rumänien und nach Norden ins vorzeitliche skandinavische Altertum.

Das Nebeneinander jener magischen Groß-Kunst an den Höhlenwänden und auf den Felsen mit winzigen (auch an Höhlenwänden oft winzig angebrachten) Darstellungen von Figürchen und Symbolen ist in seinen menschlichen und gesellschaftlichen Ursachen noch völlig ungeklärt, wie die Position des Künstlers selbst in einer Urgesellschaft, »die möglicherweise alles andere denn primitiv war«. (Leroi-Gourhan)

DRITTES BUCH

*. . . und wer weiß, ob nicht auch
der ganze Mensch wieder nur ein Wurf
nach einem höheren Ziele ist?*

Goethe im Juni 1809 zu dem
Weimarer Legationsrat Falk

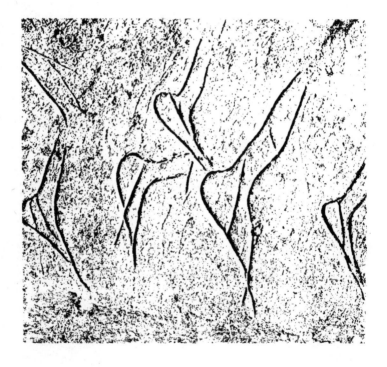

Frauenkörper im Profil (Ritzungen aus der Endphase der Eiszeit. Museum von Les Eyzies).

Der menschliche Mensch

Endlich! möchte man ausrufen, und es war ja tatsächlich ein langer Weg. Nun aber ist er da, mitten in jenem südfranzösischen Paradies an den Flüssen Vezère und Dordogne, und er unterscheidet sich vom heute lebenden Menschen so wenig, daß wir ihn, ginge er modisch gekleidet durch eine unserer Städte, wohl nur daran erkennen könnten, daß er die eine oder andere Autohupe mit einem Mammuttrompeten verwechseln würde.
Bei dem Dorf Cro-Magnon, unweit der uns schon bekannten Kleinstadt Les Eyzies de Tayac und heute in der Nähe ihres Bahnhofs gelegen, wurden 1868 beim Bau eben dieser Eisenbahn Höhlen angeschnitten, in denen sich Schädel, Skelette, Werkzeuge, Waffen und Muscheln fanden, die hierhergebracht worden sein mußten, da sie aus dem Atlantik stammten. Man war inzwischen vorgewarnt; die Diskussion über den Eiszeit-Menschen war im vollen Gange, vor allem, seit im nachbarlichen Département Haute-Garonne gleich siebzehn diluviale Skelette der Wissenschaft dadurch entzogen worden waren, daß der Bürgermeister des Kantonshauptstädtchens Aurignac sie – um Weiterungen vorzubeugen und keinen Ärger zu haben – kurzerhand auf dem Ortsfriedhof hatte verscharren lassen: Daß dieser Bürgermeister kein Bauer war, sondern ein Arzt, gehört zu jenen Zufällen der Ge-

schichte, die man schon nicht mehr Kuriosa nennen kann, weil sie zu betrüblich sind.

Bei Les Eyzies also ging man etwas behutsamer vor, benachrichtigte die inzwischen ja bekannten Experten für solche Funde und sicherte damit eine Ausgrabungs-Prozedur, die zwar nicht der modernen Akribie entsprach, aber doch sehr viel mehr Feststellungen ergab als der schlichte Abtransport der Knochen in irgendein Museum. So zeigte sich, daß der Schädel eines alten Mannes von Stalagmiten eingeschlossen worden war – ein unschätzbarer Beweis für sein hohes Alter –, und daß eiszeitliche Jagdtrophäen wie zum Beispiel ein Mammut-Stoßzahn dazu gedient hatten, die Höhle wohnlicher zu machen, das Feuer zu schüren usf. Eine Vorwelt-Tragödie erschloß sich, als in einem weiblichen Schädel eine todbringende Verletzung am Stirnbein entdeckt und auch gleich die Tatwaffe gefunden wurde, ein Faustkeil, der in das Knochenloch paßte. Neben der jungen Mutter lag ihr Kind, und um die beiden verstreut zahlreiche Schalen verschiedener Muscheln, darunter auch nicht wenige der im Meer lebenden Purpurschnecke. Viele dieser Muschelschalen waren durchbohrt, wohl nicht, um sie als Zahlungsmittel aufzureihen, sondern um sie als Schmuck aufzufädeln.

Die fünf Skelette von Cro-Magnon – der alte Mann, zwei jüngere Männer, die Frau und das Kind – haben dem nun entdeckten, uns so nahe stehenden und vom Neandertaler deutlich unterschiedenen neuen Menschen des alten Europa den Namen gegeben, und er ist ihm geblieben, so viele Funde bald darauf auch an der ganzen Mittelmeerküste, in anderen Teilen Südfrankreichs und im übrigen Europa gelangen. Sie machten deutlich, daß dieser Mensch der letzten Eiszeit einen bedeutenden Fortschritt in der Entwicklung darstelle, einen Fortschritt, der so lange als unerklärlicher Sprung angesehen werden mußte, als man den klassischen Neandertaler noch zu den Vorfahren des Cro-Magnon-Menschen rechnete. Seit klar ist, daß zumindest der klassische Neandertaler ein hochspezialisierter Altmensch ist, der eine Sackgasse der Entwicklung darstellt, ist auch das Cro-Magnon-Rätsel nicht mehr so verwirrend. Die wichtigen Funde am Berg Karmel (vgl. S. 131 ff.) haben uns zumindest einige Punkte jener Entwicklung gezeigt, die vom Homo erectus, dem ersten Menschen, der diese Bezeichnung verdient, einerseits zum Frühneandertaler, andererseits aber zu den archaischen Vorstufen des Cro-Magnon-Menschen führte. Daß zwischen diesen beiden Ästen noch durch Jahrzehntausende Vermischungen möglich waren, hat das Bild kompliziert, die Fund-Deutungen erschwert, die Sachlage als solche aber nicht verändert. Erst der klassische Neandertaler gerät rettungslos in die Isolierung und stirbt in einem Vorgang aus, der nicht minder rätselhaft ist als der Umstand, daß wir eben im Paradies des Cro-Magnon-Menschen, in Frankreich, keine einzige jener Misch-Formen finden konnten, wie sie in Israel und im östlichen Europa in den letzten Jahren zum Vorschein kamen. Die Entwicklung des *Homo sapiens sapiens* aus Typen, die älter als der Neandertaler sind – also aus Frühmenschen vom Swanscombe- oder Fontechevade-Typus –, scheint sich demnach unter den günstigen Verhältnissen in Südfrankreich und am westlichen Mittelmeer geradliniger und vielleicht auch schneller vollzogen zu haben als in anderen Teilen der bevölkerten Hemisphäre.

Es entbehrt also nicht der Berechtigung, wenn Frankreichs Präsident Valéry Giscard d'Estaing 1976, wenige Monate vor dem großen Prähistoriker-Kongreß von Nizza, sagte: *La préhistoire s'intègre au patrimoine national et fait partie de notre héritage* (Die Vorgeschichte fügt sich ein in das elterliche Erbteil der Nation und ist ein Teil des uns Überkommenen geworden). Eine westeuropäische Linie dieser Vollmenschwerdung verläuft vom britischen Swanscombe nach Fontéchevade, wo Mademoiselle Henri-Martin am 16. August 1947 eine fossile Schädeldecke des *Homo praesapiens* fand: vom Themsetal in die Charente! Wie es weiterging, zeigt uns dann die einzigartige Ansammlung von Höhlen in der Dordogne, die mit einer Stadt des frühen Menschen verglichen wurde oder auch mit dem Paradies, nur daß die Ströme dieses Paradieses nicht Euphrat und Tigris heißen, sondern eben Dordogne und Vezère.

Für den Adam in diesem Paradies, den ersten Menschen vom Cro-Magnon-Typus, hielt man lange Zeit den *Alten Mann* aus jener von der Eisenbahn geöffneten Höhle, denn sein gut erhaltener Schädel lieferte die entscheidenden Maße, machte den Unterschied zum Neandertaler ebenso deutlich wie die Nähe, ja, Beinahe-Identität im Verhältnis zum heutigen Menschen. Dieser alte Mann, der vermutlich nicht einmal fünfzig Jahre zählte, wurde seiner Pionierrolle enthoben, als ein wohlhabender Schweizer Kunsthändler namens Hauser 1909 einen noch älteren Vollmenschen fand. Otto Hauser (1874-1932) war einer jener mit Engagement und beträchtlicher Sachkenntnis dilettierenden Randerscheinungen der Forschung, die durch ihr Finderglück schließlich in den Mittelpunkt der Diskussion rückten. 1908 hatte Hauser – jener Wädenswiler Familie entstammend, die auch einen tüchtigen Schweizer Bundespräsidenten hervorgebracht hat – schon den Neandertaler von Le Moustier gefunden, einen sechzehnjährigen Jüngling, dessen Skelett aus der sogenannten Unteren Grotte geborgen worden war. Damals hatte Hauser gewisse Regeln der wissenschaftlichen Ausgrabung nicht beachtet, so daß die genaue Datierung erschwert erschien. Um so vorsichtiger ging er nun zu Werke, als er in einem durch Einzelfunde bereits als aussichtsreich erscheinenden Bereich bei Montferrand im Périgord den Höhlenumkreis von Combe Capelle absteckte und vom Besitzer pachtete. Nun hatte er Zeit und konnte, um sich abzusichern, Autoritäten zur Fundbergung und Fundbesichtigung einladen, voran Professor Klaatsch von der Universität Breslau, aber auch seinen Landsmann Emil Bächler, Museumsdirektor in Sankt Gallen, dessen Hauptforschungsgebiet die Höhlen seiner Heimat waren.
Skelett und Schädel lagen in einem Abri, ein Begriff, der in der Fachliteratur oft unübersetzt übernommen wird, gelegentlich aber auch als Halbgrotte verdeutscht erscheint (so bei Jan Filip). *Abri-réfuge* nannten die Franzosen im Zweiten Weltkrieg die Luftschutzräume. Regenwasser konnte eindringen, und das Sickerwasser hatte gemeinsam mit dem Bo-

denkalk die Reste des Aurignac-Menschen wie in einem natürlichen Abgußverfahren für die Gegenwart aufbewahrt – wiederum also ein besonderer Glücksfall. Bedürfte es ihrer nicht, so würden unsere Museen ja von fossilen Resten überquellen.

Hauser hatte die einzelnen Schichten sorgfältig abtragen lassen, die kennzeichnenden Sachfunde minutiös verzeichnet und bei der Freilegung des Schädels Professor Klaatsch unmittelbar hinzugezogen. Die Fundumstände waren demnach über allen Zweifel erhaben: In zweieinhalb Metern Tiefe hatte sich ein Mensch aus dem frühen Aurignacien gefunden, älter als die Cro-Magnon-Funde, aber vom gleichen Typus und ganz offensichtlich kein Neandertaler. Es fehlten nicht nur die Augenbrauenwülste, sondern auch der gebogene Oberschenkelknochen; der ganze Körperbau war feingliedrig, die Kinnpartie so ausgebildet, daß die Fähigkeit zu artikuliertem Sprechen gegeben erschien. Das Skelett verriet, daß hier auf engstem Raum bestattet worden war, die Schenkel waren angewinkelt, vielleicht hatte sogar eine Fesselung stattgefunden, was auch nach dem Tod erfolgt sein kann, um mit einer kleineren Grube auszukommen. Das Gehirnvolumen lag etwas über dem Durchschnitt des modernen Menschen, die Kopfbildung erwies, daß auch die Partien des Stirn-Hirns, die beim Neandertaler noch zu kurz gekommen waren, sich inzwischen voll ausgebildet hatten. Es gab keinen Grund mehr, diesem vierzig- bis fünfzigjährigen Mann, der vor etwa vierzigtausend Jahren gelebt hatte, die hehre Bezeichnung *Homo sapiens* zu verweigern. Ja, da eine ganze Forschergruppe in den Sechzigerjahren unseres Jahrhunderts dafür einzutreten begann, dem gemütvollen Kannibalen vom Neandertaler-Typus ebenfalls das Prädikat *sapiens* zuzuerkennen, avancierte der Cro-Magnon-Mensch zum *Homo sapiens sapiens*, eine nicht sehr lichtvolle Formulierung.

Wie wenig nützlich sie war, wurde deutlich, als die zunächst auf Westeuropa beschränkte archäologische Aktivität sich auf Mittel- und Osteuropa ausdehnte und die sensationellen Funde in Südmähren die Existenz eines zweiten Aurignac-

Menschen erwiesen, auch er kein Neandertaler mehr, auch er fähig zu sprechen wie wir heute, aber kräftiger gebaut als der Mann von Combe-Capelle und eher mit den Menschen vom Berg Karmel verwandt als mit den Bewohnern der Dordogne-Höhlen.

Předmost bei Prerau, gut hundert Kilometer nördlich von Wien gelegen, bot durch eine ähnliche Klippe wie Solutré die gleichen örtlichen Voraussetzungen für Treibjagden, die mit Tier-Abstürzen enden mußten. Zwischen zahllosen Mammutknochen fanden sich auch viele Skelettreste von Menschen, eine ganze Gruppe von acht Erwachsenen und zwölf Kindern schon 1894, als die Gegend noch österreichisch-ungarisches Kronland war. Auch hier war in jener Hockstellung bestattet worden, bei der verhältnismäßig wenig Raum gebraucht wird; einem der Kinder hatten die Eltern Schmuckstücke mit auf den Weg gegeben. Das Massengrab war mittels großer Mammutknochen (Schulterblätter und Kiefer) abgegrenzt und mit einer Steinschicht zugedeckt.

Die Bedeutung dieses Fundes von der nördlichen Stadtgrenze von Prerau lag in dem Beweis der Ko-Existenz von Menschen der Neandertaler- und der Cro-Magnon-Rasse, denn einzelne der zwanzig Individuen zeigten Neandertalermerkmale, ein Schädel sogar die starken Überaugenwülste. Die zum Teil fliehenden Stirnen fügen sich dennoch nicht voll dem Neandertalertypus ein, sondern deuten in der Stellung des Stirnbeins auf den Übergang zum Cro-Magnon-Typus hin.

Unter den mehr als 40.000 Einzelfunden, die aus den Knochen der etwa tausend Mammute herauszulesen keine einfache Arbeit war, sind die kostbarsten fünf Frauenstatuetten, die aus Mammutknochen geschnitzt wurden und jeweils 12 bis 14 Zentimeter hoch sind, eine nicht genau zu definierende Gestalt, aus Mammutelfenbein geschnitzt und 116 mm hoch, dazu zahlreiche Schmuckstücke aus Tierknochen und Muscheln und die schematisierte Frauengestalt, die in einen Mammutzahn eingeritzt wurde. Die Mammutjäger von Prerau hatten also ein ästhetisches Gefühl, das sie Schmuck lieben und tragen und als Grabbeigabe verwenden ließ, und sie schufen kleine Kunstwerke, von denen naturgemäß niemand sagen kann, ob der Elfenbeinschnitzer Augenbrauenwülste gehabt habe oder nicht.

Das gleiche Nebeneinander von Neandertalern und Cro-Magnon-Menschen zeigten weitere Funde in Mähren (Brünn, Lautsch bei Littau) und im mittleren Wolga-Gebiet. Dort vor allem handelte es sich um Cro-Magnon-Schädel, die jedoch beträchtliche Nähe zum Neandertaler-Typus zeigten. Mittel- und Osteuropa hatten also in relativ reichlichem Maß das geliefert, was in Frankreich so vollständig fehlte: das *missing link* zwischen dem Neandertaler und dem Cro-Magnon-Menschen und dazu den Beweis dafür, daß beide Typen zumindest bei so großen Unternehmungen wie einer Mammut-Treibjagd gemeinsam auftraten. Die Bestattung von Menschen verschiedener Entwicklungsmerkmale in ein und demselben Grab beweist natürlich auch ihre Gleichzeitigkeit. Der Osten Europas war demnach bis hinunter zum Berg Karmel von verschiedenen Abstufungen und Mischungsergebnissen der beiden großen europäischen Rassen, des Neandertalers und des Cro-Magnon-Menschen, bevölkert, und das offensichtlich durch Jahrtausende. Daß sich solche Funde in Frankreich nicht ergaben, daß dort auf einen Neandertaler reiner Ausprägung am gleichen Ort ebenso rein ausgeprägte Cro-Magnon-Menschen folgen, scheint zu beweisen, daß der enge Raum des steinzeitlichen Paradieses zwischen Charente und Ebro härter umkämpft war, während der weiträumige Osten sich als friedlich-brodelnder Schmelztiegel anbot, wo wandernde Stämme nicht genötigt waren, einander bis zur Vernichtung zu bekriegen. Da die Vermischung in Westeuropa, soweit sie überhaupt stattfand, keine allgemeine Bedeutung erlangte, stieg der Höhlenmensch vom reinen Cro-Magnon-Typus auch schneller auf und erreichte eine damals sonst nirgendwo auf der Welt beobachtete schöpferische Fähigkeit, von der die franco-kantabrische Kunst ein eindrucksvolles Zeugnis ablegt.

Trotz dieses Befundes, dem noch viel Hypothetisches anhaf-

tet, weil ja noch nicht der ganze Boden Europas umgewühlt ist, trotz dieser osteuropäischen Promiskuität beim Leben und Jagen bleibt das Postulat aufrecht, mit dem der große Abbé Breuil die Entstehung der Kunst an den Cro-Magnon-Menschen band. Es unterschied zwischen einem »formgebenden, man darf wohl sagen ästhetischen Moment, das bei der Fertigung von Gebrauchsgegenständen mitbestimmend war«, und der eigentlichen bildenden Kunst, deren Ursprung »in der dramatischen Nachahmung von Tieren ... liegt. Erst mit der Ankunft des Homo sapiens in Europa, also um die Mitte der letzten Vereisungsperiode, erscheinen die ersten eindeutigen Zeugnisse einer bildenden Kunst«.
Auch Karl J. Narr spricht von einer »geradezu blitzartigen Erhellung« unseres Bildes von der Vorgeschichte durch die Eiszeitkunst, sie ist, da sie sich ja mit ihren Hauptzeugnissen in Westeuropa findet, mit jener Plötzlichkeit da wie der Homo sapiens sapiens selbst. Und auch das spricht für die existentielle Verbindung zwischen diesem Typus und dieser Stufe schöpferischer Umweltbeziehung. Der Altmensch richtete sein beträchtliches Schöpfertum noch auf andere Gegenstände; diese Gegenstände des täglichen Gebrauchs und die Waffen, wenn auch nicht ganz ohne ästhetisches Arrangement, können nach Breuil der Kunst nicht zugezählt werden (von Joseph Beuys wußte der gute Abbé ja noch nichts).
Damit scheint nun zweierlei klar zu sein. Erstens: die Kunst kam mit dem neuen Menschen und dessen senkrechtem Stirnbein, und zweitens: dieser neue Mensch entwickelte sich in der relativ kurzen Zeitspanne zwischen dem Swanscombe- und dem Berg-Karmel-Datum, also zwischen dem Ende der Mindel-Riss-Zwischeneiszeit vor 150 000 Jahren und den Radiocarbon-Daten vom Berg Karmel, die zwischen 49 000 und 45 000 vor unserer Gegenwart liegen. Rund hunderttausend Jahre hätten demnach genügt, das menschliche Gehirn zu höheren Funktionen fähig zu machen und – was beinahe noch unglaublicher ist – die menschlichen Kiefer-, Gaumen- und Schlundpartien so zu verändern, daß artikuliertes Sprechen auch in längeren Zusammenhängen möglich wird.

Es ist durchaus verständlich, daß vor allem die Forscher, die den Menschen und seine Entwicklung strikt naturwissenschaftlich, ja beinahe zoologisch sehen, solch überstürzten Entwicklungen gleichsam in einem plötzlich eintretenden Beschleunigungsvorgang ernsthafte Zweifel entgegensetzen. Da aber zum Beispiel der Swanscombe-Fund absolut zuverlässig zu datieren war und es darüber auch keinerlei Diskussionen gibt, und da andererseits die Radiocarbon-Datierungen mit in diesen Fällen unwesentlichen Unschärferändern von 2 000 Jahren auf und ab arbeiten, gibt es eigentlich nur eine einzige Erklärung: irgendwo zwischen der Themse und Südafrika muß sich eine eigene Entwicklungslinie des Menschen angesiedelt haben, auf welcher die östliche der nach Europa zielenden Haupt-Entwicklungen überholt worden ist. Als Stützpunkte dieser Theorie haben sich jene Funde angeboten, die 1954/55 und 1961 in Nordafrika gelangen. Bei dem ersten Fund handelt es sich um gut erhaltene Unterkiefer vom Homo-erectus-Typ in auffälliger Verwandtschaft mit den Tschukutien-Menschen, die ja kulturell durch Feuerbesitz und Feuerkult einen gewissen Vorsprung vor ihren Zeitgenossen und anderen Menscheninseln der Altsteinzeit anzumelden hatten. Verblüffend ist diese auffallende Ähnlichkeit lediglich wegen der großen geographischen Distanz zwischen Peking und Oran. Howell konstatierte mit dem ganzen Gewicht seiner Autorität, zwischen dem marokkanischen Ternifine-Menschen und jenem der ersten Tschukutien-Schicht bestünden gerade eben so viele Unterschiede, wie sie sich durch die große Entfernung erklären lassen, nicht mehr.
Ebenfalls in Marokko, und zwar sechzig Kilometer südlich der Stadt Safi, wurde von Arbeitern dann zwischen 1961 und 1968 eine weitere Fundstelle ausgebeutet, die zwei Schädel und einen Kinder-Kiefer erbrachte. Nachdem man im ersten Augenblick diese Funde in die Nähe des Neandertalers gerückt hatte, zu dem sie zeitlich gehören, haben genauere Messungen *more modern affinities* (Michael H. Day) ergeben. Afrika mit seinen Mittelmeerischen Randgebieten, Spanien

und Frankreich, das damals durch einen beinahe trockenen Ärmelkanal noch mit England verbunden war, können also durchaus die Wiege jenes Menschen gewesen sein, als dessen krönende Entwicklung uns der kunstbeflissene Jägerstamm der franco-kantabrischen Höhlenlandschaften schließlich entgegentritt.

Da wir nun einmal bei den Hypothesen sind, schneiden wir auch die wichtigste aller offenen Fragen aus der mittleren Altsteinzeit und aus der europäischen Vorgeschichte an – die Frage nach dem Schicksal des Neandertalers, nach Verbleib und Untergang einer Rasse, die einst Europas Gesamtbevölkerung stellte und rund um das Mittelmeer nachgewiesen ist. Massengräber, so wie wir sie für die Mammute und Wildpferde fanden, sind ebensowenig zum Vorschein gekommen wie Höhlen mit Tausenden von Neandertaler-Knochen in der Art der Höhlenbären-Massierungen in schweizerischen und steirischen Drachenlöchern. Wo also sind sie geblieben?
Das Untergehen einzelner Völker und Zivilisationen läßt sich ja auch in geschichtlicher Zeit noch beobachten; bei anderen kündigt es sich an oder vollzieht sich, wie das Aussterben mancher Pygmäenvölker, beinahe unter unseren Augen. In Melanesien, im Südosten von Festland-China, im Altai und auf dem indischen Subkontinent gehen rassisch sehr eigenständige Altvölker inmitten einer gnadenlos fortschreitenden Entwicklung einem Ende entgegen, das kaum jemanden zu interessieren scheint. Aber der Fall der Neandertaler liegt doch wohl anders. Hier ist eine Gesamtbevölkerung unseres Kontinents ausgetauscht worden in einem Vorgang, der nicht nur unbekannt ist – was normal wäre angesichts der großen zeitlichen Distanz –, sondern für den es auch keine plausiblen Hypothesen gibt. Es scheint beinahe denk-unmöglich, daß ein ganzer Erdteil seine Fauna und seine Flora im wesentlichen behält, den Menschen dazwischen aber mit einer erdgeschichtlich gesehen verblüffenden Plötzlichkeit abschüttelt, eines Tages einfach nicht mehr akzeptiert – und das, obwohl der Neandertaler sich, soweit wir sehen können, weder an

der Natur noch am gesamten ökologischen Haushalt unseres Planeten in irgendeiner Form versündigte. Seinem Nachfolger jedenfalls, dem sogenannten *Homo sapiens sapiens*, wird man in dieser Hinsicht sehr viel ernsthaftere Vorwürfe machen müssen.

Man hat viele Neandertaler gefunden, aber alle diese Funde haben die Substanz der Aussage so wenig variiert, daß unser Gesamtwissen vor allem vom Leben und Verhalten dieses Altmenschen, der sich offensichtlich selbst überlebt hat, sehr gering geblieben ist. Wir wissen zum Beispiel, daß er bei der Jagd eine gleichsam hegerische Auswahl traf und daß sich innerhalb der fossilen Tiermengen von Mauer bei Heidelberg nur Elch*kühe* fanden, keine Bullen. Der Neandertaler begnügte sich also nicht mit der Fallgrube, sondern machte sich die Mühe der Jagd auf die schnellen Elche, um der Selektion willen.

Sehr bekannt und gut belegt ist auch der Bärenschädel-Kult in den Gebirgshöhlen, also der Glaube an tierische Gottheiten, und die Bestattungssitten. Neben einer Reihe von Funden, bei denen man lediglich den Eindruck gewinnt, hier sei eine ganze Familie überfallen, erschlagen und aufgefressen worden (Krapina), gibt es inzwischen eine Anzahl einwandfreier Bestattungen: unter dem Abri von La Ferrassie (wo auch eine ganze Familie beigesetzt wurde, wohl von den Überlebenden eines Überfalls), in La Chapelle aux Saints, Le Moustier, im belgischen Spy und in Teschik-Tasch (Kinderbestattung in Usbekistan). Angesichts der pietätvollen Beisetzung mit Grabbeigaben kann die festgestellte Fesselung in der Hockstellung nicht auf eine Hinrichtung deuten, sondern entweder auf die Raumnot im Grab oder aber auf die Angst der Zurückgebliebenen vor einer Rückkehr der Toten. Der Neandertaler beschäftigte sich also mit dem Leben nach dem Tode und registrierte Ahnungen und Ängste, die ihm die gespenstische Wiederkehr seiner verstorbenen Verwandten oder Bekannten suggerierten.

Diese Einstellung zu den Toten hatte den Neandertaler nicht gehindert, fremde Erschlagene und eigene Verstorbene zu

verzehren, vielleicht sogar regelmäßig. Der 1976 in Terracina verstorbene vordem Tübinger Anthropologe Wilhelm Gieseler hat nachgewiesen, daß an den Fundplätzen Krapina (Jugoslawien), La Quina (Frankreich) und Weimar-Ehringsdorf Kannibalenmahlzeiten stattgefunden hatten. Die Menschenknochen waren verstreut, zum Teil angekohlt, mit Knochen von eßbaren Tieren vermengt; die relativ zahlreichen Unterkiefer-Funde bei fehlender Schädeldecke sind darauf zurückzuführen. Der italienische Prähistoriker A. C. Blanc, der sich besonders eingehend den Funden vom Monte Circeo (vgl. S. 145 ff.) widmete, konnte nachweisen, daß Schädel-Öffnungen und Gehirnentnahmen genau so erfolgten wie bei melanesischen Kannibalen geschichtlicher Zeit. Der Schädel vom Monte Circeo wurde danach zeremoniell beigesetzt!
Derlei deutet natürlich auf kultischen Kannibalismus hin, vor allem, da man in jener Höhle südlich von Rom nur den Schädel und von diesem Mann keine anderen Knochen fand. Er war also vor der Höhle, vielleicht in einem Opferfest, enthauptet worden, wonach das Gehirn entnommen und dann nur der Schädel selbst in der Höhle beigesetzt wurde. Ganz ähnlich lagen die Verhältnisse zur Neandertaler-Zeit auf Java: Die Ngandongschädel aus der zweiten Hälfte der letzten (europäischen) Eiszeit zeigen Hiebverletzungen und haben sich ohne zugehörige andere Skeletteile erhalten. Sie wurden als Trophäen oder aus rituellen Gründen gesondert behandelt und aufbewahrt, wenn nicht die Neandertaler von Java schon ausgesprochene Kopfjäger waren.
In summa folgt daraus jedenfalls, daß dieser Altmensch mit dem fliehenden, um die wichtigsten Stirnhirnpartien betrogenen Schädel doch geistiges Leben genug entwickelt hatte, um seine Umwelt nicht blindwütig, etwa durch die Tötung der Zuchtbullen, zu schädigen, und daß er an höheren Geistesfunktionen immerhin religiöse oder doch abergläubische Vorstellungen entwickelte. »Neandertaler sind morphologisch keine Pygmäen, sie waren es auch geistig nicht. Neandertaler sind zwar nicht unsere unmittelbaren Vorfahren; sie waren aber mit bestimmten Qualitäten ausgestattet, die wir

nur als menschliche bezeichnen können.« (Gieseler) Kannibalen sind auch Menschen. Warum aber durften sie auf den Fidschi-Inseln so lange leben und in Europa nur bis in die letzte Eiszeit?
Dieses Stichwort bietet vielleicht eine Erklärung, eine Möglichkeit zu einer der vielen Erklärungen, die in den letzten Jahren vorgebracht wurden, denn die Würm-Eiszeit, die lange, letzte Eiszeit, hatte eine große Lücke – groß zumindest für die Menschheitsgeschichte, winzig im Vergleich zu den geologisch notierten Zeiträumen: Um 36 000 vor Christus setzte, als Schwankung innerhalb der Eiszeit, eine wärmere Periode ein, die etwa 10 000 Jahre lang dauerte. In zehntausend Jahren kann sehr viel geschehen, es ist fünfmal der Zeitraum, der uns von Cäsar oder von Jesus Christus trennt. Nur eines konnte nicht geschehen: der an die arktischen Verhältnisse in Europa extrem angepaßte klassische Neandertaler konnte sich nicht mehr umstellen, sich nicht abermals und neuerlich anpassen. In den kältesten Würm-Phasen hatten die Alpengletscher und die skandinavischen Gletscher sich soweit ausgedehnt, daß sie nur noch fünfhundert Kilometer voneinander entfernt waren. In diesem Gürtel, der von den riesigen Eisfeldern auch klimatisch beherrscht wurde, hatten die europäischen Neandertaler nur überleben können, weil sie zu Lebewesen der Tundren geworden waren. Und die Gletscher hatten sie gegenüber der Gesamtentwicklung der Menschheit in anderen milderen Gebieten isoliert.
Nun aber, am Ausgang des Moustérien, wurde es wieder warm. Es war keine Zwischeneiszeit. Es war nur eine Schwankung, und Schwankungen kommen sehr viel plötzlicher als große klimatische Umstellungen. Der Neandertaler war, wie wir aus seinen Skeletten und Kiefern wissen, von einer Reihe von Mangelkrankheiten befallen gewesen, deren sichtbarste die Rachitis war. Virchow hatte seine Fehldiagnose am Düsseldorfer Neandertalerfund ja darauf aufgebaut, daß ein so kranker Mensch unter den schwierigen Verhältnissen der Vorzeit gar nicht hätte leben können. Er lebte auch nicht mehr lange, er war schon im Sterben begriffen.

Als eine norwegische Suchexpedition im fünfzehnten und danach wieder im sechzehnten Jahrhundert Ausschau nach der Wikingerkolonie auf Grönland hielt, da fand sie auch nur noch verkrümmte Skelette, gezeichnet von Rachitis und hochgradigem Skorbut, Menschen, die durch Generationen vitaminarme und einseitige Nahrung zu sich genommen hatten und die dann, eben weil sie schwach und degeneriert waren, dem relativ kleinen Nachbarvölkchen der grönländischen Eskimos erlegen waren.
Es waren keine Eskimos, die in der anbrechenden wärmeren Zeit nach West- und Mitteleuropa vordrangen, sondern die in klimatisch günstigeren Gegenden an Europas südlichen, südwestlichen und östlichen Rändern inzwischen weitergediehenen und weiterentwickelten Menschen von jenem Typus, den man immer noch der Einfachheit halber Cro-Magnon nennt. Sie schoben sich in die nun eisfreien Zonen, sie umgingen die nun nicht mehr durch riesige Gletscher unmäßig ausgedehnte Alpenbarriere und überwanden auch die Pyrenäen. Sie trafen auf eine Neandertaler-Bevölkerung, die den Neuankömmlingen an Körperkraft wohl überlegen war, aber in Kleingruppen entsprechend den eiszeitlichen Existenzbedingungen lebte und auch nicht imstande war, sich angesichts der nun drohenden Gefahr schnell genug zusammenzuschließen. Denn selbst wenn man annimmt, daß das Denkvermögen und die kombinatorischen Fähigkeiten des Neandertalers zur Organisation der Abwehr ausgereicht hätten – was ganz bestimmt nicht ausreichte, das war sein Sprechvermögen. Es wurde von Spezialisten anhand der fossilen Reste genau studiert, Rachen, Kehlkopf und Resonanzkammer wurden geprüft, und das Ergebnis war niederschmetternd: der Neandertaler verfügte nur über etwa ein Zehntel unseres Ausdrucksvermögens; das, was wir Artikulation nennen, war ihm fremd, er mußte sich mit seinen Artgenossen in rauhen, kehligen Warnrufen verständigen, verfügte zweifellos über ein sachdienliches Miniatur-Vokabular aus Begriffen der Jagd und des täglichen Lebens, war aber gewiß nicht daran gewöhnt, sich der Sprache in unserem Sinn zu bedienen.

In der geringen Zahl, der großen Aufsplitterung und der kommunikativen Unterlegenheit mögen ebenso starke Gründe für den Untergang des Neandertalers gegeben gewesen sein wie in der Degeneration der durchs Eis isolierten Gruppen, dem Vitaminmangel, der reduzierten Anpassungsfähigkeit an die neuen Verhältnisse. Das erste Opfer des neuen Homo sapiens sapiens, des wissenden menschlichen Menschen, war der alte Mensch, der Altmensch aus dem Neandertal. Vielleicht hatte man ihm den Ehrentitel Homa sapiens neandertalensis doch zu Unrecht verliehen, war doch über Nacht ein Homo balbulus moribundus aus ihm geworden. Der große Virchow, der sich auf seinem eigenen Gebiet und auf dem seiner Liebhabereien nicht selten kräftig geirrt hatte, sollte nun doch noch recht bekommen: ein Mensch dieser Art mit solchen schweren Erb- und Degenerationsschäden war unter den harten Lebensbedingungen der Eiszeit nicht mehr existenzfähig.

Ob der Homo sapiens sapiens seine doppelt bestätigte Weisheit zunächst dadurch bekundete, daß er sich im franco-kantabrischen Höhlenparadies nun ebenfalls kannibalisch wohl fühlte und den Muskelmenschen aus dem Moustérien auch für die Familientafel jagte, wissen wir nicht sicher. In Westeuropa jedenfalls vollzog sich der Untergang des Neandertalers mit bemerkenswerter Promptheit, wie in einem einzigen großen und wohlorganisierten Feldzug. In Italien, vor allem aber in Osteuropa, ging er in der Überzahl seiner Feinde auf, wurde aber nicht sogleich ausgerottet, weil hier die Gebirge und die Gletscher den Lebensraum nicht einengten und die Erfahrungen des Neandertalers bei den Jagden, seine Ortskenntnis und sein Mut den Neuankömmlingen nützlich werden konnten. Vielleicht setzte man ihn in dem Sinn ein wie später die Jagdherren der polnisch-böhmisch-österreichischen Feudalherrschaften ihre Treiber. Jedenfalls lagen nicht wenige Neandertaler *unter* den Mammuten, die sie auf die Klippe von Prerau hatten hinaufjagen müssen.

Das schnelle Ende des Neandertalers im Westen begrenzte die Möglichkeit der Paarungen oder, menschlicher gesprochen, der Kopulation mit dem neuen Menschen auf wenige, vielleicht sogar nur zwei Generationen. Die jungen Frauen und die Mädchen der Neandertaler-Spezies mögen dadurch eine gewisse Überlebenschance gewonnen haben, aber die Kombinationen der Erbmasse blieben zweifellos unerheblich angesichts der Kürze des Miteinanders und der Überzahl der Einwanderer. Im Osten, Südosten und Süden währte die Phase der Koexistenz offensichtlich länger; hier war aber auch die Zahl der einströmenden neuen Menschengruppen wesentlich höher, die Front des Angriffs breiter und tiefer gestaffelt. Darum hat George Constable zwar zweifellos recht, wenn er sagt: »Es ist äußerst unwahrscheinlich, daß die Gene der westeuropäischen Neandertaler völlig aus dem Erbgut der Menschheit verschwanden«, ebenso klar ist aber, daß die nun schnell anwachsende Bevölkerung Europas diese Gene stark mit der Vielfalt ihres Erbgutes überlagerte. Denn die Menschheit bestand schon lange nicht mehr aus wenigen und isolierten Gruppen; das hatte allenfalls der Neandertaler zwischen der nördlichen und der südlichen Eisbarriere glauben können.

In einer leeren Welt mit großem Tierreichtum hatten sich inzwischen Jäger- und Sammlervölker ohne nennenswerte Hemmnisse vermehren können. Zwar fand sich da und dort ein Skelett, das durch einen herabbrechenden Höhlenfelsen zerschmettert worden war, und aus der Höhlenmalerei wissen wir auch, daß der Auerochse und der Höhlenbär gelegentlich einen Jäger töteten. In der Regel aber wurden dem Menschen nur seine Artgenossen gefährlich, und da sie alle vorläufig noch eine Menge Lebensraum vorfanden, stieg die Stärke der wandernden Gruppen zu Sippen und die der Sippen endlich zu Stämmen an. Die Kombinationsmöglichkeiten bei der Kopulation wuchsen durch die größere Bevölkerungszahl und durch die in der Warm-Epoche der Würmzeit nun wieder möglichen Wanderungen. Sich ausbreitende Menschengruppen vermehren sich gleichsam proportional zum gegebenen Raum, trachten ihn zu erfüllen, empfinden die neuen Lebensräume als Aufforderung, sie zu bevölkern und zu bewohnen.

13 a *Die noch heute sehr stille und dünn besiedelte Hügellandschaft der Corbières nordwestlich von Perpignan birgt Wohnhöhlen aus der Vor-Neandertaler-Zeit.*

3 b *Im südfranzösischen Agly-Tal mit seinen Seitentälern siedelte der Mensch schon vor 400 000 Jahren.*

14 *Der Canigou mit seinen vier Gipfeln gilt seit Jahrtausenden als heiliger Berg. An seinem Fuß konzentrierten sich Schafhaltungsgemeinschaften im Übergang vom Nomadentum zur Seßhaftigkeit.*

15 a *Glockenbecher und Armschutzplatte. Fundort: München-Pasing und Stafferstetten, Niederbayern.*

15 b *Geräte des Mesolithikums. Angelhaken und Harpunen, im Havelland gefunden.*

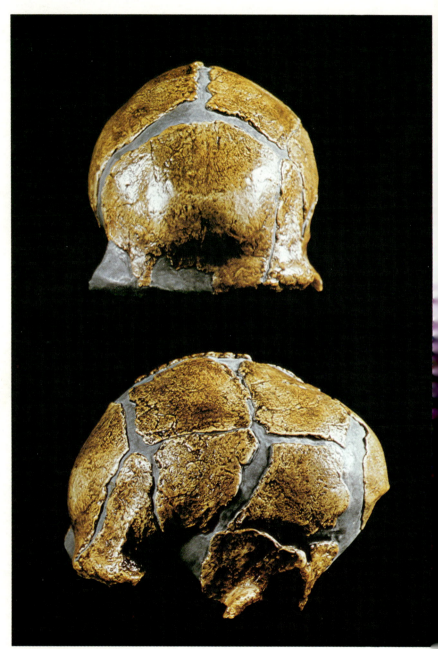

16 Schädel von Weimar-Ehringsdorf (Schädelcalotte).

Die gefährliche Inzest- und Inzucht-Situation der Kleingruppen war überwunden, die Mischung steigerte die körperlichen und geistigen Möglichkeiten, und die nun entstehende Vielfalt der Körper- und Schädelformen schuf für die Paläo-Anthropologen eine Fülle von Problemen.
Die Zeit, in der man aus Schädelformen, Knochenstärken und anderen vom Skelett zu beziehenden Kriterien weitreichende Schlüsse ziehen und ganze Bevölkerungen klassifizieren konnte, geht zu Ende. Die Vielfalt ist zu groß, die Variationsbreite des *homo sapiens* wird nach allen Seiten ausgeschritten und – der Mensch selber ist zu unstet. Während die letzten Gruppen der Altmenschen, Neandertaler oder mit ihnen lebende früheste Cro-Magnon-Menschen, vor der Woge der Neuankömmlinge in den Nordwesten zurückweichen und auf den Inseln vor der bretonischen Küste unzugängliche Refugien aufsuchen, beginnt im weiten eurasischen Raum die letzte Phase gemeinsamer Existenz. Ein paar Jahrtausende lang werden noch die Jäger und die Sammler den Herden und Rudeln folgen, von China nach Sibirien ziehen, von Sibirien zum Ural, vom Ural nach Europa und aus Europa wieder in den Norden zwischen dem heutigen Finnland und den großen Eismeerzuflüssen.

Die meisten dieser Wanderungen absolvierte der Mensch auf der Spur jener Tiere, von denen zu leben er gewöhnt war. Nur ausnahmsweise blieb er an einem bestimmten Ort, ohne sich um die Tierwanderungen zu kümmern. Das war dann der Fall, wenn eine Region besonders günstige Voraussetzungen für eine Dauerexistenz schuf wie etwa die seit einer halben Million von Jahren von Vor- und Frühmenschen genützte Höhlenlandschaft an der Vezère, in nächster Nähe so reicher Wildvorkommen, wie sie das Pyrenäenvorland und das Plateau Central boten. Zu ähnlichen frühen Zentren der Seßhaftigkeit unter Beibehaltung des Jägerdaseins scheint es in China und in Indien gekommen zu sein, während Sibirien, Australien und Amerika relativ lange ohne Menschen blieben.

Um die Zeit der Höhlenmaler, also zwischen 25 000 und 10 000 vor Christus, scheinen die klugen Elefanten Europas, die Mammuts, die Bedrohung ihrer Existenz erkannt zu haben. Sie begannen, dem Menschen die wärmeren Gebiete zu überlassen, aber die Rechnung ging nicht auf. Das Mammut war zu kostbar, es gehörte schon zu lange in die gewohnte Umwelt des Eiszeitjägers, ganz abgesehen davon, daß auch religiöse Bindungen an die charakteristischen Tiere jener Epoche denkbar sind, die den Menschen nicht nur aus materiellen, sondern auch aus geistigen Gründen nötigten, dem Mammut zu folgen, wohin immer es zog, und den Rentierherden auf den Fersen zu bleiben, als sie sich – viel später als das Mammut – aus Mitteleuropa nach Norden aufmachten.

Die Karte der Mammut-Funde im Gebiet der heutigen Sowjetunion ist ein erschütterndes Dokument einer Tierflucht, eines vergeblichen Versuchs zu entrinnen. Das stärkste Tier der Eiszeitfauna drang auf der Flucht vor dem Menschen, vor den Feuerbränden und den Fallgruben, bis an die Ränder der Kontinente vor, tief hinein in Länder, die als unbewohnbar gelten durften und es zum Teil heute noch sind. Petrikov, im Einzugsgebiet des oberen Dnjepr gelegen, ist noch einer der europäischen Fundorte; Taimir liegt unweit der Eismeerküste östlich von Novaja Semlja; und Sanga Jurak, die Liakhov-Insel und das Lena-Delta liegen nahe beisammen bereits im östlichen Sibirien. Nur die Mammutfunde von der Beresowka unweit des Kolyma-Flusses und von Susuman am Kamtschatkabusen verraten uns noch weitere Mammut-Wanderungen. Das 1799 an der Lenamündung aus dem ewigen Eis heraufgeholte Mammut konnte 1806 nach Petersburg geschafft werden – für jene Zeit und diese entlegene Gegend eine beachtliche Transportleistung – und zeigte nicht nur ein so gut wie vollständig erhaltenes Skelett, sondern gestattete auch die Rekonstruktion der meisten Fleischpartien, dazu der Ohren, Augen und Füße. Das Mammut von der Beresowka, 1901 von der Expedition Hertz-Pfizenmaier entdeckt, ergänzte diese Kenntnise durch wohlerhaltene weitere Weichteile wie Zunge, Haut, Magen und Mageninhalt. Den Rüssel

Skizze des Fundplatzes Gol-Tologoj am Selengá, Sibirien

holte Pfizenmaier 1908 ein, als er gemeinsam mit Wollosowitsch das Mammut von Sanga Jurak fand, wobei auch Fellteile (!) eingebracht wurden. Die aktive Mammutforschung dieser Gelehrten aus dem damals wie heute russischen Baltikum krönte Graf Stenbock-Fermor dadurch, daß er im Jahr 1912 dem naturgeschichtlichen Museum zu Paris ein Mammut schenkte, das er auf einer der Liakhov-Inseln aufgefunden hatte; das Tier war über die Eisdecke auf dieses unwirtliche Eiland ausgewandert. Es hatte, und das allein war noch vermißt worden, einen unversehrten Penis . . .
Sowjetgelehrte nützten die intensive Eismeer-Erschließung, die von der UdSSR schon aus militärischen Gründen betrieben wird; sie fanden 1949 ein Mammut auf der ins Eismeer vorspringenden Taimir-Halbinsel und 1977 ein Mammutbaby, im Zeitpunkt seines Todes sechs Monate alt und 104 Zen-

timeter hoch. Die Fundmeldung vom Kirgiliakh-Flüßchen in Ostsibirien ging um die ganze Welt. Es war der vorerst letzte Akt der verstreuten Wiederauferstehung dieses Urweltriesen, des wollhaarigen Mammuts, das beinahe 200 000 Jahre lang auf der Erde gelebt hatte. Schon der Eiszeitmensch hatte diesen übermannsgroßen Gefährten seiner Tage abgebildet, keineswegs nur in jenen europäischen Höhlen, von denen schon die Rede war, sondern im ganzen eurasischen Raum, so als habe das Mammut selbst die Kunst ausgebreitet. In Kapova im südlichen Ural fanden sich Höhlenmalereien, in denen das Mammut kaum weniger klar abgebildet ist als in Rouffignac bei Les Eyzies. In Kostenki am rechten Don-Ufer wurden neben Frauenstatuetten und Figürchen vom Höhlenlöwen und vom Höhlenbären auch Mammutfigürchen gefunden, in anderen Höhlen Felszeichnungen. In Kapova waren es gleich sieben Mammuts, die an der Höhlenwand erschienen, sie waren rot gemalt, teils ausgefüllt, teils konturiert, Kunst im franco-kantabrischen Stil. Auch das Mammutfigürchen aus dem sibirischen Fundort Malta glich im Stil vollkommen einer ähnlichen Kleinplastik aus der französischen Höhle von La Madeleine. »Im ganzen eurasischen Bereich muß man für die Kunst-Epoche der jüngeren Altsteinzeit die Gleichartigkeit der Themen und der Techniken, der Materialien und der Stile feststellen, die von einer gemeinsamen Kultur Zeugnis gibt.« (Michel Rutchkowsky)

Aber nicht nur in der Kunst, auch im Kult nimmt das Mammut eine beherrschende Position ein und wirkt damit verbindend über große Entfernungen hinweg. Es ist mit dem Polarfuchs, dessen Köpfe oder Zähne sich in Gräbern von Frankreich bis Sibirien finden, das wichtigste Tier, der begehrteste Begleiter des Menschen auf dem Weg ins Jenseits. Aber während der Fuchs diese Rolle bis in die geschichtliche Zeit behält und uns noch in der ägyptischen Mythologie als Fuchsgott und Herr des Totenreichs erscheint, ist das Mammut das Geschöpf einer Epoche, Freundfeind des Menschen, von dem er sich auch in der Stunde des Übergangs nicht trennen will. In den mährischen Gräbern fanden sich Stoßzähne als Grabbeigaben und Mammutknochen als Grab-Umhegung. In der Grotte von Pech-Merle (Gemeinde Cabrerets, Département Lot) fand sich eine eigene Chapelle des Mamouths, wie die Franzosen sie nennen, und eine auffällige, noch nicht gedeutete Gemeinsamkeit von Mammut- und Frauendarstellungen.

Namhafte Forscher wie Leroi-Gourhan vertreten die Ansicht, daß die gesamte Eiszeitkunst mit ihren Tierdarstellungen keineswegs zufällig nach Jagd-Impressionen geschaffen wurde, sondern Abbild eines geschlossenen und konsequenten religiösen Systems ist, in dem das Tier göttliche oder halbgöttlich-dämonische Funktionen hat. Gewisse Beziehungen zwischen der Häufigkeit der Darstellung bestimmter Tiere und der Plätze, die ihnen die Höhlenmalerei zuweist, scheinen darauf hinzudeuten, ohne daß diese Forschungen bisher nennenswert über die allerdings wichtige Basis der Bestandsaufnahmen und der Statistik hinausgelangt sind. Sicher scheint, daß der zottelige Elefant mit seinen ebenso malerisch wie unpraktisch hochgebogenen Stoßzähnen eine Sonderstellung in der Welt der frühen Jäger einnahm: als Geschöpf, als Nahrungslieferant und als das Tier des Elfenbeins, auf dem sich die ältesten Kunstritzungen finden, aus dem schon der Steinzeitjäger Schmuckstücke verfertigte und Kügelchen drehte.

Und wo bleibt der Mensch? Warum dominiert im eindrucksvollsten Bereich der Eiszeit-Kunst, in der Höhlenmalerei, das Tier so überdeutlich, während die Menschen nur in den seltenen Szenen und in der späten Epoche der Felszeichnungen auftreten? Gab es tatsächlich die behauptete Scheu der Selbstdarstellung, die erst verschwand, als die Kunst sich vom expressiven Naturalismus zum Schematismus wandelte und die Strichmännchen als abstrakte Menschenbilder zwischen den Tieren erscheinen?

Die erste Antwort auf diese vielen Fragen muß dahin lauten, daß dieses Zurücktreten des Künstlers hinter seinen Objekten keineswegs nur in der franco-kantabrischen Kunst zu beobachten ist. Es handelt sich nicht um eine örtlich isolierte und vielleicht zufällige Tendenz, sondern wie beim gesamten Tierstil, wie in allen uns bekannt gewordenen Schöpfungen der Eiszeitkunst um einen Wesenszug, den wir im ganzen weiten Bereich zwischen der Bretagne und Ostsibirien feststellen können als eine von verschiedenen, auch ins Technische und in die Lebensführung reichenden Gemeinsamkeiten: »Diese Einzelbeobachtungen«, schreibt Hermann Müller-Karpe in seiner *Geschichte der Steinzeit*, »beziehen sich auf ganz verschiedene Lebenssphären: teils handelt es sich um technische Errungenschaften und Fertigkeiten, teils um künstlerische Ausdrucksformen, teils um religiös-geistige Verhaltensweisen und Vorstellungsäußerungen. Die Vergesellschaftung dieser so verschiedenartigen Kulturphänomene innerhalb dieses weiten Raumes muß als Beweis dafür gewertet werden, daß ein umfassender, langdauernder kultureller Kontakt stattgefunden hat, der für die historische Kennzeichnung dieses Zeitalters wesentlich ist.«

Die Frage nach dem Menschenbild in der Kunst kann also nur aufgrund des Fundmaterials aus dem gesamten bezeichneten Bereich beantwortet werden, wenn auch die Fund-Dichte in Westeuropa naturgemäß größer ist als etwa im asiatischen Rußland. In einem Punkt aber liefert das Gebiet der heutigen Sowjetunion absolut gesehen die reichere Ausbeute: von mehr als hundertfünfzig Steinzeit-Statuetten mit Frauendarstellungen stammen mehr als die Hälfte aus dem Boden Rußlands und Sibiriens, obwohl die Siedlungs- und Kulturdichte zweifellos auch schon zur Zeit des Cro-Magnon-Menschen in Europa größer war als in den weiten Ebenen östlich der Weichsel.

Sehen wir von dem Kristall und dem Jaspis ab, den hübschen Materialien, die bereits den Neandertaler reizten, die seine Neugier und vielleicht ein gewisses ästhetisches Vergnügen erregten, aber noch keine künstlerische Produktion nach sich zogen, so stehen die Frauendarstellungen oder Darstellungen des weiblichen Geschlechts am Anbeginn uns bekannter Kunst als häufiges zweites Thema neben den Tieren des Jagdkults. Der Mensch, der ja wie durch ein Wunder alle künstlerischen Techniken zugleich erworben zu haben scheint, von der simplen Felsritzung bis zur naturgetreuen Wandmalerei, dieser Mensch stößt auch sogleich zum Symbolismus vor und findet für die Frau das bis heute in den obszönen Graffiti der WCs wiederkehrende Symbol des Schoßdreiecks mit der Spalte der Vulva, seltener die Vulva selbst mit den Schamlippen. Von allen Symbolen früher Felskunst ist diese Thematik nicht nur die häufigste, sondern sogar beherrschend, wozu allerdings zu sagen ist, daß uns so manches Symbol etwa aus den nordspanischen Höhlen noch nicht in seiner Bedeutung klar geworden ist.

Beinahe gleichzeitig mit diesen Ritzungen (vgl. Abb. 176) tritt auch schon die Statuette auf, aber wer sich nun ein eiszeitliches Schönheiten-Kabinett erwartet hat, der wird enttäuscht: die seit Jahrzehnten bekannte *Venus von Willendorf* ist keineswegs eine häßliche Ausgeburt, sondern nur eine unter vielen breithüftigen und fettärschigen Schwestern. Es war 1908, als jene elf Zentimeter hohe Kalksteinplastik aus einer der neun Lößschichten des Wachau-Dörfchens gegenüber von Aggstein zum Vorschein kam und auch bald ein Schwesterchen erhielt, eine Frauenstatuette aus Mammut-Elfenbein. Die Kalksteindame war nackt, obwohl es vor 25 000 Jahren in der Wachau nicht sehr warm gewesen sein kann. Ihre Haare waren in Zöpfen geflochten und um den Kopf gelegt, Schenkel und Schamdreieck unter dem Fettgürtel um die Hüften waren deutlich herausgearbeitet. Obwohl es sich dabei – wie man gelegentlich lesen kann – um das »älteste erhaltene österreichische Kunstwerk« handelt, werden die Schwestern von Willendorf nicht im Kunsthistorischen Museum aufbewahrt, sondern im Wiener Naturhistorischen Museum. Ganz ähnlich, ja auffallend gleich im körperlichen Typus, tritt uns die Elfenbeinstatuette aus Gagarino entgegen, einer jungpaläolithischen Fundstelle am linken Don-Ufer, etwa 100 Kilometer nörlich von Woronesch. Die hier 1927/28 ausgegrabene Venus (so nennt man diese Figürchen, weil sie allesamt nichts auf dem Leib haben) hat allerdings nicht die hübsche Haartracht eines eiszeitlichen Figaro, sondern einen schematischen, geradezu abstrakten Billardkugel-Kopf. Am anderen Don-Ufer, bei Kostenki, wurden verschiedene Frauenstatuetten aus Mergel, Knochen und Elfenbein gefunden, die hinsichtlich der Köpfe die gleiche summarische Darstellungsweise zeigen; es ging dem Künstler offensichtlich um den Körper und bei diesem wieder um die spezifischen weiblichen Attribute. Die Hüften sind nicht mehr so breit ausladend, aber immer noch sehr üppig, die großen Brüste hängen bis auf den vorgewölbten Bauch, der Kopf ist meist geneigt, als betrachte die Schöne nachdenklich ihre eigene körperliche Üppigkeit. Auch die Damen vom Don sind nackt bis auf ein paar Schmuckschnüre, die um den Hals liegen, gelegentlich aber auch am unteren Rücken angedeutet erscheinen so wie das neckische Goldkettchen, das zu unserer Zeit auf Sylt en vogue war.

Nur dort, wo das Material seinen Zwang ausgeübt hat, wo also zum Beispiel ein Elfenbeinstück zu schmal war für die volle Hüftbreite, wirken diese Statuetten schlank oder, richtiger gesagt, schmal, denn der Bauch und die schweren Brüste sind auch dann als voluminös angedeutet, wenn in der Horizontale kein Platz dafür ist. Damit stellen *alle* Statuetten grundsätzlich und absichtich den gleichen Frauentypus dar, das heißt: es geht nicht um die bildnerische Abschilderung der Frau, die der Künstler gerade vor sich sieht oder die ihn dazu anregt, sondern es geht um die Schaffung eines steinernen oder elfenbeinernen Symbols. Und dieses Symbol – des Weiblichen, des Mütterlichen, der Gebärerin – wird nun in einer realistisch wirkenden Technik mit allen charakteristischen Attributen ausgestattet, um seinen Zweck einer Stellvertretung erfüllen zu können. Diese Übereinstimmungen zwischen den Statuetten in einem ungeheuren geographischen Bereich und einem Zeitraum, der sich mindestens von 30 000 bis 15 000 vor Christus erstreckt, hat mit Recht Deutungen begründet, die diesen kleinen Fetischen magisch-religiöse, auf jeden Fall aber kultische Funktionen zuschreiben. In den wenigen profanen Darstellungen des weiblichen Körpers nämlich – etwa den in der Linienführung sehr schwung-

Felsbilder aus Oenpelli, Nordaustralien

voll-künstlerischen Honigsammlerinnen aus spanischen Höhlen des Magdalénien – sind die dargestellten weiblichen Körper rank und schlank.

Man kann demnach nicht sagen, daß die Venus-Statuetten ein naturgetreues Abbild der Cro-Magnon-Frauen gäben, daß diese mit einem Fettsteiß durchs Leben wackelten und ihren von der Jagd gestählten und behende dem Wild nachsetzenden Männern an Beweglichkeit somit katastrophal unterlegen gewesen wären. Carl Schuchhardt, der Altmeister der europäischen Vorgeschichte und Entdecker von Tartessos, war, da er ja nur einen Bruchteil der heute bekannten Statuetten überblicken konnte, noch der Meinung, die Steinzeit-Frau sei eben auf der faulen Haut gelegen und in den Höhlen dick geworden. Das aber ist erstens bei einer überwiegend eiweißhaltigen Nahrung fast ohne Kohlehydrate gewiß nur ausnahmsweise der Fall gewesen, zum anderen aber blieb auch für die Frau noch genug zu tun, wenn man bedenkt, wie unzureichend das Werkzeug war, mit dem sie die Felle säubern, die Beute zerlegen und das Mahl bereiten mußte, vom Holzholen, Kleidermachen und der Kinderfürsorge ganz zu schweigen. Nein, der Grund für die so erstaunlich übereinstimmende superweibliche Gestaltung der Steinzeit-Statuetten lag schon in dem Zweck, dem sie dienen mußten, so wie ja auch den Malern der geschichtlichen Zeit durchaus nicht jedes Modell tauglich für eine Madonna erschien.

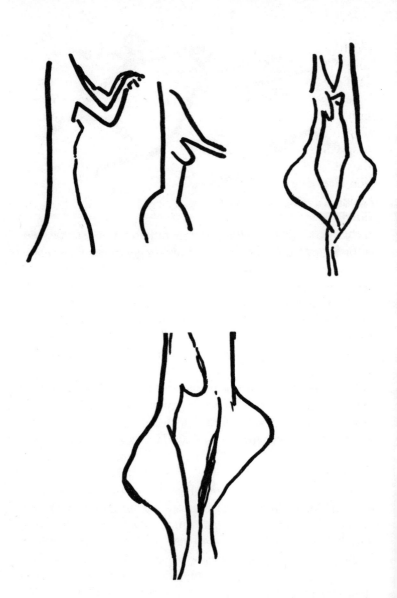

Gravierungen von Gönnersdorf bei Neuwied (Aus einem Jägerlager des Magdalénien, ca. 10 000 v. Chr.)

Wichtig ist in diesem Zusammenhang auch die unterschiedslose Nacktheit der dicken Kalkstein- und Elfenbeindamen. Daß der Cro-Magnon-Mensch allgemein nackt herumlief, ist – bei einem Klima, das selbst in der großen Wärmeschwankung nicht wärmer war als heute – kaum anzunehmen, im Gegenteil: wir besitzen verschiedene Beweise für die Herstellung von Fellkleidung, und gerade im Aurignacien, aus dem die ältesten Statuetten stammen, kommen die ersten beinernen Nähnadeln auf als eine besondere Errungenschaft jener neuen Zeit. Anzunehmen ist allerdings, daß die rauhe, oft durchnäßte, vermutlich wegen der rudimentären Gerbertechnik stets steife Fellkleidung in der Höhle abgelegt wurde; und da es zu jener Zeit kaum Unterkleidung gegeben haben kann, liefen Männlein und Weiblein in den Höhlen also wohl nackt herum. Die Statuetten stammen aber fast alle von Freiland-Lagern; die Künstler, die sie schufen, hatten also keineswegs stets nackte Frauen vor Augen. Die Statuetten mußten dennoch nackt sein, um ihre Aufgabe erfüllen zu können, die wir nicht im einzelnen beschreiben können, die aber gewiß mit der natürlichen Funktion der Frau zu tun hatte – der Frau, die das Leben gab in dem für den Urmenschen sensationellen Geburtsakt; die Frau, die den Mann empfing für einen Augenblick der Lust, dessen Zusammhänge mit der Geburt vielleicht nur den Stammes-Müttern klar war.

Der kultische Charakter dieser zahlreichen weiblichen Statuetten und der Halbreliefs von Frauen ist demnach nicht mehr zweifelhaft, und er wurde bewiesen, als aus wenig späteren Phasen der Steinzeit schließlich auch andere Darstellungen von Frauen bekannt wurden, von schlanken Tänzerinnen und von Mädchen, die abgebildet worden waren, um von ihrer Tätigkeit oder eine Kulthandlung wie dem Tanz Zeugnis zu geben und nicht, um selbst als Muttergöttin oder Sexualsymbol verehrt zu werden, zu figurieren. Auch die allgemein zu beobachtende Nacktheit wird im Licht späterer Kultgebrauchs zum Beweis für den religiösen Charakter dieser frühesten Kleinkunstwerke, denn bis heute sagen uns Brauch,

Volkskunde, Religions- und Ritengeschichte, daß die *rituale Nacktheit* (der Begriff stammt von dem Germanisten Karl Weinhold) bei sehr vielen Zeremonien unentbehrlich, unabdingbar war. So ist es geblieben bis in die zeitgenössischen Sekten herauf, ja bis zur Taufe in der ältesten Form, also bis in die an sich keusche und antierotische christliche Religion, die ja den großen Umschwung brachte, den tiefen Schnitt zwischen den Lebens- und Fruchtbarkeitskulten auf der einen und den Erlösungsreligionen auf der anderen Seite.

Die nackt durch Coventry reitende Lady Godiva empfindet G. L. Gomme in seiner Arbeit *Ethnology and Folklore* »als ein Überbleibsel aus rohen prähistorischen Kulten«, und die Venusstatuetten scheinen uns nun zu zeigen, daß er damit durchaus recht hatte, vor allem in dem Sinn, den sein schottischer Kollege MacCulloch präzisiert, wenn er sagt, daß der magische Aspekt der Nacktheit ihre älteste Bedeutung repräsentiere *(The Religion of the ancient Celts).* Hinweise auf solch eine Doppelrolle der Frau als Sexualobjekt und Priesterin gibt uns nicht so sehr die Statuettenkunst, die sich auf die schlichtesten Attribute beschränken mußte, als vielmehr das Relief, wo die stützende Felswand die technische Möglichkeit gibt, die Arme solch einer Priesterin in einer anderen Haltung zu zeigen (bei den Statuetten liegen sie am Leib, wirken verkümmert, ruhen verschränkt auf dem Bauch usf.).

In diesem Zusammenhang bot die Höhle von Laussel wertvolles Material. Sie liegt östlich von Les Eyzies, also ebenfalls in der fundreichsten Zone, bei dem Dorf Marquay und enthält verschiedene Schichten, die bis ins Acheuléen, also die frühesten Phasen der europäischen Altsteinzeit hinabreichen. Seit 1908 grub hier vor allem ein Arzt aus Bouscat bei Bordeaux, einer der vielen begabten Dilettanten, von denen die Prähistorie in ihren Anfängen so beträchtliche Förderung erfuhr, und stieß in Schicht VIII. auf eine kleine Skulptur, die einen Geburtsakt darstellt. Damit hatte sich ein wesentliches Motiv zu den vielen weiblichen Körperdarstellungen hinzugesellt, ein Motiv, das mit den sehr viel älteren und konsequent beachteten Bestattungsriten nun den Kreislauf Geburt,

Zeugung oder Sexualakt, Tod mit der magischen Attraktion des Weibwesens in unlösbaren und kultisch relevanten Zusammenhang brachte.

Die Skulptur war, wie andere der Höhle aus den anderen Fundschichten, in Steinblöcke eingemeißelt und zur besseren Sichtbarkeit mit Rötel eingefärbt; auch eine Männergestalt fand sich und die sogenannte *Vénus de Berlin*. Doktor Lalanne hat sie noch selbst fotografiert, wie sie im Türkensitz vielleicht einem Festmahl präsidiert; in der weit abgestreckten Rechten hält sie jedenfalls ein leeres Trinkhorn. Das fügt sich zu den Totenmählern, die wir schon aus Moustérienschichten kennen und die uns beweisen, daß zu Ehren des Hinabgegangenen mitunter tagelang mit ungeheuren Mahlzeiten gefeiert wurde, worauf man dann die angekohlten Tierknochen als Dokument der Feier und der Ehrung über den Leichnam schüttete (Le Moustier, La Chapelle aux Saints, La Ferrassie u.a. Höhlen bzw. Abris). Die Zeremonie scheinen Frauen geleitet zu haben, Frauen, die dabei nackt waren. Die Nacktheit beim Trauerritual war in vorchristlichen Zeiten ebenso verbreitet wie bei den Naturvölkern Amerikas, Afrikas und im indisch-indonesischen Raum. Auf der attischen Dipylonvase folgen Frauen vollkommen nackt der Leiche, in altägyptischen Gräbern finden sich immer wieder Tonfigürchen von nackten Frauen; die Entblößung der Brust und die Barfüßigkeit sind spätere Ablösungsformen dieses uralten Brauches. Dabei mögen sich die Motive durchaus gewandelt haben: Denn wenn auch der Cro-Magnon-Mensch über den Verlust eines Vaters oder Sohnes (dies waren die auffälligsten Gräber) oder auch anderer Verwandter einen natürlichen Schmerz empfunden haben muß, so scheint das große Mahl dann doch eine kathartische, den Schmerz besiegende Wirkung gehabt zu haben, so wie es ja auch heute bei dörflichen Totenmählern nicht selten nach einiger Zeit recht ausgelassen zugeht.

In jedem Fall aber, nicht nur beim Trauermahl, fördert die Nacktheit die Ausstrahlung der dem Menschen innewohnenden magischen Kräfte, die für den Steinzeitmann offensichtlich vor allem in der Frau konzentriert waren. Wie anders sollte er sich zum Beispiel den natürlichen Vorgang der Erektion erklären? Und zweifellos empfand er auch das Ausbleiben der Erektion als Ergebnis eines Zaubers. Die Nacktheit vor allem der Schamgegend bei der Frau wie auch beim Mann ist durch alle Zeiten und Völker ein Abwehrzauber, eine magische Grundformel, die wir seit der Steinzeit und bis herauf zu den alten Kelten und sogar zu den Griechen beobachten können. Bei den Kelten schickte man einem übermächtigen Angreifer die Frauen und Mädchen des Dorfes entgegen, die dem Feind das entblößte Hinterteil und die Vulva zeigen mußten, um ihn schwach zu machen: ganz ähnlich verhalten sich die lykischen Frauen gegenüber dem zürnenden Korinther Bellerophon. Auch in der nordischen Sage von der Hexe Ljot spielt dieser Zauber eine zentrale Rolle. Die Weiterwirkung gewinnt dann den Charakter der Dämonenabwehr durch Nacktheit und durch die nackte Vulva – eine Grundtatsache in allen magischen Beziehungen, der vielleicht eine tierische Gebärde zugrunde liegt: Auch beim Tier wurde eine Unterwerfungszeremonie beobachtet, die Rettung bedeuten kann, und die Darbietung des nackten Geschlechts ist ja insbesondere bei der Frau und in so frühen Zeiten als eine Unterwerfungsgebärde zu deuten. Wie alt sie ist, geht daraus hervor, daß sie im ganzen Brauchtum mit der Kehrseite verbunden ist. Der altslawische Bauer, der Hexerei auf seinem Acker befürchtet, läßt die Bäuerin und die Magd nackt pflügen, das heißt, er spannt sie vor den Pflug, wobei sie die Rökke über den Kopf schlagen und rückwärts gehen müssen, um den Teufel zu vertreiben. Die Frau tritt den Dämonen also so gegenüber wie in jener Menschwerdungsphase, als sie noch nicht völlig aufrecht ging. In der modernen Gesellschaft hingegen ist das weibliche Geschlecht mit der Vorderansicht verbunden, und die Kehrseite hat jegliche Aura verloren, sie ist ganz einfach optisch attraktiv, ohne jene magisch-sexuellen oder gar mythischen Bezüge, wie sie dem Geschlecht selbst stets innewohnen werden.

Die Dämonenfurcht muß bei Menschen, die erst über ein Minimum an rationaler Weltkenntnis verfügten, eine ungleich größere Rolle gespielt haben als bei uns. Wenn auch der im Dordogne-Paradies angesiedelte Cro-Magnon-Mensch nicht mehr in jenen besinnungslosen Ängsten dahinleben mußte wie seine Vorfahren aus der Oldoway-Schlucht oder aus den Tschukutien-Siedlungen, so bestand doch auch für ihn kein Zweifel daran, daß seine Umwelt von unerklärlichen und überwiegend feindseligen Zwischenwesen erfüllt sei. Vermutlich hat er auch die Toten des Stammes oder des Gegners, also eigene Verwandte oder erschlagene Feinde, für solche unerklärlichen Einwirkungen auf sein Leben verantwortlich gemacht, denn nach überwiegender Annahme der Spezialforscher konnte er sich auch das Jenseits nicht abweichend von seiner Umwelt vorstellen. Es mußte also ein Teil seiner Lebenssphäre bleiben, im Bösen noch eher als im Guten.

Alle diese Überlegungen sind seit Jahrzehnten zumindest einem kleinen Kreis von Forschern bekannt, zu einem Gutteil auch aus der gründlich durchgearbeiteten antiken Überlieferung. Um so verwunderlicher ist es daher, daß die zahlreichen Vulva-Symbole, die Dreiecke, Dreiecke mit Spalten, schematischen Schamlippen usf., die sich an vielen Höhlenwänden finden, von ernsthaften Gelehrten als obszöne Kritzeleien des Cro-Magnon-Menschen abgetan wurden. Sie waren viel wichtiger, sie bedeuteten ihm viel mehr als den simplen Hinweis auf etwas, das er ohnedies tagein tagaus vor Augen hatte: durch die geritzte oder Statuetten deutlich eingegrabene Schamspalte sollte das Böse abgewehrt, der Schadenszauber neutralisiert werden. (Sehr deutlich bei den Statuetten von Moravany unweit Bad Pistyan in der südlichen Slowakei, wo zwischen 1929 und 1938 zahlreiche kleine nackte Figürchen aus Elfenbein, Schiefer und anderen Materalien entdeckt und zum Teil zur Prüfung durch den Abbé Breuil nach Paris geschickt wurden.)

Da wir es mit einem sehr langen Zeitraum zu tun haben – die Statuetten werden mehr als zehntausend Jahre lang mit uner-

heblichen Veränderungen gefertigt, die Halbreliefs ebenfalls durch Jahrtausende im Charakter beibehalten – fließen naturgemäß auch andere Bedeutungsinhalte in diese magisch-sakrale Darstellung des weiblichen Körpers mit ein. Wir wissen aus erforschten und aus bekannten primitiven Kulturen, daß die Nacktheit oft als Attribut des Göttlichen auftritt, daß, davon abgeleitet, Priester und Priesterinnen die Kulthandlungen nackt vollziehen, und daß schließlich auch das Opfer und der Opfernde nackt sein müssen. Die Beispiele dafür sind Legion, von archaischen Zeugnissen über die Antike bis hin zu jener bis heute sensationellen großen Schilderung eines Waräger-Opfers an der Wolga durch den islamischen Missionar und Wanderhändler Ibn Fadhlan.
Die von manchen Autoren als spöttisch empfundene Bezeichnung *Venus von Willendorf* für ein Figürchen mit für unseren Geschmack recht ausladenden Körperpartien trifft also ungewollt ins Schwarze. Die hundertfünfzig Statuetten stellen ebenso viele Liebesgöttinnen dar, im weitesten Sinn natürlich: Inkarnationen all dessen, was die Frau, mit welcher der Liebesakt vollzogen wird, für den steinzeitlichen Jäger bedeutete. Nackt, wie Venus stets dargestellt wird, entspricht sie einem bei vielen Völkern zu beachtenden Grundsatz kultischer Kunst: »Selbst die höchste künstlerische Erfassung der großen Gottheiten weiß keine vollendetere Bildung zu finden als die des unverhüllten Menschenleibes. Wer also eine über menschliche Kraft hinausreichende Handlung vollziehen will, den Göttern gleich wirken möchte, versetzt sich in ihre Erscheinungsform, wird nackt.« (Weinhold) Nordindien, Altmexiko, Sparta, Lykien, dazu der nackte Hermes und eine Reihe von Eingeborenenkulten liefern dafür ebenso Beispiele wie Polyxene, das junge und reine Menschenkind der griechischen Sage, das nach Euripides nackt den Manen des zürnenden Achilles geopfert wird, damit nicht die unreine Kleidung das Opfer entweiht, jene Kleidung, die ja Menschenwerk ist und zwischen den Menschen und die Götter tritt, solange sie am Leib getragen wird.
Da auch Weissagungen, Verkündungen, Orakel oft an die

Nacktheit gebunden erscheinen, weil sonst dieses höhere Wissen oder die schöpferische Raserei vom irdischen Gefäß des Leibes nicht Besitz ergreifen könnten, ist es nur logisch, liegt es am Beginn einer Jahrtausende lang weitergeltenden Tradition, wenn die Frauen an den Höhlenwänden, die Frauen, die mit Trinkhörnern oder anderem Kultgerät die Zeremonien leiten, so nackt sind wie nach ihnen noch zahllose Seherinnen, Priesterinnen, Göttinnen oder Ebenbilder der schaumgeborenen Aphrodite, die Teilnehmer an den Mysterienkulten und an den Fruchtbarkeitszeremonien in Griechenland wie in Rom.

Indes ist die pure Fruchtbarkeits-Relation für den Nicht-Bauern und Nochnicht-Viehzüchter der Altsteinzeit keineswegs die beherrschende Bedeutung des Weiblichen. So mancher Forscher, der die dicken Liebesgöttinnen fand, hat wohl vorschnell geurteilt. Die uralte und darum wohl dominierende Rolle der Frau bestand doch darin, daß sie das andere Ich des Schöpfers war. Der Mann sah sich in eine Welt gestellt, in der die Tiere seine Aufgabe waren und die Frau das für ihn gewiß interessanteste Geschöpf. Sie stellte durch ihre merkwürdig andersartige Existenz eine Unmenge von Fragen, auf die er Antworten suchte, aber noch nicht finden konnte. Gerade in jener frühen Phase, in der die rationale Erklärung des Welt- und Umweltgeschehens, des Daseins und des Todes noch durchaus unzureichend war, besaß die Frau mit ihrem stärker entwickelten Ahnungsvermögen und dank ihrer natürlichen Einbettung in die Zyklen des Lebens eine deutliche Überlegenheit. Diese ist ihr bis herauf in die Frühzeit großer Kulturvölker geblieben, bis ins minoische Griechenland, bis in die altkeltische Gesellschaft, ja bis zu den Germanen vor ihrer Berührung mit dem römischen Kulturkreis.

Mit dem Begriff der Fruchtbarkeit ist derlei höchst unzureichend umschrieben. Die Frau als Gesamtgeschöpf mit spezifisch weiblichen Bedingtheiten wie dem Monatszyklus, der zeitweisen Unfruchtbarkeit, der Schwangerschaft und der Geburt trat zumindest für die grüblerischen Naturen unter den Männern, für die alten Sucher oder jene, die sich zum

Priester berufen fühlten, in eine unauflösliche Relation zu anderen Rätseln, wie sie nicht auf der Erde, sondern am Himmel standen. Der Mond zum Beispiel, der – anders als die Sonne – bald da war und bald auch nicht, ohne daß sich die beruhigende tägliche Sonnenrunde eingestellt hätte, dieser Mond wurde alle vier Wochen rund, voll und hell, wurde aber auch im gleichen Zeitraum völlig unsichtbar oder war nur zu erahnen. Die Parallelität zu dem unerklärlich-beängstigenden weiblichen Blutsturz lag auf der Hand. Auch die Frau selbst muß die Depression registriert haben, die auf den Abgang des Blutes folgte, sie muß einen Zusammenhang mit den Mondphasen vermutet und schließlich in ihr festes Gefüge intuitiver Welterklärung übernommen haben. Die folgenden Jahrtausende zeigen denn auch, daß zwar die Sonne, die Jahreszeiten, der Jahreslauf im ganzen für den Ackerbauern große Bedeutung gewinnen und damit die Gestirnbeobachtung einen realen Zweck erhält. Der Mond aber bleibt weiterhin geheimnisvoll-anziehend, bleibt das große, gelegentlich beängstigend strahlende Gestirn der Nacht, dessen Zusammenhänge mit so geheimnisvollen Vorgängen wie der Menschenschöpfung im weiblichen Schoß oder auch den regelmäßig wiederkehrenden Meeres-Hochfluten den hilflos-suchenden Verstand des Steinzeitmenschen mehr beschäftigten als die bereits durchdrungene Wirklichkeit von Jagd, Kampf, Sieg, Werkzeugherstellung, Waffenwirkung und Wanderschaft.

Baco von Verulam sagte vor einem Halbjahrtausend unübertrefflich knapp, die Magie sei die praktische Metaphysik. Eine andere war dem Steinzeitmenschen auch nicht zuzumuten, für sein ungeübtes Gehirn wohl auch nicht erreichbar. Systeme, Denk-Gebäude gab es nicht und konnte es nicht geben, aber es ist nicht auszuschließen, ja es ist sogar wahrscheinlich, daß unsere Vorfahren auf der Stufe des Magdalénien noch jene *Natursichtigkeit* besaßen, in der Kurt Aram und andere Panegyriker des Irrationalismus ein Erkenntnisorgan sahen. Wir brauchen, um dies für möglich zu halten, nicht um drei Ecken zu denken, sondern nur an die indianischen Spurensucher oder an die heute noch bestehenden und von der Polizei genutzten Fähigkeiten der australischen Eingeborenen: Daß unser Gehirn dem Ausbau der kausalen Funktionen und der Annäherung an die Computer-Mechanismen sehr viele tiefe und wertvolle Fähigkeiten, ja Erkenntnismöglichkeiten geopfert hat und verkümmern ließ, ist ernsthaft wohl nicht zu bestreiten. In dieser naturnäheren und von einer unentwickelten Ratio noch nicht ausgeleuchteten Welt hatten Tier und Frau, hatten Erde und Mond viel mehr zu sagen als Empirie, Kausalität, Sonne und Mann. Fasziniert steht der Schöpfer, der prometheische Künstler der späten Altsteinzeit, dem gegenüber, was seine Umwelt ihm an verlockenden und bedrückenden Rätseln vor Augen führt, womit die Gefährtin seines Lagers nächtens sein Triebleben und seine Träume beschäftigt. Nicht wenige Felszeichnungen werden als Ausflüsse von Träumen und Alp-Ängsten gedeutet: welcher Jäger wäre nach einem langen Tag, nach vielleicht wochenlanger Verfolgung und endlichen Kämpfen gegen überlegene Gegner aus dem Tierreich auf dem Lager sogleich zur Ruhe gekommen? Der Tag setzte sich in die Nacht fort, ohne daß sich der erwachende Mann erklären konnte, wieso dies möglich war. Sein Lager war frei von Blut, er selbst war unversehrt, der erlegte Hirsch lag friedlich vor dem Höhleneingang. Neben ihm auf dem Lager aber räkelte sich erwachend die nackte Gefährtin, das unergründliche Gefäß all dieser Mysterien. Welches andere Thema konnte auf den Künstler eine vergleichbare Anziehungskraft ausüben?

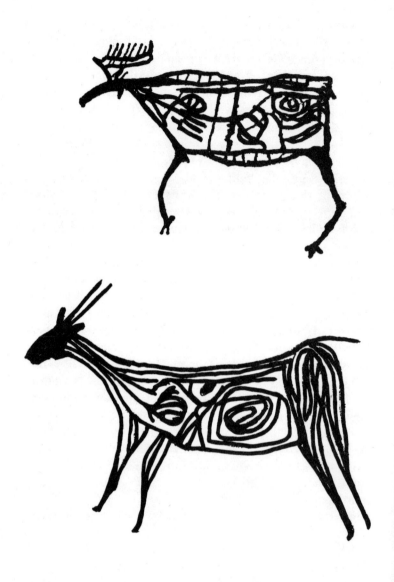

»Röntgendarstellung« von Wildtieren
oben: Fundplatz Drammen, Norwegen
unten: Fundstätte Bhopal, Indien

Unsichtbare Revolutionen

Hat man einiges über europäische Vorgeschichte gelesen, so stellt man mit einer gewissen Überraschung fest, daß die Kunst des Eiszeitmenschen viel ausgiebiger kommentiert und gedeutet worden ist als alle anderen Lebensäußerungen der Steinzeit. Jener schöne Wahn, dessen Lebensnotwendigkeit bis heute nicht voll anerkannt ist, hat viel mehr kluge Leute auf den Plan gerufen, hat viel längere und tiefsinnigere Studien angeregt als das eigentliche, das harte alltägliche Leben, der Selbstbehauptungskampf des Cro-Magnon-Menschen westlicher und östlicher Prägung in einem Klima schneller Schwankungen.
Das hat seinen Grund wohl darin, daß die Kunst der Höhlen und der Felsenplatten, der Statuetten und der Halbreliefs unserem Verständnis näher zu sein scheint, unserem Verstand mehr Nahrung und Ansatzmöglichkeiten bietet als die Werkzeuge, die Zurichtung der Höhlen, die Methoden der Jagd. Das ist freilich ein Irrtum: alle Konkreta können wir viel leichter beurteilen als die Kunst, die künstlerischen Absichten oder religiösen Gefühle eines Menschen, der vor zwanzig- bis dreißigtausend Jahren lebte und dessen Gedanken- und Vorstellungswelt selbst unseren Hypothesen unzugänglich ist. Aber das war eben seit jeher so mit der Kunst, man kann einen wahren Sesam-öffne-Dich für die eigene Phantasie aus

ihr machen, selbst dann, wenn man nichts anderes vor sich hat als eine kleine dunkelblaue Fläche auf dem Hintergrund einer großen hellblauen.
Anders die Werkzeuge, die Lebensumstände, das nackte Dasein dieser Künstler. Da läßt sich nicht mehr so trefflich phantasieren, weswegen wir auch feststellen, daß jene, denen es wirklich ernst ist, sich nicht scheuen, in Komposthaufen zu wühlen, jede Schneide an einem Steinschaber zu prüfen, die Abschläge zusammenzukehren und ihr Gewicht festzustellen. Denken wir an Mrs. Leakey und die fossilen Kotballen aus der Oldoway-Schlucht und wir werden uns nicht wundern, daß eine andere Forscherin sich diese weibliche Akribie zum Vorbild nahm, nämlich Frau Gabori-Csank vom Tortoneti-Muzeum in Budapest. Sie hat Höhlen in den höheren Lagen der Alpen, sogenannte Travertin-Stationen im Vorgebirge und reine Freiland-Lager studiert und miteinander verglichen, und zwar in allem, was immer an zoologischen, botanischen, klimatischen und Realien-Informationen zu gewinnen war. Sie gelangte dabei zu der Überzeugung, daß die Höhlen, die uns in der Dordogne schon beinahe als Dauerbehausungen erschienen sind und zum Teil noch heute die Rückwände moderner Wohnungen bilden, lediglich in dieser paradiesischen Zone und allenfalls einigen vergleichbaren westeuropäischen Gebieten die bevorzugten Wohnungen des Steinzeitmenschen waren. Im allgemeinen habe er Freiland-Lager vorgezogen und die Höhlen nur als Jagdunterstände benützt, dann allerdings stets für mehrere Wochen. Eine Besonderheit seien die Werkstätten gewesen, also die Herstellungsorte von Steinwerkzeugen. Dort hätten sich wohlhabende Spezialisten unter angenehmsten Bedingungen niedergelassen, nicht selten in der Nähe von Thermalquellen, und beachtliche Mengen von Steinwerkzeugen mit einer Kunst der Bearbeitung hergestellt, wie sie im vormaschinellen Zeitalter nie mehr übertroffen wurde.
Der Weg zu dieser Perfektion eines an sich immer noch primitiven Instrumentariums ist freilich durch Stationen gekennzeichnet, die für den Laien kaum zu erkennen sind.

Zwar haben es auch die Denker der Vorgeschichtsbeschreibung wie Karl J. Narr oder Marie E. P. König nicht verschmäht, die Herstellungstechniken der Steinwerkzeuge im Detail zu studieren; was dabei erkennbar wurde, waren jedoch nicht Entwicklungen, sondern lediglich minuziöse Neuerungen bis hin zum endlichen Übergang vom Abschlagen zum Schleifen. Das Schäften steinerner Spitzen muß dabei schon als eine ähnliche Revolution gewertet werden wie das Aufsetzen von Knochenspitzen. Die Bearbeitung von Knochen zum Werkzeug, die Entdeckung der ersten knöchernen Nadel, die Herstellung von Harpunen und die Erfindung der Speerschleuder, eines Katapults, das dem Wurfspeer mehr Kraft und mehr Tragweite gibt und als die erste Fernwaffe der Menschheit angesehen werden muß, sind Stationen weiterer unsichtbarer Revolutionen.

Einem Fortschritt solcher Art und in Schrittlängen von Jahrtausenden haftet naturgemäß nichts Sensationelles an, sieht man einmal von der Bändigung des Feuers ab. Das hat schon Geoffroy Bibby bedauert, der für seine großartigen Reportagen aus der nordeuropäischen Frühzeit zu wenig Leser fand, ganz einfach, weil man in Dänemark eben keine minoischen Tempel ausgegraben hatte und auch keinen babylonischen Turm, es blieb eben immer wieder bei Muschelschalen und Knochen, kurz bei einem riesigen Komposthaufen, demgegenüber ein halbverfaultes Wikingerschiff schon als ein Großereignis zu werten war.

Immerhin bringt das Aurignacien, also die Frühzeit des Cro-Magnon-Menschen, den Anbruch der letzten altsteinzeitlichen Phase der Menschheit. Noch sind sie alle Nomaden, abgesehen von ein paar tausend Glücklichen im franco-kantabrischen Bereich, wo denn auch die deutlichsten Fortschritte in der Technik und in den Lebensumständen zu erkennen sind. Die Wandergruppen sind zu Stämmen geworden und diese wiederum bilden drei große ethnische Verbände, die Völker zu nennen allerdings falsch wäre: es scheint noch kein Zusammengehörigkeitsgefühl gegeben zu haben. Der erste dieser Stammesverbände hält sich im wesentlichen in Südwest- und Westeuropa auf, mit Splittergruppen auf dem nordafrikanischen Festland und den Inseln des westlichen Mittelmeers. Er ist uns am besten bekannt, nicht nur der spanischen und französischen Höhlen wegen, sondern auch wegen der relativ großen Bevölkerungs- und damit Fund-Dichte. Denn wenn die Höhlen auch nicht Daueraufenthalt waren und nicht so ausschließlich als Wohnstätten dienten wie in den kältesten Phasen der Würm-Eiszeit, so konserviert die Höhle Fundschichten doch am besten. Ablagerungen von den Wänden und der Decke der Höhle schützen alles, was im Boden liegt und verraten uns auch das Alter der Fundstücke; im Freilandlager müssen schon besonders günstige Umstände eintreten, wenn uns nennenswerte Depots erhalten bleiben sollen.

Der zweite Stammesverband kam wohl aus dem Südostraum der Mittelmeerküsten, aus Afrika herauf oder aus dem mittelasiatischen Bereich und am wahrscheinlichsten sogar aus beiden Gegenden. Diese sehr zahlreichen Einwanderer verteilten sich in einem sehr großen Raum, weil Europa sich ja nach Osten öffnet, stießen bis an die Nordseeküsten vor und scheinen auch in Italien größeren Anteil an der Bevölkerung gehabt zu haben als die mit den günstigen westeuropäischen Verhältnissen zufriedenen und darum beinahe seßhaften eigentlichen Cro-Magnon-Stämme.

Schließlich lassen Funde aus jüngster Zeit erkennen, daß sich in Nordafrika bis hinein in die heutigen Großwüsten eine dritte Gruppe von Stämmen konsolidiert hatte, die nach Körperbau und Werkzeugtechniken mit Sicherheit gegenüber der europäischen Westgruppe, vermutlich aber auch gegenüber der Ostgruppe in Rückstand geraten war. Aktive und fortgeschrittene afrikanische Stämme mögen über Gibraltar im Westen und die Landbrücke von Suez im Osten in das eisfrei werdende Europa vorgedrungen sein, als die warme Würmschwankung zehntausend Jahre lang diesen Weg offenhielt. Dabei können primitivere und weniger bewegliche Wandergruppen ganz einfach dadurch in Afrika zurückgeblieben sein, daß sie an die Meeresküste gelangten und nicht

mehr weiterkonnten. Eine Schiffahrt im eigentlichen Sinn hat es ja im Aurignacien gewiß noch nicht gegeben.
Der Begriff *Zirkummediteran*, ein Lieblingsfachwort der neueren Steinzeitforschung, ist darum weder so wissenschaftlich noch so präzise, wie er sich gibt. Zwar entsteht rund um das Mittelmeer naturgemäß sehr viel an Gemeinsamkeiten, vor allem in dem Augenblick, da eine frühe Schiffahrt einsetzt und das Meer selbst tatsächlich zur Drehscheibe und zum Transportrücken für alle Einflüsse wird. Zunächst aber schließt der Begriff – im Gegensatz zu dem einfachen alten Wort *mittelmeerisch* – die Inseln aus, von denen zumindest die landnahen wie die Agatischen Inseln mit Sicherheit altsteinzeitliche Besiedlung und sogar Kunstwerke aufweisen (freilich nirgends so eindrucksvoll wie auf dem kleinen Levanzo, dem Phorbantia der alten Geographie, nur sechs Quadratkilometer groß, aber in höhlenreichen Bergen bis beinahe dreihundert Meter aufsteigend.)
Bis es zu diesem Erfahrungs- und Kulturaustausch kam, bis sich die größeren Inseln von Malta bis Sardinien zu jenen faszinierenden Schmelztiegeln mittelmeerischer Besonderheiten entwickeln werden, als die sie eine einzigartige Funktion in der Vorgeschichte und der Geschichte ausüben, vermag sich die westliche Zone unseres kleinen Erdteils einen leichten Entwicklungs-Vorsprung zu sichern. Er kommt nicht so sehr in der Werkzeugherstellung selbst zum Ausdruck, die auch im Donauraum ein beachtliches Niveau erreicht hat, als in den gesellschaftlichen Mechanismen, in der Entstehung dessen, was man Industrie und Handel und Kommunikation nennen wird, auf einer sehr frühen Stufe natürlich.

Die neuen Situationen, die man in ihrer Summe und in ihrem Ergebnis gewiß auch eine Revolution nennen kann, ergeben sich aus dem Gewinn der Beweglichkeit. Sie hat ihre Ursache vermutlich darin, daß es jetzt größere Menschenmengen sind, die sich zu gemeinsamen Aktionen zusammenschließen, und daß aus der anonymen Sippenexistenz nun offensichtlich einzelne stärkere oder auch nur entschlossenere Persönlichkeiten auftauchen. Anders ist es wohl nicht zu erklären, wenn in der Westslowakei und im daran anstoßenden Nordufergebiet der Donau ein abwehrtüchtiger Kern von Jägerstämmen durch lange Zeiträume nachweisbar erscheint, die Träger der sogenannten Szeletien-Besiedlung, bekannt aus der Szeleta-Höhle im Bükk-Gebirge. Es handelt sich dabei um den ersten systematisch ausgegrabenen altsteinzeitlichen Fundort Ungarns und um frühes Cro-Magnon-Stadium mit sehr feiner Werkzeugtechnik. Andere Stammesverbände, die sich in Mähren und in Niederösterreich Jagdgebiete gesucht hatten oder in der Ostslowakei ihre Jagdgründe hatten, wirken mit ihrem Werkzeugmaterial gegen die Szeleta-Leute vergleichsweise primitiv und schaffen es auch nicht, die westslowakisch-nordungarischen Gebiete zu erobern oder auch nur zu durchqueren. Um mit ihren westlichen Vortrupps in Verbindung zu treten, müssen die ostslowakischen Aurignacien-Stämme den Umweg über den heute südpolnischen Raum nehmen!

Die Nomadengebiete werden also ortsfest, wie wir es ja auch in geschichtlicher Zeit kennen, etwa an der chinesischen Nordgrenze. Nomadische Lebensweise bedeutet ja nicht zwangsläufig, daß man ständig unterwegs sein muß. Ostmitteleuropa mit seinen weiten Ebenen, die von siedlungsgünstigen Bergrändern umgeben waren, bietet die Möglichkeit zu Freilandstationen für die Sommer und zur Überwinterung in den Höhlen. Fremde, die diesen Rhythmus zu stören versuchen, werden abgewehrt, und zwar nicht einmal, sondern, wie die Funde zeigen, durch Jahrhunderte, vielleicht sogar durch ein Jahrtausend, wie das Fehlen bestimmter Werkzeugtypen im Szeleta-Gebiet uns andeutet. Andererseits signalisieren uns Fundlücken aus dem nordwestrumänischen Karpathenvorland, daß die Einwanderer aus dem Osten mitunter in großen zeitlichen Abständen kamen, daß es sich also nicht um ein kontinuierliches Einströmen handelte. Nach dem Moustérien, der im wesentlichen vom Neandertaler getragenen Steinzeitphase, trat hier ein Zeitraum ohne Besiedlung ein, was sehr wichtig ist: die Stämme einer östlichen

Cro-Magnon-Spielart, die zu Beginn der Aurignacien in Mitteleuropa auftraten, waren hier also nur durchgezogen und hatten kein besonderes Gefolge an hinter ihnen herziehenden oder gar auf sie Druck ausübenden anderen Stämmen. Auch Asien hatte noch keine Menschen-Überschüsse abzugeben. Die Welt war noch so gut wie leer. Die Jäger wanderten, und wenn sie auf Hindernisse stießen, so umgingen sie diese, denn es war noch soviel Platz vorhanden, daß mörderische Kämpfe überflüssig waren.

Wenn es aber kein Feinddruck war, der die Stämme in Bewegung setzte, was war es dann? Sie konnten ja nicht wissen, wie wichtig diese Bewegung war, wie fruchtbar die Kontakte sich auswirken würden, die sich auf der Wanderung ergaben, wie stark vielleicht der fördernde Anstoß wurde, den die Begegnung mit einer bis dahin unbekannten Industrie mit sich brachte. Im Moustérien stammten noch gut neunzig Prozent aller Werkzeuge aus Materialien der Wohnumgebung. Im Aurignacien, in der Frühzeit des Cro-Magnon-Menschen, setzen sich die berühmten Werkzeugzentren in Belgien, in Südfrankreich, an der Donau und an einzelnen Punkten Italiens immer stärker durch. Die Transporte überbrücken nicht selten hundert Kilometer, was bedeutet, daß der Gesichtskreis sich erweitert, daß Verbindungen aufgenommen werden, daß ein Minimum an Informationsaustausch nun Tatsache wird.

Sie sind ja alle wie Frösche, die durch das hohe Gras krabbeln, die wenigen seltenen Fälle ausgenommen, wo man von Randbergen über die Ebene hinblicken konnte. Nur Jagd-Zufälle brachten weitere Sicht von Gebirgshöhen aus, und viel konnte da auch nicht zu sehen sein, denn Städte und Straßen, die auf Besiedlung hinwiesen, existierten ja noch nicht. Die zwei großen und weiträumigen Unternehmungen der Epoche, die in Europa der Cro-Magnon-Mensch trägt, sind darum bis heute rätselhaft geblieben; es sind die großen Wunder der Vorzeit: die Besiedlung Amerikas und die Australiens. Der Fall Australien liegt dabei noch komplizierter, denn diese große Insel ist schließlich durch Tiefseegräben mit

Tiefen von heute 7 000-11 000 Metern vom asiatischen Festland geschieden, Meeresgebiete, die auch in den kältesten Eiszeitphasen, als der Meeresspiegel weltweit abgesunken war, noch immer große Wasserflächen bildeten und demnach Schiffahrt über weite Strecken nötig machten.

Der *Homo wadjakensis*, der früheiszeitliche Javamensch, wie ihn Dubois 1921 und Pinkley 1936 in Zentraljava aufgefunden haben, stellt den bekannten Typus der australischen Urbevölkerung dar, die allerdings möglicherweise eine andere, ältere Rasse nach Süden, nach Tasmanien abgedrängt hat. Ist dieser Vorgang angesichts der Weiträumigkeit des australischen Festlands auch nicht sehr wahrscheinlich, so steht heute doch fest, daß Australien lange vor all jenen geschichtlichen oder auch nur sagenhaften Zeiten besiedelt wurde, in denen üblicherweise mit Seefahrt gerechnet wird. Während die abgedrängte Bevölkerung wenig bekannt ist, entspricht die Einwanderung aus Java einem europiden Typus, was natürlich nicht heißt, daß sich nun die Cro-Magnon-Menschen aus der Dordogne nach Australien aufgemacht hätten. Aber eine gemeinsame Wiege für sehr früh und sehr weit wandernde, für sehr wanderlustige und sehr entschlossene Stämme vom Homo-sapiens-Typus der Cro-Magnon-Ära muß angenommen werden: man konnte schließlich von Indonesien und Südostasien ebenso nach Westen gelangen wie übers Meer nach Osten.

Die Geologen schätzen die Dauer der australischen Inselexistenz auf etwa fünfzig Millionen Jahre, aber für unser Problem tun's auch fünf Millionen. Seit dem Tertiär ist der fünfte Kontinent abgeschnitten von der übrigen Erde, und die autonome Entwicklung seiner Tierwelt mit den charakteristischen Beuteltieren und dem Mangel an Säugerarten liefert ja den schlüssigen Beweis für diese Abgeschlossenheit. Es mußte also einen Weg gegeben haben, den der Mensch benützen konnte, das Tier aber nicht, und das kann nur die Fahrt in so kleinen Booten oder Einbäumen gewesen sein, daß Haustiere nicht mitgenommen werden konnten, zumindest zunächst nicht – denn nach den australischen Funden vollzog sich die

erste Menscheneinwanderung bereits zwischen 35 000 und 30 000 vor Christus. Die Entwicklung dieser auf einer frühen steinzeitlichen Stufe stehenden Menschen ging mangels fördernder Einflüsse und Vermischungen sehr langsam vor sich; erst um 3 000 vor Christus kam es zu den ersten Höhlenmalereien. Aber noch heute zeigen die australischen Eingeborenen, die *Aborigines*, wie das mit den Händen an der Höhlenwand war: sie bereiten die Farblösung kauend und mit Wasser mischend im Mund (!), legen dann die Hand flach auf die Höhlen- oder Felswand und sprühen spuckend die gelöste Farbe über Hand und Finger, so daß ein Negativbild entsteht. Eine andere Beziehung zwischen Australien und dem Cro-Magnon-Europa ist dvrch die *Tjuringas* gegeben, zu deutsch Schwirrhölzer, ein kultisches Klangwerkzeug, das im eiszeitlichen Europa ebenso belegt ist wie in Australien, wo es heute noch im Gebrauch ist. Vielleicht hatte es in der frühen Kultur der Dordogne und Pyrenäen-Höhlen die gleiche Bedeutung wie heute in Australien, wo es als Sitz des Ahnengeistes gilt: der sausende, seltsame Klang, den das an einer Schnur geschwungene schmale Brettchen erzeugt, wird als Geisterstimme aufgefaßt. In den Höhlen von La Roche bei Lalinde und Lortet (Haute-Pyrenées) fanden sich ornamental verzierte Schwirrhölzer.
Die Forschung verfolgte gebannt, wie nicht so sehr neue Funde als neuentwickelte Datierungsmethoden den ersten Amerikaner immer weiter in die Vergangenheit zurückschoben und erst innehielten, als sich herausstellte, daß man damit beim Neandertaler angelangt sei, von dem man denn doch nicht abstammen wollte. Fasziniert also von dem spektakulären Vorgang am Nordrand des Pazifik, übersah die Wissenschaft beinahe die viel interessanteren Vorgänge im Süden, wo es keine versunkenen Landbrücken gab und wo Menschen früher Steinzeitkulturen sich in winzigen Fahrzeugen dem Weltmeer anvertraut hatten – um einen Kontinent zu besiedeln, von dem sie nach allen vernünftigen Schlüssen gar nichts wissen konnten, nicht einmal, daß es ihn gab.
Neueste geographische Nachschlagewerke wie *Westermanns*

Lexikon und große Enzyklopädien wie die sonst unschätzbare *Encyclopaedia Britannica* springen munter von der zugegebenermaßen originellen australischen Tierwelt zu James Cook und den ersten britischen Häftlingstransporten, als seien die australischen Eingeborenen vom Himmel gefallen. Dabei bieten Australien und Ozeanien die sonst kaum noch gegebene Möglichkeit, früheste Seefahrt zu erforschen, weil die Entdecker ja erst vor fünfhundert Jahren in diese bis dahin sich selbst überlassene Welt gelangten und somit aus Sagen und anderen Überlieferungen Einblick in das Verhältnis vorgeschichtlicher Völker zu einem großen Meer gewinnen konnten.

Die wenigen Forscher, die diese Chance nutzten, haben unter anderem eine Liste unfreiwilliger Langstrecken-Seefahrten in Eingeborenenfahrzeugen aufgestellt, die mit Distanzen von 1 500 Kilometern bereits jene Entfernung überbrücken, die bei einer Einwanderung von indonesischen Inseln nach Westaustralien zu bewältigen gewesen wäre. Da sich nun aber ein ganzer Kontinent schwerlich zufallsweise und durch sturmverschlagene Kanus bevölkern läßt, muß man auf drei große Migrationen verweisen, die sich in Zeiten ereigneten, die für Europa und Asien im allgemeinen als geschichtlich anzusehen sind, die aber auf primitivsten Fahrzeugen erfolgten: die zwei Einwanderungswellen von Java nach Madagaskar und die große transozeanische Maori-Wanderung aus dem Raum der Hawai-Gruppe nach Neuseeland.

Deutet man die Überlieferungen des hochintelligenten Maorivolkes richtig, so erfolgt die Auswanderung aus den Inseln der Hawaigruppen um unser Jahr 1 000, also lange vor der Entdeckung und somit in einem als vorgeschichtlich zu bezeichnenden Zeitraum. Die javanisch-madagassischen Wanderungen werden im allgemeinen in den Zeitraum zwischen 350 und 800 nach Christus gesetzt, wobei die eine Welle im vierten, die andere im achten Jahrhundert den Großteil jener Einwanderer transportierte, ohne daß dazwischen der Seeverkehr jemals zum Erliegen kam. Aber schon in den letzten drei Jahrtausenden vor Christus muß es intensiven Seeverkehr zwischen Japan, den Philippinen und Indonesien gegeben haben; auf ihn sind die mongoliden Züge der indonesischen Bevölkerung zurückzuführen, was wiederum bedeutet: es kann nicht nur um Handelsverkehr gegangen sein, sondern eben um Migrationen, um ganze Flottenfahrten mit Bevölkerungsteilen, die zu jener Zeit schon Ackerbauer und an die Haustierhaltung gewöhnt waren.

Aus polynesischen Überlieferungen gehen mit Sicherheit mehrfache Fahrten zwischen Tahiti und Atiutaki (1 000 km) hervor, aber auch zwischen Atiutaki und den Tonga-Inseln (1 500 km). Als die Meuterer von der *Bounty* mit ihren tahitischen Frauen im Jahr 1790 auf der abgeschiedenen Insel Pitcairn landeten, fanden sie dort bereits Großsteinbauten, die nur von Menschenhand aufgetürmt worden sein konnten; das gleiche begab sich auf dem schönen Eiland Raivavae. Auf beiden Inseln ist das Anlegen jedoch so schwierig, daß die vorgeschichtlichen Seefahrer, die auf diesen Inseln und bnderen des pazifischen Raumes ihre Burgen und Tempel bauten, sich damit das Zeugnis großer Geschicklichkeit ausstellen.

Das alles ist natürlich von jenem dreißigsten vorchristlichen Jahrtausend, in dem die ersten Menschen nach Australien gekommen sein müssen, himmelweit entfernt, aber es sind dreißig Jahrtausende, in denen sich für eine ganze Reihe südostasiatischer und pazifischer Stämme gar nicht viel geändert hat. Wir kennen heute eine Pygmäenbevölkerung auf Borneo und anderen Sundainseln, die einen so hohen Anpassungsgrad an die spezifischen Lebensbedingungen dieser Zone zeigen, daß sie schon vor Zehntausenden von Jahren von dem Pygmäengürtel der südlichen Hemisphäre abgesprengt worden sein müssen. Und es gibt selbst auf dem hochkultivierten und dichbevölkerten Java Bergstämme, die bis vor wenigen Generationen ausschließlich Steinwerkzeuge und Steingerätschaften gebrauchten. Wer also um das Jahr 1 000 quer über den Pazifik segeln konnte, der mußte auch schon in der Epoche der europäischen Eiszeiten genug Meervertrautheit besessen haben, um den vergleichsweise kleinen Sprung von den Inseln der Sundasee nach Australien zu wagen, über den Tiefseegraben hinweg, der ja nicht schwerer zu überqueren ist als andere Meeresstraßen.

Etwa um die Zeit, da sich in der Südwestecke des pazifischen Ozeans besonders mutige oder besonders hart bedrängte Gruppen zu dieser Meeres-Wanderung ins Ungewisse aufmachten, bestand am Nordrand des Pazifik einer jener heute versunkenen Kontinente, die allein schon durch ihre wohlklingenden Namen die Phantasie anregen. Er wird von der Forschung *Beringia* genannt, nach jenem Vitus Bering, der 1728 die zuvor schon von dem Kosakenhetman Deschnew entdeckte Meeresstraße zwischen Nordsibirien und Alaska ortete und später wissenschaftlich erforschte.

Die Wasserstraße ist heute an der schmalsten Stelle zwischen dem Kap Prince of Wales auf Alaska und dem Kap Deschnew auf der sibirischen Seite 85 Kilometer breit und ziemlich gleichmäßig 40 bis 55 Meter tief, also relativ seicht. Dank der starken Nordtrift, die hier herrscht und die mitunter vier Seemeilen pro Stunde erreicht, gelangen keine Eisschollen aus dem Nördlichen Eismeer in den Nordpazifik, und die Beringstraße ist in der Regel von Juni bis Oktober eisfrei – worauf man sich allerdings nicht allzusehr verlassen sollte: Treibeis tritt das ganze Jahr auf, Nebel und Stürme mit hohem Seegang machen die Beringstraße zum schwierigsten Teil des strategisch so wichtigen Eismeer-Seeweges der Sowjetunion.

Davon wußte Vitus Bering noch nichts, als er gemeinsam mit seinem Ersten Offizier Sven Waxell und fünfhundert weiteren Helfern zur genaueren Erkundung dieses Teiles der Welt aufbrach. Hetman Deschnew hatte ebenso ungenaue Angaben über den Küstenverlauf gemacht wie jene wenigen Seefahrer, die es vorher in diese nördlichsten Breiten des Pazifik verschlagen hatte. Die dritte Bering-Expedition verfehlte, falschen Karten vertrauend, den kürzesten Weg nach Alaska, geriet in Schlechtwetter und scheiterte am 5. November 1741 an der Insel, die heute nach dem dort mit einem Großteil seiner Mannschaften zugrunde gegangenen Vitus Bering heißt. Beschäftigt man sich mit diesen und anderen Erkundungsfahrten im Nordpazifik, so gewinnt man den Eindruck, daß angesichts der schwierigen Schiffahrtsbedingungen auch relativ schmale Wasserstraßen unüberwindliche Hindernisse geboten haben müssen, und man kann sich vorstellen, wieviel Kopfzerbrechen es unseren Vorvätern bereitete, daß der amerikanische Doppelkontinent ganz zweifelsfrei schon lange bevölkert gewesen war, ehe ihn Leif Ericson, Christoph Columbus und die beiden Cabot für Europa entdeckten. Die geringen Meerestiefen im Raum der Beringstraße weisen jedoch auf die Lösung dieses Rätsels hin.

Wie Europa hatte auch Nordamerika seine Eiszeiten, und wenn wir nach den europäischen Bezeichnungen, die schon schwierig genug sind, nun auch nicht noch die amerikanischen Eiszeitnamen hierhersetzen wollen, so müssen wir doch festhalten, daß es in den uns interessierenden Zeiträumen zwei lange Phasen starker Vergletscherung gab, in denen der Meeresspiegel beträchtlich absank. Das war von 58 000 bis 48 000 vor Christus der Fall und dann wieder von 23 000 bis etwa 9 000.

Die Beringstraße war demnach in einer Zeit, die etwa dem europäischen Moustérien und Magdalénien entsprach, zweimal trocken; es bestand eine Landbrücke zwischen Asien und Amerika und zeitweise, in den Perioden der stärksten Vergletscherung, sogar ein ganzer breiter Eisschild über dem Land, der den Anadyrgolf und die östlichen Aleuten ebenfalls in Festland verwandelte.

Dennoch ist es nicht einfach so, daß die asiatischen Jägerstämme nun zehntausend und dann noch einmal vierzehntausend Jahre lang Zeit gehabt hätten, aus Entdeckerlust oder auf der Verfolgung von Tierherden aus Asien nach Amerika hinüberzuwandern. Die erste Brückenphase – wenn wir sie so nennen wollen – währte zwar lange und war auch nicht durch Warmzeit-Einbrüche unterbrochen, sie liegt aber doch sehr früh, wenn man die Gesamtsituation Nordasiens und Ostsibiriens bedenkt. Sachalin etwa weist keine altsteinzeitliche Besiedlung auf; im ganzen Raum des nördlichsten und nordöstlichsten Asien wurden keine Steinwerkzeuge gefunden, die in die erste Brückenphase zurückreichen. Es gab also auf dem asiatischen Ufer weit und breit keine Ansammlung von Menschen und naturgemäß auch keine Veranlassung, irgendeinem Druck auszuweichen oder günstigere Jagdgründe zu suchen. Trotz der Tendenzen amerikanischer Forscher, durch immer frühere Ansätze der Besiedlung Sensation zu machen, dürfen wir eine Einwanderung nach Alaska in der ersten Brückenphase vor 48 000 vor Christus vom Stand aller heutigen Kenntnisse und Funde her ausschließen.

Von etwa 48 000 bis 23 000 vor Christus war die Beringstraße offen, und wenn man auch sagen muß, daß 85 Kilometer an sich kein unüberwindliches Hindernis für Einbäume darstellen und daß zu jener Zeit bereits Beziehungen zwischen den Amurkulturen und dem pazifischen Raum in Fluß gekommen sein müssen, so wäre es doch sehr unwahrscheinlich, wenn sich eine Einwanderung nach Alaska über die noch in geschichtlichen Zeiten so schwer zu befahrende und gefährliche Beringstraße hinweg vollzogen hätte. Natürlich wußten die Menschen um 25 000 vor Christus nicht, daß zweitausend Jahre später die Beringstraße eine Brücke und trockenen Fußes zu begehen sein würde, und wenn sie es gewußt hätten, so hätte es ihnen nichts geholfen. Aber die Wahrscheinlichkeit einer Einwanderung unter solchen Bedingungen ist dennoch so außerordentlich gering, daß auch die schönsten Radiocarbon-Phantasien der amerikanischen Forscher an dieser eisgrauen Wirklichkeit zwischen Alaska und der Tschuktschen-Halbinsel nichts zu ändern vermögen.

Das Problem besteht ja darin, daß nur in harten Eiszeitphasen eine Landbrücke besteht, daß andererseits aber gerade solche Zeiten wenig Bevölkerungsbewegungen ermöglichen. Wovon sollten die wandernden Stämme denn auf den Eisflächen leben? Warum sollten sie überhaupt die kleine eisfreie Zone verlassen, die ihnen bis dahin ein Überleben ermöglicht hatte?

Von größter Bedeutung sind daher die Übergangszeiten, die

drei Jahrtausende zwischen 26 000 und 23 000 vor Christus, ehe das glaziale Maximum erreicht wurde, eine Zeit, in der die Beringstraße aber zumindest zeitweise trocken lag, wenn sie auch noch nicht jene maximale Breite von 1200 Kilometern hatte, die dem asiatischen Ostwanderer das Bewußtsein eines Übergangs in einen anderen Kontinent nahm, beziehungsweise es gar nicht entstehen ließ. Es gibt noch einen zweiten Grund für die Annahme, daß sich in der Zeit zwischen 26 000 oder 25 000 vor Christus und den unmittelbar darauffolgenden Jahrtausenden die entscheidenden Wanderbewegungen zur Bevölkerung Amerikas vollzogen haben, und dieser Grund liegt mitten in Nordamerika selbst. Um 18 000 vor Christus nämlich bildete sich eine Eis-Barriere, die sich quer durch das heutige Kanada zog und vom Atlantik bis ins heutige Gebirgsland zwischen Oregon und Vancouver reichte, eine aus einem Eisschild aufgetürmte Riesen-Barrikade von Eismassen, die stellenweise 1800 - 2500 Meter Höhe erreichte und Einwanderern aus dem Norden das weitere Vordringen in den Süden völlig unmöglich machen mußte.

Diese Barriere auf dem Höhepunkt der Spätwisconsin-Eiszeit vernichtete nicht alles Leben nördlich ihrer Kammlinie, denn in Alaska etwa und in anderen Teilen des kanadischen Binnenlandes waren die Niederschläge so gering, daß es eisfreien Boden gab, Tundrenboden, aber eben doch Zonen kargen Lebens. Die Einwanderer, die zwischen 25 000 und 18 000 vor Christus gekommen und weitergewandert waren, hatten das Glück, sich aus der Kaltzone im unmittelbaren Vorfeld der mächtigen Eisbarriere absetzen zu können und in Äquatornähe bessere Lebensbedingungen vorzufinden. Sie nahmen dort eine Entwicklung, die sie deutlich von jenen späteren Einwanderern unterscheidet, welche zunächst nur bis Alaska gelangt waren und ihre Wanderung wieder aufgenommen hatten, als die Eisbarriere um 8000 vor Christus zumindest einen Korridor freigab, also eine für Mensch und Tier begehbare Zone zwischen den verbleibenden Gletschergebieten.

In einer kurzen Zwischeneiszeit, dem sogenannte Two-

Creek-Interstadial (10 000 - 9000 vor Christus) tauten die Gletscher so stark ab, daß die Beringbrücke überflutet wurde und seither unter dem Meeresspiegel geblieben ist.

Unter diesem seichten, aber höchst ungemütlichen Meer liegt seit nunmehr etwa zehntausend Jahren all das, was die amerikanischen Archäologen mit besonderer Hingabe suchen, nämlich die handgreiflichen Beweise für die tatsächliche Benützung der Landbrücke durch die Einwanderer aus Asien und all jene Fundstücke, die Aufschluß über die Etappen dieser Einwanderung geben könnten – denn mit ihr beginnt schließlich die Geschichte jenes Doppelkontinents, der bis heute mit unverhülltem Neid auf die große geschichtliche Tradition der Alten Welt blickt.

Trotz zahlreicher Sensationsmeldungen über die ersten Amerikaner ist nämlich die ganze Frühgeschichte der Neuen Welt noch voll von ungesicherten Daten, und C. W. Ceram mag, als er sein letztes Buch über den ersten Amerikaner schrieb, bisweilen bedauert haben, daß er die wohlgeordneten Gefilde eurasischer Archäologie verlassen hat: die Unsicherheit in der Fundbewertung kommt in Amerika nämlich gerade aus jener Ecke, aus der man sich die große und unangreifbare Gewißheit erwartet hatte, von den Datierungsmethoden. So lange Radiocarbon- und Eiweißdatierungen, Geologengutachten und archäologische Befunde, paläozoologische und paläoklimatische Argumente voneinander nicht um Jahrhunderte oder Jahrtausende abweichen, sondern Schwankungen zwischen 40 000 und 10 000 (!) Jahren vorführen, bleibt eigentlich nichts anderes übrig als die reuevolle Rückkehr zu der guten alten Ausgräbermethode: Fund und Fundstelle, Objekt und objektführende Schichten gemeinsam zu prüfen, wie dies in der Dordogne, am Berg Karmel und anderen wichtigen Plätzen des mittelmeerischen Raumes geschehen ist und geschehen mußte.

An die sensationellsten der amerikanischen Funde haben zeitweise nicht einmal die Finder selbst geglaubt, wie im Fall jener Herdstelle von Lewisville in Texas, wo sich mit Knochen eiszeitlicher Tiere Holzkohlen fanden, die nach der

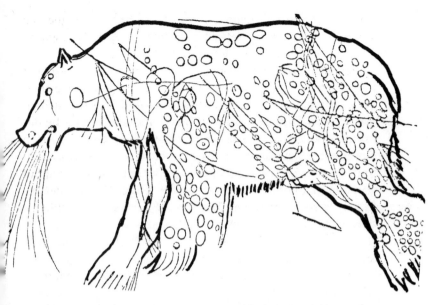

Von Einschußlöchern durchbohrte Bärendarstellung in der Höhle von Trois Frères bei Saint-Giron, Dep. Ariège

C-14-Methode 38 000 Jahre alt waren, wozu noch eine Reihe sehr primitiver Steinwerkzeuge kam und, verblüffend anachronistisch, eine jener Geschoßspitzen (steinernen Speerspitzen), wie sie in anderen Fundzusammenhängen stets auf ein Alter zwischen 8 - 11 000 Jahren datiert wurden. »Die als Herdstellen zu deutenden Bodenverfärbungen ließen sich als natürliche, d. h. durch Blitzschlag entstandene Feuer erklären. Der ganze Befund ist also noch sehr unsicher, weil offenbar bei der Freilegung nicht mit genügender Umsicht verfahren worden ist.« (Wolfgang Lindig)
Ähnliche Enttäuschungen bereiteten der Wissenschaft die Funde von Tule Springs in Nevada, die es sich gefallen lassen mußten, von stolzen 28 000 Jahren, die der C-14-Test für die Holzkohle ergeben hatte, auf 11 000 - 13 000 Jahre reduziert zu werden, weil sich herausstellte, daß jenes sensationelle Ergebnis gar nicht aufgrund von Holzkohle zustande gekommen war. Was blieb, war immerhin die Gemeinsamkeit gro-

ber Steingerätschaften mit den Knochen ausgestorbener Tiere wie Riesenfaultier (ein scheußlich-gelbes Ungeheuer von 750 Kilo Gewicht), Altbison, Urpferd und Mammut.

Weniger skeptisch zeigt sich Professor Lindig hinsichtlich der kalifornischen Insel Santa Rosa, die etwa siebzig Kilometer vom Festland entfernt im Pazifik liegt und trotz dieser beträchtlichen Distanz zum Kontinent einen veritablen Mammutfriedhof enthält. Da es ausgeschlossen erscheinen durfte, daß irgend jemand, um die Wissenschaft zu narren, so viele und so schwer wiegende Fossilien auf eine Insel schaffen konnte, Mammute andererseits aber keine Seelöwen sind, herrschte so lange Ratlosigkeit, bis die Geologen ermittelten, daß Santa Rosa während der tiefsten Absenkungen des Meeresspiegels in den Hoch-Zeiten der Vergletscherung zumindest bei Ebbe Landverbindung gehabt haben mußte und auch bei Flut nur durch drei Kilometer Wasserfläche von Kalifornien getrennt war.

Der jagende Mensch der amerikanischen Frühzeit fand hier also eine ähnliche günstige Situation vor wie auf den Fundplätzen von Solutré in Frankreich und Předmost in Mähren: die Zwergmammuts, die hier zusammengetrieben wurden, fanden bei Einsetzen der Flut keinen Ausweg mehr und konnten erbarmungslos abgeschlachtet werden. Die Köpfe der Tiere waren oft aufgeschlagen, damit man das Gehirn herausholen konnte, einen Leckerbissen, den also auch die Früh-Amerikaner nicht weniger schätzten als die Neandertaler. Und es gab so viele Feuerstellen auf der Insel, daß man an die natürlichen Ursachen wie Blitzschlag oder Waldbrand gar nicht erst zu denken brauchte. Die Herdstellen lagen auch, wie die Archäologen es aus Europa oder Vorderasien gewöhnt waren, in säuberlichen Schichten untereinander, die ältesten zuunterst, die jüngsten oben, und als sich schließlich noch ein Stück Zypressenholz fand, das von Mammutknochen zugedeckt und also in seiner Schicht gesichert war, da konnten die C-14-Spezialisten endlich neben der in Mißkredit geratenen Holzkohle eindeutiges Material prüfen: sie kamen auf 15 820 Jahre, während die Holzkohlenbefunde der ältesten Herdstellen, mit allerdings beträchtlichen Unschärfe-Toleranzen, bis zu 29 000 Jahre ergeben hatten.

Die Insel war nicht dauernd bewohnt gewesen, denn die Mammut-Skelette differierten im Alter um bis zu 20 000 Jahre – so lange hätte ihre insulare Existenz den Jägern niemals widerstanden, wären diese dauernd auf Santa Rosa heimisch gewesen. Die Insel war demnach, ihrer besonderen Lage wegen, wohl nichts anderes gewesen als eine riesige Mammut-Falle, und die Jäger der frühesten amerikanischen Besiedlungsphase hatten sie als solche erkannt; sie hatten sich also durchaus so benommen wie ihre Zeitgenossen, die Jäger des Magdalénien oder des späten Moustérien in Europa. Das Rätsel von Santa Rosa besteht eigentlich nur noch in dem Umstand, daß man keine Menschenknochen gefunden hat, ja nicht einmal sichere, einwandfreie Steinwerkzeuge. Die mährischen Fundorte vergleichbaren Charakters hatten Dutzende bestatteter Mammutjäger, Waffen und andere eindeutige Beweise für die Präsenz des Menschen und seine Mitwirkung an der Tierkatastrophe ergeben.

Man muß bei diesen Zweifeln allerdings auch bedenken, daß die Welt vor hundertdreißig Jahren, als die ersten epochemachenden Funde europäischer Urgeschichte gelangen, ähnlich skeptisch reagierte wie heute die zünftige amerikanische Forschung, und daß ein Gutteil der aktuellen Unsicherheit von außen her in die Bodenforschung hineingetragen wird – durch die noch nicht oder erst zu kurz erprobten, aber stets mit beträchtlichen Erwartungen begrüßten neuen technischen Datierungsmethoden. Und so, wie uns manche extrem frühe Datierungen übertrieben erscheinen, so ist gewiß andererseits auch die Vorsicht des konservativen Lagers überzogen, wenn man etwa ein unbestreitbar von Menschenhand verfertigtes und von Menschen benütztes Werkzeug wie einen Schaber mit deutlich gezähnter Kante nicht als sicheres Indiz gelten lassen will, weil er zwar einwandfrei auf ein Alter von 27 000 Jahren datiert wurde, es aber immerhin möglich ist, daß jenes Karibu-Schienbein, aus dem er gefertigt wurde, von einem seit Jahrtausenden toten Tier stammte.

Das Werkzeugmaterial sei also möglicherweise sehr viel älter als der Werkzeugmacher.

Da es vernunftgemäß auszuschließen ist, daß ein Jägervolk im Eis verschlossene Rentiere ausgräbt, um sich aus ihren Gebeinen Werkzeuge zu fertigen, haben wir mit diesem Schaber das unseres Erachtens älteste verbürgte Datum aus der Besiedlungsgeschichte Amerikas gewonnen. Es stimmt zu den geologischen und meereskundlichen Fakten, die im Zusammenhang mit dem versunkenen Beringia-Land ermittelt werden konnten, und kann uns beweisen, daß die Einwanderung aus Asien nach Nordamerika praktisch in dem Augenblick begann, da sich die Landbrücke aus den eiskalten Wogen des Nordpazifik heraushob und begehbar wurde. Aber dieser unschätzbare Schaber wurde im Yukon-Territorium gefunden, also einwandfrei nördlich der Eisbarriere. Er sagt nichts darüber aus, ob es den ersten Einwanderern gelang, den Korridor zwischen dem ost- und dem westamerikanischen Gletschergebiet zu finden, ehe er sich um 18 000 vor Christus für nicht weniger als elftausend Jahre schloß.

Vom Zeitpunkt dieser Abriegelung an war Nordamerika zweigeteilt, und es spielt nur eine geringe Rolle, ob die Barriere 2500 oder 1800 Meter hoch war, worüber die Forschung sich noch nicht einig ist; nie gab es eine wirksamere Abwehrmauer gegen menschliches Vordringen als diesen Eiswall, nur die Vögel und einige besonders robuste Tiergattungen mögen ihn an geeigneten Stellen bezwungen haben.

Ein schmaler Umgehungsweg existierte nur an der pazifischen Küste, wo zwischen den Gletschern und dem Meer eine begehbare Zone von gelegentlich nur wenigen hundert Metern Breite angenommen werden muß, der mildernden Wirkung großer Wasserflächen wegen. Hier sickerten die Jägerstämme ein, die sich zwischen 15 000 und 9000 vor Christus, also noch während des Bestehens der Eisbarriere, in Neu Mexiko, Colorado, Utah und Arizona mit einer Wildbeuter- und Jägerkultur dokumentierten, die etwa dem entsprach, was wir aus dem europäischen Magdalénien kennen. Die Werkzeugausstattung und der Zuschnitt des Lebens muten zwar primitiver an als im Europa des Cro-Magnon-Menschen, aber der Menschentypus aller bisher gelungenen Funde auf amerikanischem Boden war eindeutig der des Homo sapiens sapiens – nicht einmal Übergangsformen vom Neandertaler her zeigten sich.

Die Menschenreste aus Amerikas Frühzeit ließen lange auf sich warten; als sie sich dann einstellten, verursachten sie naturgemäß mehr Aufregung als die schönsten Pfeilspitzen. Wir sehen – um nicht endlose kriminalistische Untersuchungen anstellen zu müssen – vom ältesten und umstrittensten Stück ab, vom sogenannten Los Angeles-Man, der so lange in Museen auf seine Entdeckung wartete, daß heute niemand mehr sagen kann, ob er aus Amerika oder aus Europa stammt: er ist nach der C-14-Methode auf ein Alter von mehr als 20 000 Jahren datiert, *kann* also aus einer der ersten Einwanderungswellen stammen, ebensogut aber auch von einem Reisenden der Schnelldampferzeit aus Europa mitgebracht worden sein, wo er ja seit der Jahrhundertwende keineswegs mehr zu den großen Seltenheiten gehörte und möglicherweise gegen gute Dollars den Besitzer wechselte, wie so manches andere Stück aus alter Zeit.

Vielleicht haben wir damit dem ersten Amerikaner bitteres Unrecht zugefügt, und Unrecht war es vielleicht auch, daß eine Fünfzehnjährige vor etwa zehntausend Jahren in einen eiszeitlichen See in Minnesota gestoßen wurde, denn was kann ein Kind schon Todeswürdiges verbrochen haben. Minnesota-Minnie, wie die ehrfurchtslosen amerikanischen Journalisten die Tote nennen, kam durch einen Bulldozer 1931 ans Tageslicht und blieb trotz ihrer Jugend so lange die älteste Amerikanerin, bis bei einem Ort mit dem uns vertraut anmutenden Namen Scharbauer im westlichen Texas das Skelett einer jungen Frau gefunden wurde. Eine ganze Gruppe von Gelehrten arbeitete genau und vorsichtig zusammen, und mehr vorsichtig als genau fiel denn auch die gemeinschaftlich erarbeitete Datierung aus: mindestens 10 000 und höchstens 20 000 Jahre.

Der Tepexcan-Mensch aus dem Raum von Mexiko City fiel gegenüber den beiden Damen beträchtlich ab. Erstens war er nicht jung, sondern offensichtlich sehr alt, seine Zähne waren bis auf einige Stummel abgekaut, er muß von seinen Verwandten auf Rohkost gesetzt worden sein. Und zweitens datierte man ihn auf 10 000 Jahre oder nur wenig älter, womit er in den Bereich jener Wildbeuterkulturen fiel, die sich südlich der Eisbarriere angesichts eines offenbar sehr großen Wildreichtums hatten entwickeln können. Eine Sensation war dieser Tepexcan-Man somit allenfalls für Mexiko und für Mittelamerika, weil man nun mit einiger Sicherheit sagen konnte, daß die Einwanderer trotz gelegentlich schwieriger Wanderstrecken die große Entfernung von der Beringsee bis nach Mittelamerika in etwa zehntausend, höchstens aber fünfzehntausend Jahren zurückgelegt hatten.

In diesem Zeitraum wurden die Wanderbewegungen nur zeitweise wieder aufgenommen, in der Regel muß man davon ausgehen, daß die geringen Bevölkerungszahlen die Suche nach neuen Territorien als überflüssig erscheinen ließen, während die große Eisbarriere oder auch die Kunde von ihr genügten, die natürliche Neugier des nomadischen Jägers zu ersticken. Nur ganz Unentwegte oder vor Hunger Verzweifelte suchten und fanden den Weg an der Küste und stießen ins mildere Kalifornien vor.

Für die Rhythmen dieser Wanderungsphasen wäre es wichtig, viele Funde aus dem Gebiet nördlich der Eisbarriere zu kennen und datieren zu können. Aber dem ist leider nicht so. Zwar ist der bearbeitete Rentierknochen aus dem Yukon-Gebiet ein sehr wichtiges Indiz, aber eben nur eines, und die Hoffnung, dort noch mehr zu finden, ist gering, denn das Yukon-Territorium wurde ja wenige Jahrtausende nach dem Entstehen dieses Schabers zum Gletschergebiet ohne Besiedlung. Eben noch in Kanada, aber nur 60 Kilometer von der Grenze zu Alaska entfernt, liegt die Fundzone mit dem zungenbrecherischen Namen Engigstciak. Was sich dort fand, mutet im europäischen Vergleich recht altsteinzeitlich an, es sind Schaber aus Feuerstein, schwere Hau- und Schlagsteine (sogenannte Choppers, wie man sie auch im altsteinzeitlichen Afrika fand), aber auch Feuersteinklingen und sehr grob gefertigte Geschoßspitzen, die ältesten, die sich auf amerikanischem Boden fanden: Sie könnten etwa 16 000 Jahre alt sein und deuten auf eine kurze Wärmeschwankung vor dem Höhepunkt der späten Wisconsin-Eiszeit hin. Bei den Werkzeugen lagen zahlreiche Knochen vom Karibu, jenem nordamerikanischen Ren, das die eiszeitlichen Jägerkulturen Alaskas und Kanadas am Leben erhielt, dazu Skelette einer bald darauf ausgestorbenen Bisonart – also eine Fauna von nicht unbedingt arktischem oder Tundren-Charakter, aus einer Eiszeitphase, die Wanderungen begünstigte.

Nicht viel jünger sind Funde vom Anaktuvuk-Paß im Brooks-Range-Gebirge, das sich im nördlichen Alaska von Westen nach Osten zieht und Höhen von mehr als 2800 Metern erreicht. Es fanden also zweifellos schon in der ersten Phase der Einwanderung nach Nordamerika gewisse Bevölkerungsbewegungen oder doch Erkundungsvorstöße statt, und die frühen Jäger scheuten sich nicht, dabei Wegstrecken auf sich zu nehmen, die selbst heute noch als ausgesprochen beschwerlich gelten müssen.

Sehr viel schwieriger gestalteten sich die archäologischen Forschungen dort, wo man sich die wichtigsten Aufschlüsse erhofft hatte, nämlich in Meernähe, an jenen Küsten, an denen die Beringia-Wanderer amerikanischen Boden betreten haben müssen. Alaska öffnet sich nach Westen, zum Pazifik, mit zwei tiefen Buchten, von denen die nördlichere nach dem russischen Staatsrat, Reisenden und Dichter Kotzebue-Sund getauft wurde; die südlichere hingegen trägt den Namen des britischen Kolonialministers Lord Norton und bildet mit der Yukon-Mündung den Endpunkt der wichtigsten alten Verkehrsader. Schon Frederic Whymper aber (der Bruder des Matterhorn-Bezwingers) stellte bei seiner Alaska-Reise vor hundertzwanzig Jahren fest, daß neben dem Yukon uralte Landwege benutzt wurden: »Die Entfernung jenes Teils des Yukon, welchen wir besuchen wollten, von der Flußmündung beträgt zu Wasser siebenhundert Meilen, aber die Russen, die im Winter vom Nortonsund ausgehen, benutzen stets einen Landweg. Auf dieser Piste übersteigt die ganze Entfernung von (Fort) St. Michael kaum zweihundertdreißig Meilen. Die russisch-indianische Schlittenform, die wir anwendeten, ist ein ganz leichtes Bauwerk von Birkenholz; bloß zu den Kufen nimmt man ein anderes Material, und zwar gewöhnlich Knochen.«

Ähnlich zeitlos und somit archaisch muten die Häuser an, die Whymper vorfindet: »Auf dem linken Ufer befanden sich einige unterirdische Häuser, die für den Winter bestimmt waren. Man gräbt einfache Löcher in die Erde, versieht sie mit einem Dach und beschüttet dieses mit Erde. Als Eingang dient immer ein roher Schuppen aus Stämmen, in dem man ein Loch in die Erde gräbt, den Anfang eines unterirdischen Ganges. In diesen taucht man ein und kriecht auf Händen und Füßen in das Haus.«

Diese russisch-indianischen Gemeinschaften, von den Whymper, Rasmussen und andere Forscher des vergangenen Jahrhunderts bizarre Einzelheiten zu berichten wissen, weisen auf ein Zeitalter bin, in dem die Landbrücke zwischen Alaska und Sibirien nicht mehr bestand, die Kontakte aber durch primitivsten Bootsverkehr auf einem fast stets stürmischen und durch schnelle Strömungen gefährlichen Meer dennoch fortgesetzt wurden. Und obwohl man an diese Kajak-Überquerungen der Beringsee kaum zu glauben vermag, sind sie uns bedeutend besser bezeugt als die nur aus logischen Gründen zu vermutende, durch Funde jedoch noch nicht bewiesene Einwanderung auf dem Beringiaschild. Von Point Barrow in Nordalaska bis zu der Aleuten-Insel Anangula kamen Reste vorgeschichtlicher Kulturen zutage, die sich über den ganzen Zeitraum seit der letzten Eiszeit verteilen: Die auf Anangula gefundenen organischen Reste an Steingeräten erwiesen sich als 8000 Jahre alt, und der sogenannte Denbigh-Flint-Komplex, dessen Hauptfundstellen südlich der Norton-Bay liegen, zeichnet sich durch sehr sorgfältig hergestelltes Kleingerät aus Stein aus, dessen Alter auf etwa fünftausend Jahre geschätzt wird. Von diesem Zentrum leite-

ten sich wieder andere Kulturen (in Europa nannte man solche Kleinzentren Industrien) auf der Choris-Halbinsel des Kotzebue-Sunds ab und die aus ihr hervorgegangene Norton-Kultur. Man darf, ja man muß also annehmen, daß sich hier, im asiatisch-nordamerikanischen Begegnungsfeld, die wesentlichen Entwicklungen der Eskimokultur vollzogen haben, während weiterziehende Stämme nach und nach den ganzen amerikanischen Doppelkontinent erfüllten.
Forschergruppen, von denen die J. L. Giddings die erfolgreichste war, arbeiteten hier unter schwierigsten Bedingungen auf einem Boden, der nur zwischen Mitte Juni und Ende August aufgegraben werden konnte, während schon im September Schlechtwetter einsetzte und Feldforschung unmöglich machte. Dort, wo organische Substanzen und damit die Voraussetzungen für die C-14-Datierung fehlten, orientierte sich Giddings oft nach den Strandwällen, die vor allem im Gebiet von Kap Krusenstern und nördlich des Kotzebue-Sunds als regelmäßige Aufschüttungen der See Anhaltspunkte für das Alter von prähistorischen Siedlungen gaben. Nicht nur die Eskimos nämlich lebten in erster Linie von der Jagd auf die großen Meeres-Säugetiere, sondern auch ihre Vorgänger-Völker, und man erkannte bald, daß die landwärts liegenden, von vielen Strandwällen gegen das Meer hin abgegrenzten Siedlungen wesentlich älter waren als die am Meeresgestade.
Zwei Entdeckungen alter Kulturzentren gewannen hier besondere Bedeutung nicht so sehr für den Nachweis der Kajak-Infiltration aus dem ostsibirischen Raum als für jene Theorien, die frühe europäisch-amerikanische Verbindungen zum Gegenstand haben. Die erste von ihnen ist die sogenannte Ipiutak-Kultur, die andere die Birnirk-Kultur.
Auf die Ipiutak-Kultur stießen die Gelehrten H. Larsen, J. L. Giddings und F. G. Rainey vor etwa vier Jahrzehnten im Bereich von Point Hope, jenem Kap, das die Brooks-Range-Berge in die Tschuktschensee hinausschieben. Helge Larsen und Froelich G. Rainey haben hier nicht weniger als 575 Hausgrundrisse gezählt und eine Gesamthäuserzahl von 800 ge-

schätzt, von denen bis zu Beginn der Siebzigerjahre gut sechzig Häuser ausgegraben worden sind, woraus sich eine Gesamtbevölkerung von 4-6000 Menschen berechnen läßt. Es handelt sich also um eine für jene menschenarmen Gegenden sehr große Siedlung, die zwar nur zweitausend Jahre alt ist, aber zahlreiche archaische Charakteristika aufweist: Steine wurden noch nicht zugeschliffen, Keramik und Tranlampen waren gleichermaßen unbekannt.

Nun sind diese kleinen Tranlampen – Rasmussen hat sie uns geschildert – zwar beinahe Wunderwerke zu nennen mit dem Fettbehälter aus Speckstein und dem Docht, der aus zweckdienlich gehackten Moosen und Flechten gedreht ist, aber es bleibt doch verwunderlich, daß eine große Vor-Eskimo-Siedlung ohne sie auskommen kann, andererseits aber bedeutende Kunstwerke früher Eskimokunst hervorbringt. Sie vor allem sind es, die Ipiutak ins Gespräch gebracht haben, denn es handelte sich um Schnitzereien aus Walroßzahn-Elfenbein, die auffällig an den skythischen (aber auch in ganz Sibirien verbreiteten) Tierstil erinnerten. Wir kennen ihn aus der pontischen Heimat es alten Skythenvolkes vor allem aus den prachtvollen Metallarbeiten, die nicht ohne Einfluß auf die germanische Kunst geblieben sind, ja die ganze Völkerwanderungszeit künstlerisch beeinflußt haben. In Ipiutak wurden die kleinen Kunstwerke vor allem den Toten mit auf die Reise gegeben, den Toten der kleinen Stadt, die man angesichts der herrschenden Kälte oft einfach aussetzte, das heißt vor die Wohnzone hinausschaffte, gelegentlich aber auch in Holzsärgen bestattete.

Es fanden sich stilisierte Eisbären mit dem charakteristischen, gierig vorgestreckten Hundekopf auf langem Hals, also ein Stück Bärenkult Tausende von Kilometern von jenen Höhlen der Alpen entfernt, in denen wir auf den Bärenkult der europäischen Eiszeitjäger stießen. Aber es gab auch menschenähnliche Figürchen und rundum verzierte Schneebrillen: Elfenbeinplättchen mit schmalen Schlitzen, die den Strahleneinfall minderten. Neben Masken, Zapfen und Ketten fand sich auch ein rätselhaftes Objekt von etwa zehn Zentimetern

Länge, wie aus Zöpfen zusammengedreht und mit Oberflächen-Rillen versehen, so daß – angesichts der bekannten Fliegenpilz-Orgien der Eskimos – sich der Gedanke aufdrängt, hier habe man eine Art Elfenbeinvibrator, wenn auch ohne Strom vor sich, der den Eskimofrauen die langen Polarnächten verkürzt haben mag . . .

Einzelne der Bestatteten hatten auf ihren Gesichtern Totenmasken aus Elfenbein-Plättchen, und immer wieder fanden sich Tierfiguren, entweder nach dem natürlichen Vorbild von Bär, Walroß, Robbe oder Wolf, oder in phantastischer Kombination dieser wirklichen Tiergestalten. Überraschender als die menschlichen Figürchen selbst waren Elfenbein-Totenköpfe, in denen Augen aus Jade saßen. Das alles wies naturgemäß tief nach Sibirien hinein und schuf Verbindungen zu alten nomadischen Traditionen, von denen man angenommen hatte, daß sie aus dem asiatischen Raum nie hinausgelangt wären.

Zu den Rätseln der Ipiutak-Kultur gehört, daß sie zwar offensichtlich im Wechsel zwischen Fischerei und Rentierjagd existierte, daß man aber zum Beispiel keine Angelhaken fand, nur eine große Anzahl von Pfeilspitzen. Auch der Platz, der im Binnenland der Küstenstadt Ipiutak entsprach, also der Ort, wohin diese Vor-Eskimo-Jäger umzogen, wenn es Sommer wurde und die Eisfischerei mit der Jagd vertauscht werden konnte, ist bis heute nicht aufgefunden worden.

Noch verblüffender ist, daß die etwas spätere Birnirk-Kultur (um 500 nach Christus) zwar gewisse Übereinstimmungen mit der von Ipiutak aufweist, aber keineswegs als ihre Nachfolgerin, als aus ihr hervorgegangen gelten kann. Niemand weiß, was aus den vier- oder sechstausend Menschen von Ipiutak geworden ist. Birnirk stellt sogar einen gewissen Rückschritt dar. Zentrum des Lebens bildeten sechzehn Wohnhügel bei Point Hope, deren jeder eine Reihe von Hausruinen trug, Winterhäuser mit ingeniösen Vorkehrungen gegen die Kälte. Die Baumaterialien waren Treibholz, Walrippen und Rasensoden, die Grundrisse rechteckig, die Kunst fehlt: die Birnirk-Menschen hielten offenbar Tranlam-

pen mit Keramik-Untersatz und Kochtöpfe für wichtiger. Beide Kulturen weisen über die Insel des Beringmeeres, auf der sie Stützpunkte zu haben schienen, nach Asien hinüber, aber die Birnirkkultur schafft auch die Brücke nach Thule. »Alle typischen Waffen und Geräte, wie wir sie aus den historischen Eskimokulturen kennen, waren in der Thule-Kultur bereits vorhanden. Die Bevölkerung wohnte im Winter in Küstensiedlungen, im Sommer hielt sie sich zur Karibu-und Moschusochsenjagd, zur Vogeljagd und zum Fischfang im Innern des Landes auf und wohnte dort in konischen Fellzelten.« (Wolfgang Lindig)
Thule, das ist nichts anderes als Grönland, der poetische Name für jene große Insel, von der schon Pytheas von Massilia hörte, als er vierhundert Jahre vor Christus von Marseille aus ins Nordmeer segelte. Die Einheitlichkeit der frühen Eskimo-Kulturen in allen rund um den Nordpol zusammenliegenden Ländern und Inseln ist eines der Hauptargumente für jene vor allem von E. F. Greenman aufgestellte und verfochtene Theorie, daß die Besiedlung Nordamerikas von Nordwesteuropa aus erfolgt sei. Aus der nicht anzuzweifelnden Fähigkeit der Eskimos, mit urtümlich-einfachen Wasserfahrzeugen die arktischen Meeresstraßen zu befahren, und aus den festgestellten großen Wanderungen der paläo-indianischen Jägerstämme folgert er, daß die in Polnähe zeitweise nur geringen Strecken offenen Wassers bezwungen werden konnten: die urgeschichtlichen Jägervölker seien den Umgang mit den Booten schon von der Jagd auf die großen Meeressäuger her gewöhnt gewesen, Eisberge und Eisschollen hätten Trinkwasser geliefert.
Obwohl diese Theorie auf sehr viel schwächeren Beinen steht als die Annahme, die Jäger seien hinter den Rentieren her über die Beringiabrücke gekommen, so fällt doch auf, daß bis tief nach Nordamerika hinein, ja gewiß bis an den Rand des seinerzeitigen Eiswalls, die Indianer ganz ähnlich lebten wie die Proto-Eskimos der polaren Zonen, sofern es sich um die Sommerzeiten handelte. Nur im Winter unterschied sich ihre Lebensführung dadurch, daß die Indianer nicht ans Meer zo-

gen, sondern dem in den Schnee einsinkenden Wild auf Schneeschuhen nachjagten. Vor der Erfindung dieser Schneeschuhe (auf deren Bedeutung als erster G. Hatt in einem 1914 in Kopenhagen veröffentlichten Aufsatz hinwies) lebten sie wie die Proto-Eskimos im Winter von der sogenannten Eisjagd, und es dürfte schwer fallen, zwischen diesen paläo-indianischen Kulturen und den frühesten Eskimos nennenswerte Unterschiede aufzuspüren. Die Eskimos aber müssen keineswegs aus Sibirien gekommen sein, für sie war Thule ebenso nahe . . .

»In Amerika, Asien und Europa bilden die borealen Gebiete – damit sind nicht nur die Tundrazonen gemeint, sondern auch die riesigen Nadelwaldgürtel, die sich bis tief ins Herz der Kontinente erstrecken – einen einzigen zusammenhängenden Bereich mit grundlegenden Ähnlichkeiten in bezug auf die Naturverhältnisse und mit gewissen gemeinsamen Linien in der kulturellen Entwicklung. Die bestehenden Kulturunterschiede beruhen in vielen Fällen darauf, daß verschiedene alte Schichten in manchen Gebieten weitergelebt haben.«

Der Mann, der dies geschrieben hat, heißt Kai Birket-Smith und wußte, wovon er sprach, denn er war einer der Begleiter des großen Knud Rasmussen, des Grönländers, der von seiner zwischen Europa und Amerika im Eismeer liegenden Heimat aus in immer neuen Expeditionen die gleißende Wildnis der Arktis durchwanderte.

Man muß darum Herrn Greenman noch nicht glauben; nirgendwo ist es so lohnend, absurde Theorien aufzustellen wie in einem Land, dessen Presse sich mit Großauflagen auch der kühnsten Gedankengebäude annimmt und dem Autor damit eine Publizität sichert, die sich nicht selten umgekehrt proportional zur Wahrscheinlichkeit der Hypothese verhält. Dennoch glauben wir immer noch lieber an die Kajakflotten zwischen Spitzbergen und Baffinland als an jene andere, mit gleichem Ernst vorgetragene Theorie, in der die Herren A. A. Mendes-Corrêa und Paul Rivet behaupten, die Besiedlung des amerikanischen Kontinents sei nicht von Norden nach

Süden, sondern umgekehrt, von Süden nach Norden erfolgt: Australien und die Antarktis, auf der südlichen Polkappe ähnlich nahe beisammen liegend wie auf der Nordpolkappe die Eismeerinseln, Grönland, Nordkanada und Alaska, das große leere Australien also und der bis heute unwegsame antarktische Kontinent hätten Amerika mit Menschen versorgt. Diese hätten sich durch Feuerland, das sie als unwirtlich nur durchmaßen, nach Norden vorangekämpft und endlich über die mittelamerikanische Landbrücke auch den Raum der heutigen USA erreicht. Darum seien die prähistorischen Fundstellen in Mexiko, Neu-Mexiko, Texas und anderen Gebieten südlich der Eisbarriere auch um so vieles älter als die Funde aus Alaska.

Angesichts der zurückzulegenden Strecken in den von Dauerstürmen aufgewühlten südpazifischen Meeren lohnt es sich kaum, auf diese Theorie einzugehen, deren Wurzelgrund wohl die Absicht ist, Lateinamerika aufzuwerten und die alten europäischen Kulturvölker des Mittelmeerraumes damit auch in der Neuen Welt über den Norden zu stellen. Es ist auch undenkbar, daß Tausende von Kilometern Marschstrecke zwischen Kap Hoorn und dem La Plata fundleer bleiben können, während sich selbst auf den winzigen Inseln der Aleutengruppe und der Beringsee doch zumindest jahrtausendealte Hinweise gefunden haben. Aber herrschende Unsicherheiten und Widersprüche, wie sie jene Holzkohlen-Datierungen aus dem Süden der Vereinigten Staaten geschaffen haben, geben eben auch weit hergeholten Hypothesen Nahrung und Leben bis zum nächsten Fundbericht.

Das ungewollte Paradies

Das Ende der Eiszeit kam nicht plötzlich, aber im Verhältnis zu den bisherigen erdgeschichtlichen Abläufen doch sehr schnell. Zwar war es nicht so, daß der nun endgültig zum Homo sapiens beförderte späteiszeitliche Jäger eines Morgens seine Höhle oder sein Lederzelt verließ und anstelle von Kälte, Gletschern und Tundra liebliche Wiesen oder dichten Laubwald vorfand. Aber die Erde hatte sich doch in einer Klimaschwankung von unerklärlicher Schnelligkeit vom Eis befreit, und schon zweitausend Jahre nach dem Eiszeit-Ende ist in Europa eine ausgesprochene Warm-Zeit zu verzeichnen, deren Temperaturmittel bis heute nicht mehr erreicht wurden.
Der Mensch, dessen Entwicklungs- und Anpassungs-Phasen sich bisher im Rhythmus von Jahrhunderttausenden vollzogen, der Mensch, der den robusten Vetter aus dem Neandertal opfern mußte, weil ihm in höchster Spezialisierung eben diese Anpassungs- und Entwicklungsfähigkeit verlorengegangen war, sah sich also ziemlich plötzlich einer neuen Welt gegenüber. Daß die maximal zweitausend Jahre, die ihm für einen Übergang aus der Eiszeit ins Warmparadies zugemessen waren, rein evolutionistisch gesehen nur einer Sekunde gleichkamen, ist klar. Der körperliche, der gesamte psychosomatische Habitus des Menschen konnte sich also gar nicht

verändern und hat sich auch nicht verändert. Wir stecken alle noch in der Cro-Magnon-Karkasse der ausgehenden Altsteinzeit, und der Steinzeitmensch steckt in uns. Wir haben ein aus unserer Gegenwart und ihren moralischen Maximen nicht erklärbares Vergnügen an der Jagd und am Sammeln; wir wissen einen tiefsitzenden, untrennbar zu uns gehörenden Spieltrieb in uns, der kein Atavismus ist – denn zurückfallen kann man nur in Phasen, die man verlassen hat. Wir haben die Steinzeit letztlich nie verlassen, wir bemühen uns nicht einmal ernsthaft, sie zu verdrängen, sondern appellieren ständig an unsere niedrigsten Instinkte und beziehen aus ihnen unsere intensivsten Vergnügungen. Wir sind nur zum Schein monogam und durch einen Schein dazu gezwungen; wir leben unter dem Mutterrecht und haben das Patriarchat gegen unser diluviales Erbe nie durchsetzen können. Wir sind von einem tiefen Mißtrauen gegen Ratio und Fortschritt, gegen die reinen Verstandeskräfte und die Logik erfüllt, weil unsere Überlebenshoffnung eben auf jenem Kernbestand naturnaher Steinzeitreaktionen beruht, die wir uns in den zehntausend Jahren einer richtungslosen und hemmungslosen Anpassungsphase bewahren konnten, bewahren durften dank dem gnädigen Ratschluß irgendwelcher alter Höhlen- oder Muttergottheiten.

Wenn man uns heute versichert – und der Chorus Mysticus der Grünen tut es ohne Unterlaß –, daß wir es schwer haben werden, zu überleben, so mag es uns ein Trost sein, daß der Mensch der ausgehenden Eiszeit eine andersgeartete und dennoch vergleichbare Krise durchstehen mußte und durchgestanden hat, nicht etwa, weil ihn irgend jemand aus dem Paradies vertrieben hätte, sondern weil er um sich ein Paradies entstehen sah, das er nicht gewollt hatte und in dem er um ein Haar zugrunde gegangen wäre. Die Situation unserer Vorfahren im mittleren Europa glich jener eines Eskimostammes, den man nach Angola verpflanzt hat. Die Krise hatte in den verschiedenen Erdteilen und Klimazonen naturgemäß auch ein verschiedenes Gesicht, aber eben das zeigt uns, daß die Tatsache einer grundlegenden Veränderung genügte, um eine weltweite Gefährdung des angepaßten Lebewesens Mensch herbeizuführen, ganz gleichgültig, ob es sich – in Europa – um das Entstehen von ausgedehnten Wäldern und großen Sumpfgebieten handelte oder – im nördlichen Afrika – um eine schnelle Austrocknung mit radikaler Verschlechterung der Lebensbedingungen. Der Mensch konnte in der Tundra leben, vielleicht sogar mit den Gletschern, er konnte auf Trockensteppen und unter diluvialen Regengüssen existieren, wenn ihm die Erde Zeit ließ, sich an diese Extreme anzupassen. Dieses *fair play* hatte etwa drei Millionen Jahre lang einen langsamen Aufstieg unserer Art vom grunzenden Dreiviertelaffen bis zu den Kunstschöpfern des Magdalénien ermöglicht. Plötzlich aber schien dieser ungeschriebene Pakt gekündigt zu sein; die Rentierjäger aus dem Allgäu fanden die weiten leeren Flächen nicht mehr vor, auf denen sie hinter den Herden hergezogen waren, sondern gerieten in dichten Wald oder tiefen Sumpf, und die Jägervölker aus der Sahara zogen sich nach Osten, zu den letzten Resten der gewohnten lebensspendenden Feuchtigkeit zurück und besiedelten das trotz seiner Überschwemmungen immerhin wirtliche Niltal.

Blicken wir aus unserer Zeit zurück, so ergibt sich naturgemäß eine andere Optik. Die Forschung feiert denn auch mit gelegentlich hymnischen Wendungen den Aufstieg der Menschheit vom nomadischen Dasein zum seßhaften Leben, von der einfach aneignenden Lebensweise der Jäger und Sammler zur produzierenden der Ackerbauer und der Viehzüchter und stellte jene Revolution, wie sie die nacheiszeitliche Umstellung mit sich bringt, an den Anfang des im engeren Sinn menschlichen Daseins. Ich vermag dennoch den Verdacht nicht loszuwerden, daß in jener Krise Unwiderbringliches verlorenging, dem Europäer, aber auch den Menschen anderer Zonen.

In der Historiker-Euphorie über den endlichen Beginn sinnvoller Beschäftigungen wird die vitale Bedeutung jenes Böse-Buben-Daseins übersehen, das der Jäger und Sammler führen durfte. Es steht heute fest (und am deutlichsten hat Karl J.

Narr darauf hingewiesen), daß sich nach dem Ende der Eiszeit Europa zunächst entvölkerte, daß die Warmzeit also nicht etwa ein Ansteigen der Bevölkerungszahlen brachte, sondern daß ganz offensichtlich zahlreichen Jägergruppen die Anpassung an die neuen Verhältnisse nicht gelang und sie zugrunde gingen. Besser waren nur jene Stämme dran, die an den Ufern von Flüssen, Seen und am Meer gelebt hatten, wo sich die Daseinsbedingungen und die Mechanismen des Nahrungserwerbs nicht nennenswert geändert hatten. Auch einige vergleichsweise kleine Bereiche wie etwa das nördliche England sind Ausnahme-Zentren eines kaum gefährdeten Übergangs, weil dort das Land schmal und die Lebensweise zwischen Küsten- und Binnenlandexistenz seit langem gut ausgewogen war.

»Ohne eine schematische Generalerklärung einführen oder befürworten zu wollen, dürfen wir doch die Aussage wagen, daß die hochspezialisierten Eiszeitjäger sich derart an die kaltzeitlichen Bedingungen aogepaßt hatten, daß den meisten von ihnen eine erneute Umstellung nicht mehr gelang: die Beharrungs- und Bewahrungstendenz, die neben der schöpferischen Freiheit nun auch einmal der Menschennatur eigen ist, war offenbar stärker.« (Karl J. Narr)

Eines der deutlichsten Symptome dafür, daß diese Krise aus dem Materiellen ins Geistig-Seelische hineinwirkte, ist das Versiegen der Kunst. Die erste schöpferische Phase der Menschheit, die erste so eindrucksvolle Hoch-Zeit der Kunstübung aus der Kunst-Entdeckung heraus, erstirbt in der tiefen Unsicherheit gegenüber den neuen Lebensumständen, im Irrewerden an der Mutter Natur.

Wie sehr der Mensch bis dahin ein Stück Natur gewesen war, hatte er einwandfrei, stichhaltig und ohne seine Art zu schonen dadurch bewiesen, daß er das Schicksal anderer Geschöpfe geteilt und mit ihnen aufgestiegen oder untergegangen war. Dieses Verhältnis einer Anpassung des Menschen an die Natur – die ihn keineswegs schonend behandelte – sollte sich jetzt umkehren, und diese Umkehrung in eine Epoche, in der wir Menschen uns einbilden, die Natur unter-

werfen, besiegen und schließlich ganz vergessen zu können, diese Umkehrung wird von der historischen, aber auch der prähistorischen Disziplin als der große Fortschritt gefeiert, als der endgültige Aufstieg zu den Höhen des Lebens. »Einige zehntausend Jahre oder mehr vor der Entstehung der primären Hochkulturen war ein Teil der Menschheit vor dem Klimawechsel, der in der Welt auf die letzte Eiszeit-Periode folgte, in ständiger Bewegung gewesen. Es handelte sich hier um die Völker, welche die nah- und mittelöstlichen Gebiete der Alten Welt bewohnt hatten, etwa von der Sahara im Westen bis zum Iran im Osten. Diese Länder waren in der neuen Klimaphase einer langsamen Austrocknung unterworfen, und ihre Bewohner entwickelten allmählich eine neue Lebensform, die von der Forschung zusammenfassend mesolithische und Ackerbau-Kultur genannt wird. Einen Höhepunkt dieser Entwicklung, der den Menschen zugleich eine gewisse Ruhepause gewährte, bedeutete das Aufkommen eines primitiven Getreidebaus, einer der frühesten Arten des Feldbaus, vielleicht der frühesten überhaupt. Mit dieser Errungenschaft hatten die Völker, die es dazu gebracht hatten, einen vorläufigen Sieg über die unerbittliche Verschlechterung ihrer Lebensbedingungen davongetragen . . . und man kann mit gutem Grund annehmen, daß die Gewohnheit, mit kulturellen Fortschritten Veränderungen in der Umgebung zuvorzukommen, ein Teil der Kultur selbst wurde.«
Als die nächste Stufe sieht Rushton Coulborn, britischer Gelehrter an der amerikanischen Universität von Atlanta, dann die Phase der Hochkulturen an, in der die menschliche Anpassung an die Umgebung »ziemlich ungebräuchlich« wird. Sie erscheint verdrängt »von der neuen Gewohnheit des Kulturmenschen, die Natur zu Anpassung zu zwingen«. Für den Menschen, dem Aktivität, Produktivität und Erfindungsgabe eingeboren und angeboren sind nach dem mythischen Vorbild Prometheus, beginnt damit die höchste Stufe seiner Existenz. Zugleich aber mehren sich die Anzeichen für die Erkenntnis, daß der ackerbauende Prometheus nicht mehr viel Zeit hat, gewiß nicht annähernd soviel wie sein altsteinzeitli-

cher Vorfahr, der als ein Geschöpf unter Geschöpfen den Tierherden folgte und der Zeit nur dadurch seinen Tribut zollte, daß er, sehr gelegentlich und nur in gewissen Stimmungen, ein Tier, ein Weib, einen Kampf oder einen Traum an eine Höhlenwand malte.

Ehe er endgültig in die Geschichte eingeht, aus der es kein Entrinnen mehr geben wird, schlägt uns der Mensch noch einmal ein großes Buch jener selbstgenügsamen Bilder auf, die seine Entwicklung seit dem Untergang des Neandertalers begleiten. Und ganz so, als leuchte schon das volle Licht unseres Wissens über diesen letzten Jägern und ersten Viehzüchtern, wählen sie nicht mehr die Höhlen zum Pergament ihrer Selbstbekundung, brauchen nicht mehr Fackeln, Lampen und Farbstaub, sondern zeichnen und malen die Lebenszeugnisse ihrer Kultur an die von der Sonne ausgedörrten Felswände in den Bergmassiven der Sahara. »Die eiszeitlichen Malereien Frankreichs und Spaniens haben Aufschluß über gewisse Einzelheiten aus dem Leben und den Sitten der Höhlenmenschen gebracht, sie berichten aber nur wenig über die Art und den Ursprung ihrer Schöpfer. Im Gegensatz dazu bilden die Malereien von Tassili ein wahres Archiv, das eine sehr deutliche Vorstellung gibt von der Urbevölkerung der Sahara, von den verschiedenen aufeinanderfolgenden Stämmen, den Wellen von Nomaden und den fremden Einflüssen, die sie mitbrachten.« (Henri Lhote)

Wir wissen heute nur zu genau, wozu man Archive anlegt: in der eitlen Hoffnung, damit die Vergänglichkeit zu betrügen, dem Rinnen der Zeit ein Schnippchen zu schlagen, kurz – wie Faust es versuchte – dem Augenblick Dauer zu verleihen. Aber es bleibt eben ein faustisches Streben, an dessen Ende immer noch der Untergang steht, nur nunmehr wohldokumentiert. Als der Mensch begann, sich über den Tod Gedanken zu machen, versuchte er ein Stück anderen, unbekannten und lediglich postulierten Lebens an das irdische dranzuhängen und seine toten Angehörigen dafür auszustatten. Als der Cro-Magnon-Mensch den Untergang einer ganzen menschlichen Entwicklungsstufe mitansehen mußte, nämlich

Rillenschliff-Darstellung aus Kasr-Amar im Sahara-Atlas

Wagendarstellung von Acacous, Zentralsahara

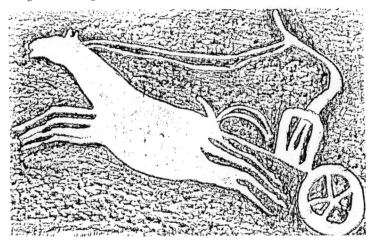

das hilflose Aussterben des Neandertalers, begann die Selbstverewigung des Menschen in der Eiszeitkunst. Und als die Sahara-Nomaden von ihren wildreichen Steppen Abschied nehmen mußten, um in die Erstarrung der Seßhaftigkeit zu schlüpfen und wenigstens als geknechtete Niltalbauern zu überleben, da feierten sie diesen Übergang von der frei schweifenden löwengleichen Souveränität zur Domestizierung in einer Bilderfülle, wie sie uns aus der Vorgeschichte kaum anderswo überliefert wurde. An die Felsen des Tassili-Massivs schrieben schwarze und braune Jägervölker sprachlos und doch unmißverständlich ihr *Verweile doch, du bist so schön*.

Nordafrikanische Felsbilder sind seit etwa hundertfünfzig Jahren bekannt. Frédéric Cailliaud, französischer Goldschmied mit archäologischen Neigungen, entdeckte die Felsbilder im Raum Assuan in den Zwanzigerjahren des vorigen Jahrhunderts; 1847 wurden französische Offiziere bei einer Strafexpedition gegen die Beni Ksour auf die Felszeichnungen von Tiout und Moghar-el-Tathani aufmerksam, und schließlich gelangte unser Heinrich Barth auf seiner gefahrvollen Tschadsee- und Timbuktu-Reise (1849-1855) zu den Felsbildern der Libyschen Wüste.

Hundert Jahre nach ihm stellte Henri Lhote, damals am Beginn seiner Karriere, in einer großen Expedition den ganzen verblüffenden Umfang jenes Felsbilderbuches fest, das uns ein einzigartiges Bild von achttausend Jahren menschlichen Lebens in der Sahara gibt und unschätzbares Anschauungsmaterial aus jenem schicksalhaften Übergang, in dem der Mensch sich zum Herrn der Natur zu machen suchte und das erzwang, was sie bis dahin, zwar unwillkürlich, aber doch ohne seinen Eingriff, dem Menschen zugewandt hatte.

Unsere Kenntnis von den inzwischen ausgestorbenen Tieren gestattete uns, die erste und älteste Felsbilder-Schicht auf eine Epoche zu datieren, die etwa 8000 vor Christus begann und fünfzehnhundert Jahre währte. Die Sahara war eine wohlbewässerte und auch vom Himmel reichlich bedachte wildreiche Savanne, in der sich der Kaphirsch noch tummelte und die neben einer erklecklichen Anzahl von Raubtieren auch ganzen Stämmen von Jägern das Leben gab. Charakteristische Bilder von Zauberern mit Masken ließen erkennen, daß die Sahara in jenen frühen Zeiten zeitweise eine negroide Bevölkerung hatte, die ihre Frauen mit allen typischen Merkmalen, den Hängebrüsten und dem Fettsteiß, darstellte, ehe sie nach Westen, in den Raum der Elfenbeinküste abwanderten, wo bis heute ganz ähnliche Masken wie jene aus den Höhlen des Tassili bei Initiationsriten noch im Gebrauch sind.

Nach einer Übergangszeit mit verschiedenen Stilrichtungen, wie sie die Bevölkerungsmischungen oft im Gefolge haben, setzte sich die Periode der Rinderhirten durch, die von 6000 bis 1200 vor Christus andauerte und damit in die parahistorische Epoche der Sahara hineinreichte, das heißt in jene Zeit, da am Ostrand der Sahara bereits eine geschichtliche Kultur existierte. Die Periode der Streitwagenvölker um 1200 vor Christus ist im vorderen Orient bereits historisch, denn es könnte sich bei den im Tassili abgebildeten Kriegern mit der neuen Wagenkampf-Technik um jene Philister handeln, die als dynamisches Element der sogenannten Seevölker auch in Ägypten und Palästina auftreten. Die nächste Zäsur bedeutet dann jenes Tier, das uns heute mit dem Landschaftsbild Nordafrikas untrennbar verbunden zu sein scheint und das doch relativ spät in diesen Gegenden auftauchte: das Kamel, jenes seltsame Reittier, das den zu Pferd kämpfenden Völkern noch so unliebsame Überraschungen bereiten sollte . . .

In der ganzen Abfolge unterscheidet Lhote sechzehn Stufen mit mindestens dreißig Stilen, so daß wir es uns versagen müssen, systematisch ins Detail zu gehen; aber die Haupt-Charakteristika sagen schon genug, wenn wir uns allein an die seltsam schematisierten Menschen der ältesten Perioden halten. Die bläuliche Tonfarbe, in der sie dargestellt sind, die riesigen Rundköpfe, die kaum etwas Menschenähnliches und vor allem keinerlei Gesichtszüge haben, lassen tatsächlich an Astronauten denken, ohne daß Lhote, der ja in den Fünfzi-

Felsmalereien aus Oued Mertoutek (Hoggar, Nordafrika, 5. bis 2. Jahrtausend v. Chr.)

gerjahren erstmals im Tassili weilte, solche Gedanken schon kommen konnten.

Die Szenen werden irdischer, als diese Monstren rot gefärbt auftreten, kleine Hörner tragen und einen Lendenschurz, wobei sie sich in Tanzszenen bewegen wie kleine Teufel. Während in der franco-kantabrischen Kunst das Tier im Mittelpunkt steht, kommt es hier erst auf späteren Stufen hinzu.

Neben den Astronauten gab es nur gelegentlich Mufflons und Elefanten, später nur das Nashorn und eine große Antilopenart. Die Menschen tragen Schmuck und bemalen sich die Körper; die Muster dieser Bemalungen oder gar Tätowierungen wirken negroid und kehren in Zentralafrika bis heute wieder.

Verblüffend und rätselhaft stehen große Kompositionen zwischen Zeichnungen und Malereien rein illustrativen Charakters. Götter oder Zauberer mit Ochsenmasken heben beschwörend die Hände, während eine auf dem Rücken liegende, vermutlich gebärende Frau wie schwebend auf die 325 cm große Mittelfigur zutreibt. Weniger geheimnisvoll, aber ebenso faszinierend ist eine in Gelb und Weiß gehaltene laufende Frauengestalt auf einem etwas abseits liegenden Fels von Auanrhet. Auch von ihrem Kopf ragen die Rinderhörner ab, sind aber von kleinen Punkten umgeben, in denen Lhote einen Hinweis auf den Körnersegen aus der Feldfrucht sieht. Die im Tanz laufende oder springende Frau trägt an den Oberarmen und in den Händen Schleifen mit schleierartigen Gehängen, ebenso an den Knien (wie man es noch heute bei Medizinmännern und Kulttänzen sehen kann). Auch der Lendenschurz ist solch ein Schleier, unter dem man die Schenkel erkennt: eine junge Priesterin beim Fruchtbarkeitstanz oder aber die bildnerische Vorstellung von einer Göttin des Feldbaus.

Bilder von großartiger bunter Bewegung zeugen dann von der Rinderzeit, von der Viehzüchterepoche, wo der Mensch ganze Herden vor sich her treibt. Die Frauengestalten dieser Periode lassen das Durcheinanderwogen der Bevölkerungen erkennen und die Einflüsse aus der in der Seßhaftigkeit sich festigenden Niltalkultur. An der Wand eines Steilhangs im Wadi Tamrit fand sich die Darstellung zweier Negerinnen, nackt, mit kräftigen Schenkeln und Fettfalten am Bauch, dazu ein in klarer Linie, aber nur in Strichmanier wiedergegebener Stier. Am linken Ufer des Wadi Jabbaren begegnete Lhote hingegen zwei grazilen Mädchen mit eleganten Köpfen und hellen Augen, rot gehalten wie die beiden nackten Nege-

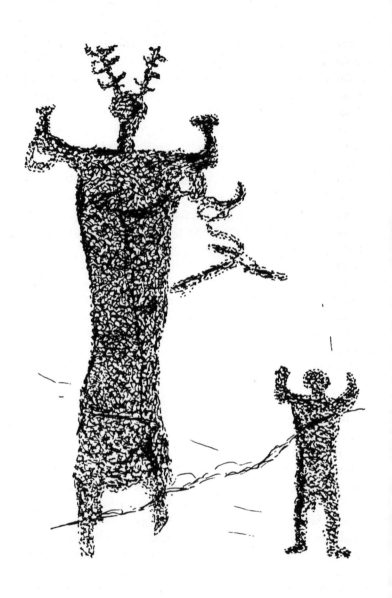

Gepunztes Felsbild aus Valcamonica, Italien

rinnen, aber mit weißen Gewändern bekleidet und durch weißen Kopfputz beinahe aristokratisch wirkend. Einer lugt die linke Brust aus dem Trägerkleid, die Armhaltung erinnert an die Darstellungsweise ägyptischer Tempelwände und verrät damit künstlerische Einflüsse, die sich neben der Rinderzeit noch verstärken werden. In den Motiven, ja vielleicht auch in den Beweggründen bleibt die Felsmalerei jedoch konsequent um die große Szene bemüht und damit dem Sahara-Leben mehr verpflichtet als allen Einflüssen von außen.
Seit auch die vor-dynastischen Kulturstufen Ägyptens immer besser bekannt werden, haben wir zunehmende Anhaltspunkte für die Datierung auch der nordafrikanischen Felsbilder gewonnen, die nur in losem, ja wenn man will rein künstlerischem Zusammenhang mit dem Niltal stehen. Eine weitere Datierungshilfe bieten die Übermalungen. Zwar zerstört uns irgendein willkürlich in eine große Tanzszene gesetzter Stier natürlich den Gesamteindruck, die Wissenschaft aber gewinnt aus den an manchen Orten bis zu zwölffachen Übermalungen wertvolle Hinweise auf das Vor- und Nachher und auf die Abläufe des Lebens in der Sahara selbst.

Was uns in diesem Kapitel interessiert, ist der Übergang vom Wildbeuter-Dasein zur zielbewußten Viehzucht und von der Jagd zur bäurischen Existenz. Die ersten deutlichen Hinweise auf die Viehzucht geben uns die Felsbilder von gescheckten Rindern, die man ja als Ergebnisse von Kreuzungen, als einen Züchtererfolg, ansprechen muß. Aber auch die sichtliche Freude des Künstlers an den wogenden Rücken einer großen Herde, das Auftreten geschlossener Rinderrudel von offenbar Hunderten von Tieren lassen erkennen, daß hier nicht mehr eine Wildbeutergruppe den Herden folgt, sondern daß hier ein Stamm einen großen Tierbestand als seinen kostbarsten Besitz pflegt und sich an dieser stetigen Quelle der Nahrung erfreut.
Die neben den Rindern auftretenden Menschen haben oft erhobene Arme, was als kultische Handlung gedeutet und mit einem Rinderkult in Zusammenhang gebracht wird, wie er

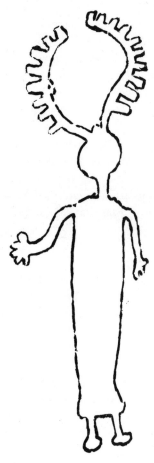

»Schamanengestalt« aus dem
Nine Mile Canyon, Utah, USA

im Mittelmeerraum schon in den frühesten Anfängen der Hochkulturen nachweisbar ist (man denke nur an den Minotaurus, den heiligen Stier auf Kreta, oder an Zeus, der sich in einen Stier verwandelt). Die großen Szenen machen aber auch deutlich, daß sich die Sahara-Tierzüchter bereits wie die Cowboys späterer Zeiten und anderer Weltgegenden zusammentaten, wenn es galt, Herden zu teilen oder einzelne Tiere auszusondern und zu fangen. Finden sich auch in den stark stilisierten Felsbildern keine Hinweise auf Lassoschlingen oder Bola-Kugeln, so muß doch angenommen werden, daß

17 Glockenbecher (Schnurkeramik). Fundort: Tököl, bei Budapest.
Links ein Original, rechts eine Nachbildung dieser jungsteinzeitlichen Keramik.

18 Weibliche Tonfigur aus der Gegend um Hacilar (Türkei). 6 000 v. Chr.

9 *Frauenkopf. Fundort: Unter-Wiesternitz (Tschechoslowakei).*

20 a *Frauenfigur aus Knochen mit unförmigem Leib und Gesäß. Fundort: Jeliseewskij/Don.*

20 b *Frauenfigürchen aus Knochen. Frontalansicht. Fundort: Jeliseewskij/Don.*

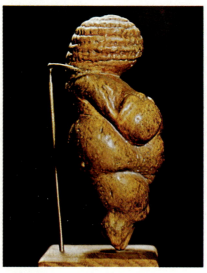

20 c *Die Venus von Willendorf. Seitenansicht, links.*

spezielle Rinderhirten in diesen notwendigen Aktionen große Erfahrungen besaßen und ähnliche Behelfe entwickelt hatten. Meist wurden allerdings die Tiere, die man als Nahrung brauchte oder aus anderen Gründen aussondern wollte, etwa weil es zu viele Stierkälber gab, ganz einfach mit Pfeilen herausgeschossen. Die Domestizierung des Hundes, der schon bei der Jagd gute Dienste leistete und in der feuchter werdenden mitteleuropäischen Welt den Jägern manches erlegte Wild aus den Tümpeln gebracht hatte, wird auch für den Viehzüchter nützlich. Der Hund tritt als ältester Gefährte des Menschen auf die Seite des Herrn, während das Rind Objekt bleibt, ob es nun gejagt oder aus dem Kral geholt und geschlachtet wurde.

So wie die Rinder ganz offensichtlich verschiedenen Rassen angehören und also keinen natürlichen Viehbestand darstellen, sondern eine zusammengebrachte und gehegte Herde, so erkennen wir an den Bogenschützen, ihrer Bogenhaltung und Bekleidung ganz deutlich, daß sie verschiedenen Stämmen oder Völkerschaften zugehören. Es gibt den einfachen Rundbogen, der stark elastisch ist und beim Anspannen einen Dreiviertelkreis bildet, und jenen dreifach geschwungenen, schwer zu spannenden Bogen vermutlich vorderasiatischer Herkunft, den man später den skythischen nennen wird. Verschiedene Waffenträger auf ein und demselben Territorium, das ist zu keiner Zeit gut abgegangen, und so finden wir denn bald auch Darstellungen, in denen die Bogenschützen nicht auf Rinder oder Mufflons zielen, sondern auf andere Bogenschützen, und es kann uns nicht sonderlich überraschen, daß gerade diesen Bildern eine besondere Anteilnahme der Künstler gilt: Die Kriegsberichterstattung ist geboren, vom Kampf Mensch gegen Mensch geht eine ungleich stärkere Faszination aus als vom gewohnten Erlegen der Tiere.

Hermann Müller-Karpe sieht in seiner *Geschichte der Steinzeit* darin kein zufälliges Aufeinandertreffen, kein gelegentliches Kräftemessen, sondern einen grundsätzlichen und unvermeidlichen Wandel des menschlichen Zusammenlebens auf

der Erde. Er stützt sich bei dieser Annahme auf die bis heute noch nicht voll erklärbare neue Technik der Mikrolithen, der kleinen Stein-Teile, die für sich genommen kaum verwendbar erscheinen, die aber als Zusätze, Einpaß-Stücke, Befestigungskeile usf. vorhandenes Gerät und Waffen beträchtlich verbessern konnten. Da die Jagdgerätschaften bereits am Ausgang der Altsteinzeit eine gewisse Vervollkommnung erfahren hatten und allen damaligen Anforderungen genügten, könne es sich bei den Mikrolithen nur um den Beweis dafür handeln, daß der Mensch fortan nicht nur als Jäger, sondern vor allem als Krieger leben mußte und dafür ein weiteres Raffinement seiner Gerätschaften anstrebte:
»Die am Beginn des Neolithikums sich vollziehende, den paläolithischen Urzustand der Menschheit beendende Psychoevolution, die das Selbstbewußtsein des Einzelnen und des Sozialverbandes in einer neuen Dimension erleben ließ, kann sehr wohl dazu geführt haben, daß nun das Verhalten der Populationsgruppen zueinander durch einen neuartigen Wesenszug gekennzeichnet wurde, der als spezifisch kriegerisch zu bezeichnen ist.«
Im schlichteren Sachbuch-Deutsch ausgedrückt: Während der Wildbeuter sich mit anderen Wildbeutergruppen in den Gesamtbesitz Natur teilte, haben Viehzüchter und die in manchen Flußtälern schon existierenden Ackerbauern einen Eigenbesitz neuer Art. Bislang mag es auch schon Kampf gegeben haben, im Zusammenhang vor allem mit der maskulinen Ur-Rivalität um den Besitz einer Frau oder der Frauen. Vielleicht gab es auch den Jägerstreit um die Beute, wenn es nicht ganz klar war, welcher Pfeil getroffen, welcher Speer getötet hatte. Aber die kollektive Abwehr der Fremden vom Gemeinschaftsbesitz der Herden oder Weidegründe ist neu. Die primitivste Formel für diese Psychoevolution wäre wohl die alte Weisheit, daß der Besitz den Menschen verändert, in der Regel aber nicht besser macht. Aber die Folgen dieser neuen Situation und der aus ihr fließenden Seelenhaltung gehen doch weit über das hinaus, was solch eine Lebensregel subsumiert. Bleiben wir zunächst bei der Kunst, die dreißig-

tausend Jahre lang Spiel, Kult, Sex und damit eigentlich all das manifestiert hat, was dem Menschen über seine animalische Existenz hinaus zu einem freudvollen Dasein verholfen hat. In sie kommt mit den Szenen der aufeinander zielenden Bogenschützen ein neues Element, nämlich das der historischen Reportage. Für die gelehrte Welt wird sie damit zum Dokument, wie sich ja aus den auf die Bogenschützen folgenden Kampfszenen mit den Streitwagen ergibt, den in höchstem Einsatz galoppierenden Zugpferden, den Zusammenhängen mit den Seevölkern, den Pferdedarstellungen der minoischen Kultur, der Historiographie in Hieroglyphen. Für die Entwicklung des Menschen sind diese ersten Kampfszenen weniger erhebende Dokumente. Sie signalisieren uns eine neue Ära, in der nicht mehr der große Jäger gefeiert wird, sondern der große Krieger. In den Gräbern werden sich Attribute für den tüchtigsten Kämpfer finden, wie es jene von Müller-Karpe im Zusammenhang mit seiner These als Beweis herangezogene Bestattung aus dem westfranzösischen Téviec uns zeigt. Auf einer kleinen Insel dieses Namens im südbretonischen Golf von Morbihan wurden in zehn Gräbern nicht weniger als sieben Männer, acht Frauen und acht Kinder in Hockstellung beigesetzt und mit Ocker bestreut, über den Gräbern lag ein Muschelberg.

»Innerhalb einer Gruppe von Männer- und Frauengräbern zeichnete sich ein zwanzig bis dreißig Jahre alter Mann durch besonders reichen Kopf-, Hals- und Armschmuck aus. Er zeigte am Kiefer eine schwere Verwundung, die aber verheilt war, sowie zwei Pfeileinschüsse im Rücken, die seinen Tod herbeigeführt hatten: offenkundig ein besonders tapferer und deswegen hochgeehrter Krieger.« (Müller-Karpe)

Die Unterwerfung der Erde

Ehe ein besonders tapferer Krieger sich die Kinnlade zerschmettern läßt, muß schon einiges geschehen; wir dürfen annehmen, daß der tote Feldhauptmann von Téviec, ehe man ihn selbst zur ewigen Ruhe bettete, nicht wenige seiner Gegner ins Jenseits beförderte und eben deswegen so hochgeehrt wurde, wie es die Archäologen bei der Eröffnung seines Grabes noch nach Jahrtausenden erkennen konnten. Kain ist also nicht der Geächtete, sondern der Geehrte; die Menschenbrüder haben gelernt, einander umzubringen, und was beinahe schlimmer ist: die erfolgreichsten dieser Töter erfahren eben dadurch eine Rangerhöhung! Sie werden nicht als Monstren aus der Gemeinschaft ausgestoßen, sondern sie setzen sich *per acclamationem* an die Spitze der kleinen Menschengruppen, die sich anschicken, in eine neue Welt zu ziehen, eine neue Lebensform aufzubauen, in einem höheren Maß von der Erde und mit ihr zu leben als die Wildbeuter, die immerzu nur nahmen und nichts dafür gaben. Es ist ein Geben und Nehmen, das sich erst einspielen muß und das doch in erstaunlich kurzer Zeit funktioniert, ganz so, als hätte der Mensch eingeborene Neigung und Fähigkeit zum Erwerb und zum Umgang mit Besitz.

Der Besitz, den diese neue Kriegerbevölkerung zu verteidigen hatte oder zu erobern suchte, war jahrtausendelang noch eine recht bewegliche Habe. Denn wenn auch an vielen Punkten unserer Erde die Bauernkulturen und sogar die städtischen Siedlungen älter sind als zum Beispiel die Viehzucht in der Sahara oder die frühesten Wildgrasernten etwa in Mecklenburg, so ist es doch logisch anzunehmen, daß das Viehzüchterdasein die Pforte war, durch die der einstige Wildbeuter und Jäger ins Dorf schlüpfte, den Übergang zur Seßhaftigkeit und zur Feldbestellung fand.

An manchen Orten scheint er nach einigen Jahrtausenden der Viehhaltung sogar gezwungen gewesen zu sein, von sich aus etwas zur Wiederherstellung der Fluren und zur Regeneration jenes Pflanzenwuchses zu tun, den die Herden in ihrer animalischen Unvernunft stark geschädigt hatten. Henri Lhote hat in seinem zweiten Tassili-Buch (1976, noch nicht übersetzt) teilweise die Ansicht korrigiert, daß es die fortschreitende Austrocknung allein gewesen sei, die aus der Sahara eine Wüste gemacht und die Jäger- und Viehzüchtervölker aus ihr vertrieben habe. Genauere Beobachtungen in einem Gebiet, das er selbst an die vierzig Jahre lang bereist und in seinen verschiedenen Zuständen kennengelernt hatte, zeigten ihm, daß die Viehzüchter selbst nicht wenig zum Ruin des Pflanzenwuchses beitrugen und damit die Austrocknung des Landes und den Zusammenbruch seines natürlichen Haushalts beschleunigten:

»Prüfen wir die verschiedenen Ursachen der Trockenheit, so erscheint uns die Rolle der viehzüchtenden Nomaden als besonders verderblich. Er ist seit sechstausend Jahren verantwortlich für die Überforderung der Weideflächen und die systematische Zerstörung des Grünteppichs, zumindest in jenen Zonen, in denen die Viehzucht überwiegt. Weiter südlich, im Ackerbaugebiet, sind es die Buschfeuer und die Wanderkulturen, die zu ähnlich unheilvollen Ergebnissen geführt haben. Aus einer vor wenigen Jahrzehnten noch dichten Savanne sind inzwischen die Bäume verschwunden, und was geblieben ist, kann man nur noch eine kärgliche Steppe nennen . . . Und doch zeigen einzelne schmale Waldsäume und die Pflanzungen an den Rändern der Verwaltungszentren, daß der Baumwuchs sich auch in dieser wüstenhaften Region noch durchaus entwickeln könnte, sofern man ihm ein wenig Fürsorge angedeihen ließe.« (Henri Lhote) Der Viehzüchter, der vor sechstausend Jahren die Äste herunterbog, damit seine Ziegen und Schafe sie erreichen konnten, hat die große Wüste Sahara mitgeschaffen . . .

Das Kriegertum hat auch hierbei ein Wort mitgesprochen, denn nicht jeder Stamm, der die Jagd und das Wildbeutertum gewohnt war und mit der Viehzucht schließlich scheiterte, fand sich bereit, zum kargen Bauerndasein überzugehen. Überall, wo Ackerbau, Viehzucht und Nomadentum nebeneinander bestanden, hat sich eine seltsame, weil widerwillige Symbiose herausgebildet; die großen Wüsten und die Steppen der Welt haben dazu beigetragen, uns dieses eigenartige und für unsere Art so charakteristische Nebeneinander beinahe bis heute zu erhalten. In den nordafrikanischen Trokkenzonen, wo kaum zehn Jahre vergingen ohne mindestens *eine* furchtbare Trockenheit mit Hungersnöten, hielten sich mit bemerkenswerter Konsequenz die Räuberstämme, die Raubkrieger an den uralten Straßen, die seit vorgeschichtlicher Zeit durch Wüsten und Steppen führen und die Küsten mit den produzierenden Gebieten des Binnenlandes verbinden. Ganz ähnlich verhielt es sich im Nomadengürtel um die zentralasiatischen Wüsten. Dort entwickelten sich, hart neben den chinesischen Ackerbaukulturen und den friedlichen Viehzüchtern der mongolisch-dsungarischen Grenzgebiete, die Räuberbünde der Hiungnu, die Europa als die Hunnen kennenlernte. Sie zwangen das große Bauernreich der chinesischen Kaiser zu jahrtausendelangen Abwehranstrengungen, deren sichtbarster Ausdruck die Große Mauer geworden ist, und sie haben mehr als einmal in weiten Teilen Chinas die Herrschaft angetreten, wie die Wüstennomaden aus West und Ost im längst staatlich geordneten Niltal.

Das eine gehört zum andern, aus dem Geschenk der Natur wird der gehütete, verteidigte und begehrte Besitz, aus dem Bewahren des Besitzes entsteht der Kriegerstand und aus seinen Gegnern entstehen die Räuber. Gewinnen sie lange ge-

Pflüger mit Stierdarstellung und einem Pfeilschützen (Skandinavische Felsgravierung der »nordischen Bronzezeit« aus Tanum)

nug die Oberhand, so wirft der Bauer – im Europa der Völkerwanderung, im Mitteleuropa des Dreißigjährigen Krieges – seine Gerätschaften mißmutig hin und kehrt zu den Erwerbsformen der Vor-Ackerbau-Zeit zurück, weil er es nämlich satt hat, die Felder für andere zu bestellen.
Wir sehen, daß sehr vieles nun anders ist in der Welt. So klein es anfing – mit dem Hündchen, das nicht mehr davonlief, sondern beim Jäger blieb, mit dem Kälbchen, das zu Hause aufgezogen wurde –, so groß und übermächtig wurden die Folgen. Der Mensch, der in der naiven Freude am ersten festen Heim die Lehmziegel aufschichtete, weiß nur noch nicht, daß er der Zauberlehrling ist, der die Geister, die er rief, nie mehr loswerden wird. Und er ahnt nicht, daß jenes Haus, das er aus dem zerbröckelnden Nichts von Staub und Nilwasser aufschichtet, ihn so zähmen und endlich versklaven wird wie er das Haustier. Wo es anfing, wissen wir dank einiger lustigen kleinen Lämmer und Ziegen, die ihre Hornhufe in den weichen Lehm der Ziegel drückten und damit zehntausend Jahre später ein ganzes Archäologenteam zu entzückten Ausrufen hinrissen – in Gandschdareh, einem Bergdorf im westlichen Iran, das seine Ruinen auf einem Hügel in die Sonne reckt, seit Jahrtausenden. Aber natürlich sagt solch ein Zufall eigentlich gar nichts, die Bewegung war selbstverständlich weltweit.
Diese Domestizierungen von Tieren, das neue Zusammenle-

ben des Menschen mit dem irdischen Gefährten, der vor ihm da war und sein Schicksal mitbestimmte, leitet den großen Übergang ein, macht ihn in seinen Stufen erkennbar und erhellt uns auch die räumliche Aufgliederung dieser Gesamt-Bewegung in den verschiedenen Ländern und Erdteilen. Auf der Höhe heutigen Wissens, wohlversorgt aus den redseligen Archiven angelsächsischer Forschungen, hat Jonathan Norton Leonard mit seinem Team eine Welt-Karte der frühesten Tierhaltung erarbeitet, die zwar nicht sehr präzise, aber im Ganzen recht instruktiv ist. Da prangt in der weiten und leeren Mitte des nordamerikanischen Kontinents ein einsames schwarzes Hündchen, das uns anzeigt, der Hund sei das erste und lange Zeit einzige Haustier der Indianerstämme geblieben, seit mehr als zehntausend Jahren (Fund in der Jaguar-Höhle von Idaho, auf 8400 vor Christus datiert). In Südamerika begegnet die Kulturgeschichte dann einigen seltsamen Kuriosa wie etwa dem Räder-Spielzeug ohne Räderverwendung im Alltagsleben; dazu paßt, daß sich hier das älteste domestizierte Meerschweinchen gefunden hat, und zwar im Ayacucho-Becken im Hochland von Peru in einer Schicht, die auf 6000 vor Christus datiert wurde. Erst 3500 vor Christus folgt das Lama, doch ist das eines jener Daten, bei denen der Fund-Zufall das Bild verfälscht; es ist mit Sicherheit anzunehmen, daß die nach Südamerika vorgedrungenen Nordlandeinwanderer sich dieses bis heute unersetzliche und dankbare Haus- und Tragetier schon vor dem vierten vorchristlichen Jahrtausend als Helfer heranzogen. Ähnlich steht es mit dem Alpaka-Wollschaf, einem sehr anspruchslosen Tier, das in Höhen über 2500 Metern in großen Herden gehalten und heute beinahe nur zur Schur verwendet wird; es ist zweifellos schon vor 1500 vor Christus (Funde in den Anden) zum gleichen Zweck gehalten worden, wie auch aus den Funden alter Webmaterialien und Kleidungsreste in den Gräbern hervorgeht. Gerade das Paco- oder Alpaka-Schaf ist übrigens kennzeichnend dafür, daß in frühen Kulturphasen das Haustier eine größere Rolle spielte und daß seine Gaben dankbarer und sinnvoller genutzt wurden als heute; die alte

Schiffsdarstellung der »nordischen Bronzezeit« aus Südschweden

Kunst der Wollverarbeitung und -färbung, die aus der Paco-Wolle in der Vor-Inka- und in der Inka-Zeit die herrlichsten Kleidungsstücke zustande brachte, ist heute weitgehend, wenn nicht vollständig vergessen: Die Peruaner bieten auf ihren Märkten vor allem Decken und überwurfartige Oberbekleidung aus Pacowolle an, die früher weich, zart und mit Seidenglanz verarbeitet wurde.

Der Fund-Zufall erhebt die Gans zum ältesten Haustier Mitteleuropas, wie ihr ja auch in der altrömischen Geschichte beträchtliche Ehren zuteil werden: Gänsegeschnatter soll das Capitol vor der Erstürmung durch Barbaren gerettet haben, als die römischen Armeen bereits geschlagen waren. Indes ist wohl auch in Mitteleuropa der Hund das älteste Haustier, als Begleiter des Jägers gezähmt und im Übergang zur Seßhaftigkeit dann domestiziert: »Schon vor dem Beginn der Litorinazeit, als sich die Eichenwälder immer mehr ausbreiteten und die Jäger darin Elche, Hirsche, Urstiere, Wildschweine und Rehe jagten, gesellte sich als erstes Haustier der Hund zum Menschen. Damit hatte der Jäger einen ständigen Begleiter auf der Jagd und einen wachsamen Beschützer in der Hütte.« (Ewald Schuldt)

Im allgemeinen kann man sagen, daß in Nordeuropa und im Ostseeraum, über den Schuldt berichtet, der Hund zunächst als Beute-Räuber und Jagd-Konkurrent selbst gejagt, aber vor allem seines Fells wegen und um die eigene Beute zu verteidigen, erlegt wurde: Daß in nordrussischen Fundstellen Hinweise auf Hunde-Mähler auftauchten, sagt nicht, daß dieses

Tier in der Regel als Nahrungslieferant angesehen wurde. In Nord- und Nordwesteuropa (England) scheint der Hund den Jäger schon vor achttausend Jahren begleitet zu haben, in der ältesten Stadt der Welt, in Jericho, ist er bereits ein geschätztes Haustier. An seiner Abstammung von verschiedenen Wildtieren der Hundefamilie (also vom Wolf, vom Schakal) sind Zweifel aufgetaucht, seit man in Schweden Hunde auffand, die ein früheres Entwicklungsstadium erkennen lassen als die gleichzeitig lebenden Wölfe: ein Ur-Hund scheint also geradewegs auf seine dereinstige einzigartige Rolle an der Seite des Menschen hingelebt zu haben. Durch Jahrtausende vegetierte er so lange im Streit um die Beute und in der Plünderung von Abfallhaufen in der Nähe seines künftigen Herrn, bis der Mensch begriff, was ihm die Schöpfung mit diesem Tier anbot.

Von den größeren Tieren gebührt die Priorität offensichtlich dem in der Eiszeit für den Menschen so wichtigen Ren mit seiner amerikanischen Abart, dem Karibu. Wenn auch die ältesten archäologischen Beweise für die Domestizierung dieser Tiere uns erst aus den Pasyrikschen Kurganen vorliegen, jenen einzigartigen, durch das ewige Eis des sibirischen Bodens geschützten Fürstengräbern einer hohen nomadischen Kulturstufe, so ist doch die diluviale Existenz des Menschen ohne dieses Tier, von dem heute noch die Lappen leben, völlig undenkbar. Damit wird die Stabilisierung dieser existentiellen Verbindung in der Frühform der Domestizierung als notwendige Annahme in die Frühgeschichte eingehen müssen, auch wenn uns unwiderlegbare Beweise erst aus einer vergleichbaren Rolle des Rentiers (als Schlittenvorspann z. B.) aus dem Leben späterer nordischer Naturvölker vorliegen.

Wie lange solche Übergangszeiten zwischen wilder Tierexistenz und der gleichzeitigen Nutzung durch den Menschen andauern können, ja wie sehr diese lange Dauer für die Gesundheit der zu domestizierenden Tiergattung und die Erhaltung ihrer natürlichen Eigenschaften förderlich ist, beweist deutlicher und im vollen Licht der mitteleuropäischen Geschichte das Pferd, vielleicht der animalische Hauptheld des antiken Schrifttums.

Ehe es soweit kommen konnte, war es ein Jagdtier, wurde also erlegt und gegessen, nicht etwa gezähmt. Die eiszeitlichen Steppenlandschaften in Mittel- und Westeuropa kamen seiner schnellfüßigen Natur entgegen und halfen ihm, sich überlegenen Tieren, etwa den Raubkatzen, durch die Flucht zu entziehen. Die aus jener Zeit stammenden Funde von Pferdeknochen oder -gerippen bergen keinen Hinweis auf die Zähmung, und das sogenannte *Equus Mosbachensis*, ein großes, mittelschweres Pferd, das dem heutigen Pferd am nächsten verwandt war, verschwindet während der Mindel-Eiszeit wieder aus Mitteleuropa.

Für die Künstler von Lascaux und Niaux war das Pferd noch eines der jagdbaren Tiere, und während in anderen Fels- und Höhlenbildern bereits gelegentlich ein Hund irgendwo herumsteht, so daß man ihn als zahm ansehen kann, wogen die Pferderücken noch in der herrlichen Wildheit der frei schweifenden Herde durch die Bildgründe. Die Zähmung des Pferdes ist demnach offensichtlich nicht im Raum der hochentwickelten Cro-Magnon-Kulturen West- und Mitteleuropas erfolgt, wo sich bald Wälder und Sümpfe den natürlichen Gewohnheiten dieses schnellen Tieres entgegenstellten, sondern weiter östlich, in Zentralasien.

»Dies glänzende, stolze, aristokratische, rhythmisch sich bewegende, schaudernde, nervöse Tier hat doch für die gegenwärtige Erdepoche seine Heimat in einer der rohesten und unwirtlichsten Gegenden der Welt, den Kiessteppen und Weideflächen Zentralasiens, dem Tummelplatz der Stürme. Dort schwärmt es noch jetzt (*d. i. 1874*) im wilden Zustande unter dem Namen Tarpan umher, welcher Tarpan sich nicht immer von dem bloß verwilderten Musin, dem Flüchtling zahmer oder halbzahmer Herden, unterscheiden läßt.«

So beginnt Victor Hehn nach Zitaten aus Homer und Vergil das Kapitel *Pferd*, um das er seine in nunmehr hundert Jahren immer wieder neuaufgelegten historisch-linguistischen Studien über *Kulturpflanzen und Haustiere* in der zweiten Auflage ergänzte. Das Buch des gelehrten Deutschbalten, der eines der gehaltvollsten Goethe-Bücher geschrieben hat, ist zumindest in unserer Sprache ein besonderes Denkmal, ja beinahe ein Relikt aus jener Zeit, da die Wissenschaften, von den Entdeckungen und Triumphen des emsigen neunzehnten Jahrhunderts beflügelt, einen letzten Versuch zur Erarbeitung von Universalbildern machten und dabei auch einige jener verehrungswürdigen Erscheinungen hervorbrachten, die wie Harnack oder Gregorovius, Hehn oder Virchow die damals schon schier übermenschliche Anstrengung der großen Zusammenschau auf sich nahmen. »Je ferner von diesem (*zentralasiatischen*) Ausgangspunkte eine Landschaft gelegen ist«, fährt Hehn fort, »desto später tritt in ihr auch historisch das gezähmte Pferd auf, und desto deutlicher muß die Rossezucht als von den Nachbarn im Osten und Nordosten abgeleitet erscheinen.«

In der nun folgenden Darstellung des ägyptischen Bereichs fehlen dem großen Sammler Hehn, der alle schriftlichen Quellen in souveräner Kenntnis heranzieht, die Felsbilder vom Tassiligebirge: er sieht das Pferd nur von Osten her, mit den Hirtenkriegern der achtzehnten Dynastie in den Gesichtskreis der Ägypter traben, während wir es westlich von Ägypten vor den Streitwagen der Seevölker gespannt fanden. Eine friedliche Verwendung des Pferdes ist zumindest im Bild in der altägyptischen Kultur nicht dokumentiert. Hingegen gibt es Darstellungen, in denen neben den Streitwagen abgerichtete Löwen in den Kampf geführt und auf dem Höhepunkt der Schlacht losgelassen werden. Ist das Pferd also nun soviel oder so wenig gezähmt wie der Löwe? Ist es schon ein Haustier oder muß es den Vortritt seinem verachteten Gefährten, dem Esel und dessen Altform, dem Onager überlassen?

Die Unsicherheit ist sehr groß, denn im mittelmeerischen Raum und in Europa gleicht die Pferdehaltung noch durch geraume Zeit keineswegs heutigen Formen. Das Pferd lebt in halbwilden Herden am Saum der Siedlungen, und wenn Pferde gebraucht werden, so fängt man sie sich aus dem wil-

den Schwarm, zähmt sie (wobei durch überharte Strangulation so manches Tier erstickte) und macht sich damit beritten. Noch in einem 1593 in Straßburg erschienenen Bericht lesen wir von Pferden, »die in ihrer Art viel wilder und scheuer sind, dann in vielen Landen die Hirsch, auch viel schwerer und mühsamlicher zu fangen, ebensowohl in Garnen als die Hirsch, so sie aber zahm gemacht, das doch mit viel Müh und Arbeit geschehen muß, sind es die allerbesten Pferde, spanischen und türkischen Pferde gleich, in vielen Stücken aber ihnen fürgehen . . . weil sie der Berg und Felsen gleich wie die Gemsen gewohnet«.
Nach der Vita des hl. Otto von Bamberg gab es in Pommern noch im zwölften Jahrhundert wilde Ochsen und Pferde, ebenso (nach anderen Quellen) in Schlesien und in Masuren. »In Ordenszeiten jagte man wilde Rosse, sowie anderes Wild, vorzüglich um ihrer Häute willen. Noch Herzog Albrecht erließ um 1543 ein Mandat an den Hauptmann zu Lyck, in welchem er ihm anbefahl, für die Erhaltung der wilden Rosse zu sorgen.« (Töppen)
Da um diese Zeit zweifellos in Mitteleuropa mit Pferden gepflügt wurde, da Pferde vor den Wagen und, Gott sei's geklagt, auch im Goppel gingen (während vor allem Kleriker und jüdische Hausierer sich noch lieber dem Rücken von Eseln oder Maultieren anvertrauten), muß man annehmen, daß diese jagdbaren Wildpferde zwar vielleicht tatsächlich wild geboren waren, aber in ihrem Ursprung doch auf Pferderudel zurückgingen, die Viehzüchter früherer Generationen oder früherer Zeiten neben ihren Herden in großer Freiheit gehalten hatten. Narr betont, daß daraus nicht auf ein Reiternomadentum zentralasiatischen Charakters geschlossen zu werden braucht. »Das Reiten als Charakteristikum ganzer Stämme und Völker kriegerischer Hirtennomaden, also das, was wir recht eigentlich als Reitervölker bezeichnen, ist offenbar viel jünger. Archäologisch ist aber auch das und besonders wieder sein Anfang schwer zu erfassen.«
Dazu stimmt es, daß wir in Europa bereits in steinzeitlichen Frühphasen der gesellschaftlichen Entwicklung das Pferd als

Zeichen der Standeserhöhung erkennen, als Attribut des Kriegers und – da die tüchtigsten Krieger sich als erste aus ihrem menschlichen Umfeld heraushoben – damit als das Tier, das zu der Erscheinung vorzeitlichen Herren- und Herrschertums gehört. Man wird es, so schwierig dies gelegentlich auch ist, in die Grabhügel miteinschließen, man wird Pferdegeschirr, Sattel und Zaumzeug mit in die Gräber geben und man wird das Pferd so schmücken wie kein anderes Tier im menschlichen Umkreis. Es wird als heiliges Tier der Germanen einerseits in Kultmahlzeiten verzehrt werden, andererseits aber, in christlicher Zeit, eben darum als tabuisiert erscheinen und nicht mehr gegessen werden, es sei denn von den Parias. In ostmitteleuropäischen Fürstengräbern wie Hradenyn oder Planany, aber auch in Süddeutschland erscheint uns dann das Pferd nicht nur als Helfer im Krieg und als Reittier der Anführer im Streit aller Ehren wert: auch das Pferdejoch wird bestattet, weil das Pferd inzwischen auch für das tägliche Bauernleben unentbehrlich geworden ist, gleichsam als Energiequelle für mannigfache Verrichtungen. Bestattungen der Reiter mit den Pferden sind keineswegs nur für die Reitervölker charakteristisch, sondern finden sich in Mitteleuropa von der vorgeschichtlichen Hallstatt-Epoche bis herauf in karolingische Zeiten, als es schon Schulen, Kirchen, Klöster und Hofhaltungen gab. Das erste Hufeisen entstammt erst der Latènezeit (der letzten voreisenzeitlichen Epoche), als es da und dort festere, härtere Wege zu geben begann.

Die Mensch-Tier-Beziehung und die Anfänge der Haustierhaltung präsentieren sich uns also landschaftlich sehr verschiedenartig, und die Unsicherheitsfaktoren sind sehr beträchtlich. Unwägbare Elemente erlangen da und dort Bedeutung wie zum Beispiel die heute, in den dichten Lebensgemeinschaften, so gut wie unmöglich gewordene Raubtierhaltung zu Hause, die noch in der Antike keineswegs selten war und die uns bis an die Schwelle unseres Jahrhunderts manche energische Lady bescherte, die mit ihrem Gepard spazierenging. Auch der Vorzeit-Jäger hatte Herz und Humor genug, seinen Kindern die Raubtierbabies mitzubringen, die hilflos in der Wildnis zurückgeblieben wären, weil die Eltern bei der Jagd getötet wurden.

Von all diesen drolligen Katzen, die auch schon die nacheiszeitlichen Kinderscharen erfreuten, hat sich die sogenannte Hauskatze mit ihren vielen Spielarten als das Haustier *par excellence* durchgesetzt, weil sie außer gelegentlichem und sehr oft völlig überflüssigem Einsatz gegen Mäuse ja gar nichts anderes mehr zu tun hat als miauend durch die Räume zu streichen und sich verwöhnen zu lassen.

Viel früher als der Hund scheint sie zur puren Zierde und zum kapriziösen *alter ego* des Menschen geworden zu sein, der entzückt in ihr die Reaktionen entdeckte, die er bei sich selbst schon unterdrücken mußte. Jonathan Norton Leonard meint, sie sei um 1600 vor Christus im Niltal als Haustier heimisch geworden; aber die schönste aller Katzen-Statuetten, wie sie uns das Musée du Louvre gleich am Eingang der ägyptischen Sammlungen vor Augen führt, läßt erkennen, daß es in Ägypten um zwei verschiedene Katzen geht: um *Felis chaus*, eine kräftige und angriffslustige Wildkatzenart aus der ägyptischen Frühzeit, die für die Katzengottheit Bastet Modell stand, und die liebenswürdige, aus Nubien nach Ägypten eingeführte Falbkatze (*Felis silvestris libyca*), die zur Hauskatze wurde. Immerhin ist auch sie schon zur Zeit der elften Dynastie, also um 2050 vor Christus, nachgewiesen.

Die Haustiere, die im Übergang zur Seßhaftigkeit die größte Rolle spielen, sind aber weder Hund noch Pferd, weder das weit wandernde Rentier noch das in großen Herden lange Zeit sich selbst überlassene Rind, sondern die unscheinbarsten Weggenossen des Menschen, die Ziege und das Schaf. Kleinwüchsig, verängstigt zusammengedrängt, als Fleisch-, Fell- und Woll-Lieferanten nützlich, wozu noch weiches und gut zu bearbeitendes Leder kommt, so treten Ziege und Schaf schon sehr früh nicht nur im Besitz der Großen auf, die sich's leisten können, ihre Rinderherden irgendwo in der Ferne zu halten und von Knechten beaufsichtigt zu lassen, sondern vor allem als Existenzgrundlage für das eigentliche Volk. Die

Ziege, in der Wirtschaftskrise von 1930 noch bitter-scherzhaft als die Kuh des Eisenbahners bezeichnet, hat die Rolle als Haustier des kleinen Mannes seit nunmehr etwa zehntausend Jahren so vollendet ausgefüllt, daß mit ihr die Seßhaftigkeit des praktisch Besitzlosen erst möglich wird. Das Schaf, in kleinen und großen Herden gehalten und oft weit über Land getrieben, setzt schon eine gewisse gemeinschaftliche Organisation voraus oder bringt sie mit sich, braucht darum aber nicht als später domestiziert zu erscheinen als die Ziege: je nach der Landschaft und den natürlichen Voraussetzungen können wir annehmen, daß in Vorder- und Mittelasien, auf kargen Böden und in bergigem Umland, sich jene Ziegen- und Schafhaltung ausbreitete, die im Zweistromland auf fruchtbareren Böden dann in den Gehöften der ersten Ackerbauer fortgesetzt wurde.

Was daran für uns besonders interessant und wichtig wird, sind nicht einzelne Daten, früheste Nachweise, sensationelle Frühfunde eines ganz besonderen Ziegenhorns, aus dem man zu erkennen meint, diese Ziege sei bereits ein Haustier gewesen. Es geht in unserem begrenzten Rahmen vor allem um die Entwicklung und um die Übergänge, und dabei gibt es noch manche ungeklärte Frage: Daß der späteiszeitliche Mensch in enger Gemeinschaft mit dem Rentier lebte, ist vielfach erwiesen. Als die Rentierherden sich beim Warmklima-Einbruch nach Nordeuropa zurückzogen, ist der Cro-Magnon-Mensch ihm jedoch nur zum Teil gefolgt. Wir wissen, daß Europa sich weitgehend entvölkerte, aber es war nicht sosehr die Abwanderung (denn dann hätte ja Nordeuropa einen sehr beträchtlichen Bevölkerungszustrom verzeichnen müssen) als die Schwierigkeit der Umstellung. Der nacheiszeitliche Mensch hielt nach neuen geeigneten Haustieren oder tierischen Gefährten seines Wirtschafts-Rhythmus Ausschau, aber die neuen Lösungen vollzogen sich nicht in Mitteleuropa, sondern im vorderen Orient, wo das Rentier niemals heimisch war.

Vielleicht hätten Ziege und Schaf, Tiere also, die wir im üppigwarmen, waldreichen und stellenweise sumpfigen Mittel-

europa der Warmzeiten kaum antreffen, auch in unseren Zonen jene frühe Seßhaftigkeit herbeiführen, die Umstellung auf neue Wirtschaftsformen erleichtern können, wie sie sich in der Vorbereitungszone der alten Kulturen, im Zweistromland und im Niltal, nun anbahnte. Daß Seßhaftwerden und frühester Feldbau eng mit der Tierhaltung zusammenhängen, leitet Karl J. Narr aus einer Summe vorgeschichtlicher Daten ab:
»Die Verbreitungsräume domestizierbarer Horntiere und zumal die ältesten Fundgruppen, die uns auf Haltung solcher Tiere hinweisen, jedoch keineswegs auch das älteste darstellen müssen, überschneiden sich aber geographisch erheblich mit den Gebieten frühen Getreideanbaus und des Vorkommens von entsprecheoden Wildgräsern, und auch der Zusammenhang in einigen doch schon recht frühen Funden – Jarmo und wahrscheinlich auch das mittlere und obere präkeramische Jericho – ist nicht zu verkennen. Wir müssen deshalb ernsthaft den Gedanken erwägen, daß wenigstens das Stadium allmählich intensiver werdender Hornviehzucht näherhin mit dem Getreideanbau verbunden ist.«
Das ist eine jener vorsichtig-abwägenden Feststellungen, die das inzwischen sehr verbreitete Werk von Karl J. Narr so vorbildlich erscheinen lassen; denn seltsamerweise sind selbst auf dem Gebiet der Zukunftsforschung die Thesen mit einem zäheren Leben ausgestattet als in der Vorgeschichtsschreibung, die beinahe allwöchentlich durch neue Fakten auch neue Gesichtspunkte akzeptieren muß. Superlative und apodiktische Äußerungen sind daher vor allem in der Prähistorie weitgehend aus der Mode gekommen, und man muß schon ein schier unbegrenztes Vertrauen zur klassischen Archäologie zwischen Layard und André Parrot nähren, wenn man Aussagen publiziert wie André Varagnac in der von ihm herausgegebenen: Gesamtdarstellung *L'homme avant l'écriture:*
»Der alte Orient ist in der Tat das Ursprungsland der menschlichen Kultur. Hier entstanden die ersten großen Städte. Hier wurde die Schrift erfunden. Hier entwickelte man nach und nach die Technik der Metallverarbeitung. Diese großen kultu-

rellen Fortschritte waren nur möglich, weil der Mensch in diesem Teil der Erde nach Hunderttausenden von Jahren reiner Sammelwirtschaft Vieh züchtete und Getreide anpflanzte . . . Bei den Jägern und ihren Angehörigen gab es die großen Festschmäuse, die Tage und Nächte hindurch andauerten, wenn ein Stück Großwild erlegt worden war. Ihre elenden und verhungerten Körper blähten sich auf und magerten dann für unbestimmte Zeit wieder ab. Der regelmäßige Rhythmus der Erde brachte jetzt den seßhaften Bauern dazu, vorausschauend zu handeln und mit größter Schärfe zu rechnen.«
Nun, wir haben als ein Ergebnis amerikanischer Ausgrabungen in Westalaska ein großes Dorf kennengelernt, in dem sechstausend Menschen miteinander lebten; das war zwar absolut-zeitlich *nach* dem Beginn des Getreideanbaus im Zweistromland, andererseits aber so unendlich weit vom Euphrat entfernt, daß die Siedlung doch zweifellos als eine selbständige Schöpfung der Prä-Eskimo-Kultur anzusehen ist. Und wir werden Schafhaltung in den Pyrenäen kennenlernen, für die es Radiocarbondaten gibt, die zweitausend Jahre *vor* der Gründung jenes Dorfes Jarmo liegen, das gemeinsam mit Muallafat für André Parrot und damit für die klassische Archäologie den Übergang zur seßhaften Lebensweise repräsentiert, als erste Wohngemeinschaften mit Akkerbau und Viehzucht, mit Haustieren wie Schwein, Schaf, Ziege und Hund und der Verwendung einer bestimmten Pferderasse als Zug- und Tragtier.
Es ist immer die gleiche Suche nach dem *Missing link*, nach dem Dokument des Übergangs, aber diese Übergänge vollziehen sich eben überall, sie sind nicht das Geheimnis einer bestimmten Landschaft, auch wenn diese später durch den Turmbau von Babel oder durch die Hammurapi-Stele noch so berühmt wird. Es gibt an vielen Orten der Alten Welt Jägerunterkünfte oder Freilandsiedlungen, wo sich neben den Jagdwaffen schon eine steinerne Sichel findet. Man muß sich auch hüten, Einzelfunde überzubewerten. So kann man zum Beispiel im Museum für Ur- und Frühgeschichte in Schwerin

eine neolithische Felsgesteinaxt sehen, die mit großer Geschicklichkeit so geschäftet wurde, wie man es bis heute nicht besser trifft; im gleichen Museum findet sich jedoch ein bronzezeitliches Beil, dessen Besitzer sich in nicht sehr geschickter Weise mit einem Strick beholfen hat. Man kann also auch etwas *ver*lernen, und man kann etwas völlig falsch machen, ohne darum gleich um eine Entwicklungsepoche zurückzuliegen.

Verblüffend ist auch, daß sich in den untersten Grabungsschichten von Muallafat und Jarmo noch keine Keramik findet, ebensowenig wie in den zeitlich entsprechenden Schichten der Stadt Jericho. Andererseits kennen wir aus Zentralafrika, aus Westeuropa und aus anderen Weltgegenden Tongefäße, die vor die jungsteinzeitliche Phase der Entwicklung zu setzen und damit wesentlich älter sind als die aus dem fünften vorchristlichen Jahrtausend stammende erste Keramik aus der mesopotamischen Kulturwiege.

Gewiß ist das Zweistromland mit seinen östlichen und nördlichen Nachbargebieten jene für die Wissenschaft höchst reizvolle Zone, in der sich der Aufstieg der Menschheit aus den Höhlen von Schanidar (ca. 34 000 vor Christus) über die Funde von Barda Balka, Zarzi und Karim Schahir im Irak bis zu jenen Großdörfern oder Früh-Städten verfolgen läßt, die wie Jarmo, Muallafat oder auch Gandschdareh den ganzen Film der Entwicklung ohne Riß und ohne Schnitt zeigen. So muß es gewesen sein und so war es wohl auch, womit aber nicht gesagt ist, daß es überall genau so gewesen sein muß oder gar, daß dieser mesopotamisch-iranische Ablauf in den anderen Teilen der Welt lediglich kopiert wurde: In einem weitgeschwungenen und gelegentlich sogar verschlungenen Kulturgürtel von Senegal im Westen bis zum Gelben Fluß im Osten wirken Wüsten und Flußtäler, wirken Karawanenpisten und Oasen, wirken Ströme, Furten, Ziegenfell, Flöße und Lehmgruben zusammen. Eins kommt zum andern, und was sich daraus ergibt, sieht auf den ersten Blick überraschend gleichartig aus. Aber an den Zauberstab des großen Regisseurs kann man eben nur so lange glauben, wie man

den Blick nicht von dieser einen Gürtelzone entfernt, so lange, wie man ehrfurchtsvoll-fixiert auf die Länder starrt, in denen sich die Zikkurate und die Pyramiden erheben werden. Darum möchte ich in aller Bescheidenheit auf jene Landschaft hinweisen, in der wir schon den Tautavel-Menschen fanden, den Höhlenbewohner, den man angesichts eines Alters von beinahe einer halben Million Jahren noch nicht einmal einen Neandertaler zu nennen wagt. In seinem Lebensbereich zwischen den Corbières und den Pyrenäen sind in den letzten Jahren, genauer gesagt seit 1969, wertvolle Funde aus der Übergangsphase zwischen der mittleren und der Jungsteinzeit gelungen und nach der Radiocarbonmethode auch datiert worden. Die Cauna d'Arques im welligen Corbières-Binnenland erbrachte ein Alter von 8920 Jahren mit einer Unschärfemarge von zweihundert, so daß diese Jäger, die Wildrinder und Eber erlegten, aber auch schon Schafe hielten, echte Zeugen eines Übergangs von der Jagd zur Tierhaltung genannt werden dürfen. Im Abri von Dourgne (bei Sault), der nur wenig jünger ist, gibt es zwar noch keinen Akkerbau, aber die Schafe werden bereits in kleinen Herden gehalten; auch das Schwein ist bereits Haustier in jener halbwilden Form der Schweinehaltung, wie sie in den Pyrenäen bis in geschichtliche Zeiten herauf üblich geblieben ist. Im übrigen aber leben auch diese frühen Gemeinschaften noch zu drei Vierteln des Nahrungsaufkommens von der Jagd und vom Wildbeutertum; die Eigenproduktion stellte das vierte Viertel.
Eine weitere Stufe wird mit der Töpferei erreicht, deren älteste Stücke aus dem sechsten, in großer Anzahl dann aus dem Anfang des fünften vorchristlichen Jahrtausends stammen. Ein Stück mit Schnurmuster fand sich bei dem alten Fischernest Corrège zwischen Leucate und Barcarès, also an einem Strandstück, das heute durch Campingplätze und Ferienwohnungen zumindest im Sommer mit turbulentem Gegenwartsleben erfüllt ist; an ferne Zeiten denkt hier niemand. Die einfachen Tongefäße, meist Trinkschalen, Kochschüsseln und Flaschen, sind im übrigen oft durch die Eindrücke von

Muschelschalen verziert. Man lebt wie das heutige Sommervolk in Freilandsiedlungen, zum Teil aber auch noch in Höhlen wie jener von Esperit beim mächtigen Schloß Salses.
Aber es wird immer ein wenig mißlich bleiben, im dicht verbauten, intensiv neuzeitlich genutzten Gebiet etwa der Mittelmeerstrände auf die Suche nach den Spuren des frühen Menschen zu gehen, und je mühsamer die Suche, um so bitterer dann die Enttäuschung, selbst wenn man findet – weil die jungsteinzeitlichen Bewohner dieser Gegenden uns eben keine Tempel oder Amphitheater hinterlassen haben und nicht einmal ausgemalte Höhlen, wie wir sie schon aus der eiszeitlichen Kunstphase kennen.
Ertragreicher, wenn auch zeitraubend, ist die Suche im Verborgenen, in den Hochtälern von Tech und Tet. Man kann hier zwar nicht mit dem Fahrstuhl in die alten Zeiten hinabfahren wie in Köln und auch nicht mit der Untergrundbahn wie in Rom, aber auf der Autobahn in die Steinzeit zu reisen hat auch seine Reize. Bei der letzten Ausfahrt auf französischem Boden – Bains du Boulou – verläßt man die Autoroute und wendet sich ins *Vallespir*, eines der zauberhaftesten Täler des ganzen Frankreich, das schon mit dem Malerstädtchen Céret verheißungsvoll anhebt. Die Steinzeit-Stationen blühen freilich im Verborgenen, ein Umstand, der zu denken geben könnte. Wie der Mensch von Tautavel, der sich in einer beinahe unzugänglichen Senke verbarg, haben sich auch die jungsteinzeitlichen Jäger-Bauern geradezu verkrochen, als seien sie von allen Seiten her bedroht gewesen, was nicht gerade für friedliches Nebeneinanderleben spricht. Ein solches Refugium findet sich zwischen Céret und Arles-sur-Tech nördlich vom Haupttal und nur auf schmalem, gewundenem Sträßlein zugänglich: Balma de Montbolo, eine jungsteinzeitliche Siedlung von 4500 vor Christus, die ziemlich lange, wenn auch vielleicht nicht ununterbrochen, bewohnt war; es fanden sich nämlich auch Bestattungen, die etwa zweitausend Jahre jünger sind.
Der imposante Gebirgsstock des Pic du Canigou mit seinen vier Gipfeln gilt seit Urzeiten als heiliger Berg. Er trennt das

Vallespir von der zweiten Zone jungsteinzeitlichen Ackerbaus in den Pyrenäen, vom oberen Têt-Tal und der *Cerdagne* im allgemeinen. Man kann unmittelbar unterhalb Montbolo, in Amélie-les-Bains, auf einer landschaftlich sehr reizvollen Querverbindung, vorbei an alten Burgen und Abteien, das Nachbartal erreichen und über das Pablo-Casals-Städtchen Prades talaufwärts zu den Refugien der Steinzeitmenschen gelangen. Sie liegen hier womöglich noch verborgener als im Vallespir: Hinter der Militärstation von Mont Louis, geographisch gesprochen also nördlich, öffnet sich die Hochfläche des obersten Têt-Tales, die vermutlich in ihrer ganzen Ausdehnung früheste Besiedlungen trug. Sie ist noch heute schwer zugänglich, weil im Westen die Pyrenäenpässe und im Nordosten die außerordentlich engen Schluchten (Gorges) am Ausgang des Capcir-Tales natürliche Festungen bilden.

Folgen wir im Tal der Hauptstraße zum französisch-spanischen Grenzübergang von Puigcerda, so gelangen wir bei Bourg-Madame zu einer Abzweigung nach Norden, die zwischen der spanischen Enclave von Llivia und der Grenze zum Massiv von Serrat des Loups führt. Der Name – Wolfsberg – läßt schon erkennen, daß hier die Wildnis anhebt, und tatsächlich können wir den Wagen nur bis Dorres benützen (über Ur und Les Escaldes). Mitten im 1460 Meter hoch liegenden Bergdorf erhebt sich die Kirche mit ihrer Aussichtsterrasse, unter der die Toten früherer Jahrhunderte ruhen. In die (restaurierte) Südfassade der alten Kirche hat man eine Reihe glattpolierter Steine aus neolithischen Unterkünften der nächsten Umgebung eingefügt. Die Siedlungszone am Serrat des Loups erstreckte sich bis zu dem am besten zu Fuß erreichbaren Weiler Brangoly (drei Kilometer bergwärts von Enveitg) und bis nach Béna. Hier also, in einem schmalen Quertal zwischen Puigcerda und dem Col de Puymorens, lebten Schafzüchter, die auch ein wenig Feldbau betrieben und Gemsen jagten, völlig abgeschieden, kärglich, aber zumindest sicher.

Die Entdeckungen im südlichen Languedoc und den Landschaften des östlichen Pyrenäenzuges um Carlit und Canigou sind jüngsten Datums. Auf die steinzeitlichen Siedlungen von der Corrège-Insel stieß man erst, als in dem großen Regierungsvorhaben der Sanierung des ganzen Littorals die Lagune zwischen Leucate und Barcarès ausgebaggert wurde. Obwohl die großen Löffelbagger auch manches zerstörten, so kann man heute doch sagen, daß die zum Vorschein gekommene dekorierte steinzeitliche Keramik im ganzen mediterranen Frankreich nicht ihresgleichen hat. Die Dekoration mit Muschelmustern weist auf iberische Einflüsse hin, und wenn auch die Gemeinschaften des Littorals naturgemäß stark meerorientiert lebten und den Fischfang pflegten, so ist doch eine starke Ausdehnung der Viehhaltung und der konsequenten Aufzucht inzwischen nachgewiesen – für den sehr frühen Zeitraum des fünften vorchristlichen Jahrtausends!

Weiter landeinwärts, in den sogenannte Tourbières de Donezan, wurde gerodet, um Felder anlegen zu können; die Pollenanalyse ergab hier einen Beginn des Getreideanbaus um 5000 - 4500 vor Christus, die Radiocarbondaten liegen bei 4300 vor Christus. Aus etwa dieser Zeit stammt auch die durch ihre Keramikfunde bemerkenswerte steinzeitliche Station von Balma de Montbolo, mit der sich die Forschung seit 1969 beschäftigt. Die Grotten von Montbolo, Villefranche und Montou bilden mit einer weiteren Fundstätte im Herzen der sehr stillen französischen Region Ariège bis heute die einzigen Hinweise auf selbständige Entwicklung dieser seit Urzeiten bewohnten Landschaft auch in der frühen Jungsteinzeit. Allerdings hat der Stein selbst dabei eine geringere Rolle gespielt als die Tierknochen, aus denen die meisten Werkzeuge hergestellt wurden, und die erstaunlich solide und zweckdienliche Keramik. Die Henkeltassen und Töpfe haben noch keinen flachen Boden, ein Zeichen, daß sie nicht auf Tische oder Herdplatten, sondern in den Sand gestellt wurden.

Als Existenzbasis erweist sich das Schaf, von dem annähernd die Hälfte aller gefundenen Knochen stammte, doch ergaben sich vor allem in den etwa gleichzeitigen Fundstätten des oberen Têt-Tales auch vereinzelte Rodungen für die Anpflanzung von Getreide. Etwa tausend Jahre später, um 3500 vor Christus, dehnten sich die Schafzüchterkulturen in die Haupttäler aus und wagten die Errichtung von Freilandstationen, also von Taldörfern. Hier wurden die Schafzüchter dann zu richtigen Bauern, und das Werkzeug-Inventar aus dieser Zeit basiert nicht mehr auf den Knochen, sondern enthält schwere Steinbeile, Schlägel und geschliffene Hacken zum Aufgraben des Bodens. Die Bergstationen werden darum jedoch nicht aufgegeben: Balma de Montbolo bleibt bis in die Bronzezeit bewohnt, ja, für das Geschirr der Zug- und Tragtiere werden nach wie vor Zwischenstücke aus Knochen verwendet. Eine spezifische Schäfer- und Bergbauernkultur von ortsfesten Traditionen besteht durch die Jahrtausende und empfängt mit ihrer Eigenart noch die Römer, die hier der warmen Quellen wegen gerne Pausen auf dem weiten Marsch nach Spanien einlegen. Und daß selbst die absurde Bergeinsamkeit von Béna und Brangoly in der Megalithenzeit nicht vergessen wurde, beweist einer der schönsten Dolmen, die es auf französischem Boden gibt . . .

Der Nahe Osten und die nahwestlichen Pyrenäen sind nur zwei von jenen mindestens zwanzig Zentren, in denen sich das vollzog, was die Forschung zu Recht die neolithische Revolution genannt hat. Nach einer uns kaum bekannten Zahl unsichtbarer, auf Hunderttausende von Jahren verteilten Revolutionen tritt nun die erste große Umorientierung in die Welt, die man so lange als eine Großtat und als Fortschritt preisen wird, als die Städte den Inbegriff dieses Fortschritts bilden, als sie Schauplatz und Ziel der jüngsten Menschheitsentwicklung zugleich sein dürfen.

Ehe es soweit kam, hat sich aber eine andere Umwertung vollzogen, die beinahe geheim geblieben ist. Sie hat sich schon ausgedrückt, und zwar in Bildern und Symbolen, in Mythen und Gebräuchen. Aber das ist eine Sprache, die nicht viele verstehen, sie verschlüsselt ihre Mitteilungen, und nach einer Weile, wenn ein Volk fortzieht oder untergeht, bleiben die Höhlen- und Felswände stumm und rätselhaft zurück mit Botschaften, die niemand mehr zu deuten vermag.

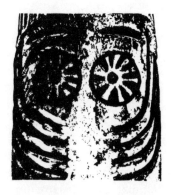

Detail aus dem Oberteil eines Idolfigürchens aus Alabaster (Aus der megalithischen Almería-Kultur Südostspaniens)

Die Eiszeitkunst des Magdalénien, die zu Recht gepriesene und mit Ehrfurcht aufgenommene Anrufung des Tiers durch den Menschen, die Vergottung der Beute und die Mythisierung der Jagd selbst, diese Kunst setzte das wilde Tier als einen gleichwertigen Partner des Menschen voraus, als seinen ewigen Antagonisten im Lebenskampf, als das Geschöpf aus der gleichen Wurzel und mit dem gleichen Lebensanspruch. Wer ein Wildtier tötete, brachte sich selbst in Gefahr. Zwischen den erlegten Tieren von Lascaux rangen die Jäger mit dem Tode, und wenn eine Herde großer Hirsche durch das Wasser davonschwamm, dann war dies ein Ereignis, das zu verhindern oder herbeizuzwingen menschliche Kräfte nicht ausreichten.

An den Felsflächen und Höhlenwänden des Tassili, aber auch am südafrikanischen Drakensberg oder am Hohen Brandberg läßt sich ablesen, daß sich darin Wesentliches geändert hat. Man spricht am Hohen Brandberg sehr bezeichnend von einem Felsenzirkus, und die Maack-Wand in der südafrikanischen Tsisab-Schlucht hat genauso ihre *Weiße Dame* wie das Auanrhet in der Sahara; die beiden Damen sehen einander sogar ähnlich. In der gleichen Schlucht gibt es noch ein Bild, das man Mädchen-Schule genannt hat, eine Reigendarstellung dunkelhäutiger Jungfrauen mit Ffttsteiß und Schmuckschnüren um Lenden und Brust, die sich wie die Weiße Dame zwischen den Tieren bewegen, als müßte es so sein. Der Antagonismus ist verschwunden. Das Tier hält in

die Geschichten Einzug, die man sich im Dorf erzählt, Geschichten, in denen der Mond eine immer größere Rolle spielt und die Sonne immer deutlicher zum Bösewicht wird. Die Abneigung gegen die Sonne wird bei manchen Ackerbauvölkern so weit gehen, daß sie die beiden Hauptübel – die Dürre und die Syphilis – in einen einzigen kleinen und verkrüppelten Gott zusammenziehen, der am Tisch der anderen Götter nicht Platz nehmen darf; das ist im vorspanischen Mexiko so gewesen, und in der Willemsgalerie am Drakensberg erscheint das Sonnentier, der Löwe, als der große Töter. »Daher hat der Buschmann die Vorstellung, daß alles Leben durch die Sonne getötet wird, was man in seiner Wüstenheimat ja gut verstehen kann.« (Erik Holm)
Das Tier ist Weggenoß und Diener geworden; es wird bald Sklave, Eigentum, Objekt sein, dem man die Schmerzempfindung abspricht und das Recht auf das Leben sowieso. Die Sonne aber, das Gestirn über den Feldern und dem gebückten Rücken, wird zur Plage, der Mond hingegen zum traulichen Gefährten, der auf die langen Erzählabende herabscheint, wenn das Dorf sich versammelt, wenn die Stunden der Erholung, des Träumens und der Liebe angebrochen sind. Wie viele Gedanken fortan zum Mond hinauffliegen, wie die alten kosmischen Bezüge des naturvölkischen Lebens sich umorientieren, das erzählt naiv, aber sehr kennzeichnend die westafrikanische Geschichte von Sonne und Mond, wie sie Carl Meinhoff, der bedeutende deutsche Afrikanist, aufgezeichnet hat:
»Der Mond sagte zur Sonne: Wir wollen unsere Kinder ins Wasser werfen. Die Sonne stimmte zu. Als die festgesetzte Zeit kam, versteckte der Mond seine Kinder, suchte Kieselsteine zusammen und tat sie in einen Sack. Die Sonne wußte nichts davon, nahm wirklich alle ihre Kinder und steckte sie in den Sack. Dann machten sie sich auf den Weg und kamen an das Ufer des Flusses. Der Mond schüttete seinen Sack mit den Steinen in den Fluß aus; dadurch wurde die Sonne betrogen und schüttete nun ihre Kinder in den Fluß. Darauf gingen sie beide nach Hause.

Als der Tag zu Ende war, mußte die Sonne zur Freude aller Menschen allein ausgehen. Die Nacht kam, und nun ging der Mond aus mit allen seinen Kindern. Da wurde die Sonne zornig, weil sie sich getäuscht sah, aber der Mond erwiderte der Sonne, daß ihre Kraft ohnedies viel zu groß sei: für die Welt wäre es viel besser, daß ihre Kinder nun im Wasser lägen. Nun könnten die Leute diese Kinder fangen und kochen, damit sie etwas zu essen hätten . . . Seither leben Sonne und Mond in Feindschaft miteinander.«

Das ist viel weniger geheimnisvoll, als es sich anhört, und wenn man die zahlreichen Felsbilder im Norden und im Süden Afrikas, aber auch an so mancher Fels- oder Höhlenwand Europas unbefangen auf sich wirken läßt, wird man den Verdacht nicht los, daß um diese teils künstlerisch genialen, teils aber kindlich-schlichten Selbstbekundungen früher Völker schon zuviel wissenschaftlicher Nebel wallt. Und so manches der Gedankengebäude, die über diesen Felsritzungen und Malereien errichtet wurden, könnte auch dem klügsten Buschmann-Zauberer für alle Zeiten den Schlaf rauben. Denn eine der Komplikationen bei der Deutung der Felsbilder von Twyfelfontein (was soviel heißt wie Zweifelsbrunnen?) besteht schließlich darin, daß die Buschmänner, denen man sie zuschreibt, ja noch nicht ausgestorben sind, so daß sich hier Korrekturen aus dem Mund einheimischer Kenner ergeben können.

Es hat die neolithische Revolution in ihrer Bedeutung nicht gemindert, daß man bis heute und heute erst recht an ihrem bildnerischen Niederschlag herumrätselt. Wie könnte es auch anders sein in einer Zeit, wo man nicht nur uralte Eskimosiedlungen auf Alaskarundreisen mühelos besuchen kann, spndern auch den Zweifelsbrunnen, zu dem uns die *South African Airways* mit der gleichen Selbstverständlichkeit bringen, mit der sie das Safarivölkchen in Windhoek absetzen. Die Begegnung mit den großen Mythen der Vergangenheit, für die vor hundert Jahren noch so mancher sein Leben ließ, kostet heute 4530 DM und allenfalls einen Einzelzimmerzuschlag.

Die Geheimnisse sind allzu erreichbar geworden; sie sind auf der Flucht aus unserer Welt. Vor einer verlassenen Schafhürde in den korsischen Bergen ist der Anhauch archaischer Zeiten stärker als im Touristengeschnatter vor der *Weißen Dame* oder dem *Großen schwarzen Zauberer*, und die weißen Damen schnattern dabei am lautesten. Was wäre wohl, wenn in solch einem Augenblick, in der Minute vor dem Gedränge, vor der Rückfahrt nach Welwitschia, irgend jemand den dicken Band des guten alten Leo Frobenius aufschlüge, in dem auf Seite 258 das schier Unglaubliche zu lesen steht: »Dennoch wird, wer schärfer zusieht, wahrnehmen . . .: Als Gnade der Ergriffenheit geschehen die großen Gestaltungen.«

Glockenbecher und hängende Steine

Blickt man vom Ende des zwanzigsten Jahrhunderts zurück auf die Jahrmillionen der Menschheitsentwicklung, dann fällt es schwer, in der nun anhebenden Zeit des Ackerbaus, der Seßhaftigkeit, des städtischen Lebens und des Handels den *Anfang* aller Kultur und den *Beginn* des großen Menschheits-Aufstiegs zu sehen. Viel eher scheinen wir das Ende eines langen Weges erreicht zu haben, ein Ende, in dem der ruhige Schritt der natürlichen Entwicklung, die animalische Unschuld langsamen Aufsteigens, in eine unmäßig beschleunigte Gangart übergehen und in jenem chaotischen Gedränge münden, bei dem der Boden von jenen bedeckt ist, die niedergetrampelt wurden.

Zunächst, und das ist noch die harmloseste Folge jenes Accelerando, das heute zum Prestissimo geworden ist, schieben sich die Phasen des Aufstiegs ineinander und übereinander. Das geschieht so gründlich, daß selbst bei so deutlich zusammengehörenden Funden wie den Glockenbechern, die Europas Archäologen seit Jahrzehnten beschäftigen, bis heute nicht wirklich klar ist, ob sie aus West- oder Südosteuropa, aus Afrika oder Vorderasien kommen. Es handelt sich dabei um eine sehr charakteristische Gefäßform, die einer umgestülpten Glocke ähnelt und mit einem querlaufenden Ornamentband verbunden ist. Diese Ornamente werden oft durch

Tiermenschliches Mischwesen (Bessov-Nos am Onega-See, ca. 3 000 v. Chr.)

einfache Ritzungen angebracht, sehr häufig aber auch durch Stempeleindrücke, wobei der einfachste und am Mittelmeer stets zugängliche Stempel die Muschelschale ist. Führende Forscher wie Pedro Bosch-Gimpera, aus Barcelona stammender Vorgeschichtler der Universität Mexiko, aber auch der schwedische Archäologe Nils Aberg, A. Castillo und andere vermuten darum für die Glockenbecherkultur einen pyrenäischen Ursprung, und da sie diese Thesen bereits veröffentlichten, bevor die Funde aus der Lagune von Leucate-Barcarès sie erhärteten, darf man ihnen besonderes Vertrauen schenken.

Nicht allzuweit von diesem Ursprungsort entfernen sich der Freiburger Universitätsprofessor Eduard Sangmeister und Gordon Childe mit ihren Theorien: Sangmeister trug seine Theorie über einen portugiesischen Ursprung der Glockenbecherkultur erstmals auf dem wissenschaftlichen Atlantik-Kolloquium 1953 in Brest vor, und Gordon Childe, der 1957 verstorbene, aus Australien stammende führende britische Archäologe, glaubte nordafrikanische Elemente in den Erzeugnissen der Glockenbecherkultur entdeckt zu haben. Neueste Funde aus Marokko und Algerien beweisen dazu immerhin Zusammenhänge zwischen afrikanischen Ausprägungen der Glockenbecherkultur und ihr zeitlich vorangehenden Erzeugnissen einfacher Muschelstempel-Keramik, die auch Cardium-Keramik genannt wird, weil es sich bei den verwendeten Stempeln meistens um die Ränder der Herzmuschel handelt. »Höchstwahrscheinlich entstand die Glockenbecherkultur auf einer Fläche größeren Ausmaßes im westlichen Mittelmeergebiet; die Pyrenäenhalbinsel war gewiß einer der Durchgangsräume, von wo die Glockenbecherkultur nach Westeuropa vordrang.« (Jan Filip)

Da es mit der Seßhaftigkeit in Europa offensichtlich noch nicht allzuweit her war, verbreitete sich diese charakteristische, von einem begabten und energischen Volk getragene Kultur bis nach England und auf dem festländischen Dänemark, aber auch nach Polen, erfüllte den mitteleuropäischen Raum – Ostösterreich und Ungarn – mit Siedlungsinseln, bildete einen Schwerpunkt auf Sardinien und ist sogar, wenn auch schwächer, auf Sizilien nachzuweisen. Frankreich und Italien waren wohl schon so dicht besiedelt, daß sich die Glockenbecherleute nur noch dazwischensetzen, den besten Siedlungsraum jedoch nicht mehr in Besitz nehmen konnten. Die Bedeutung dieses Vorgangs besteht einmal darin, daß streckenweise See- und Flußwege benützt wurden, daß also die Anfänge der Donauschiffahrt zum Beispiel diesen Glockenbecherleuten zuzuschreiben sind. Ungleich wichtiger aber ist der Umstand, daß die neueste Forschung Zusammenhänge zwischen der Glockenbecherkultur und den frühesten Formen der Metallnutzung bewiesen hat. Die pyrenäische Gruppe der Glockenbecherkultur hat uns im portugiesischen Villanova de San Pedro eine ausgedehnte Siedlung hinterlassen, die mit Steinmauern und Bollwerken Festungscharakter hatte. Sie war allerdings nicht von den Glockenbecherleuten erbaut worden, die wir ja als unstete Wanderer kennenlernen, aber diese hatten die Siedlung mit ihrer Zitadelle erobert. In ihr und in den Gräbern auch anderer Fundstellen sind uns neben Steingerät und Pfeilspitzen aus Feuerstein auch die ersten kupfernen Dolche überliefert, dazu Goldplättchen mit kleinen Löchern, die als Knöpfe gedient haben mochten, und kupferne Pfrieme.

Die gleiche charakteristische Mischung von Pfeilspitzen aus Feuerstein mit Kupferdolchen und Kupferpfriemen findet sich auch in französischen Gräbern der Glockenbecherkultur, während sich auf Sardinien weniger Metallgerät, dafür aber viel Schmuck aus Kupfer und Silber fand, neben jenen Obsidianklingen, die in der Herstellung große Geschicklichkeit verlangen. Der charakteristische Kupferdolch mit Griffzunge ist auch in den mährischen und böhmischen Gräbern der Glockenbecherkultur anzutreffen, von der hier Nekropolen mit bis zu sechzig Gräbern gefunden wurden.

Eines der Rätsel, die uns die Glockenbecherleute aufgeben, ist das ihres Wandertriebes. Vom Gesamtniveau ihrer Kultur her müßten sie seßhaft sein. Sie erobern Siedlungen, sie lassen sich zwischen ansässigen Stämmen nieder, aber sie erfüllen – wenn auch im Zeitraum vieler Generationen – beinahe den ganzen europäischen Raum, statt sich irgendwo ortsfest jener Dinge zu erfreuen, die sie über die anderen hinausheben, die ihnen eigen sind und die einen kostbaren Besitz darstellen, wie das Kupfer- und Silbergerät, der Goldschmuck. Welche innere Entscheidung führt die Seßhaftigkeit herbei? Ist sie, wie man lesen kann, eine simple Folge des Ackerbaus, oder ist der Beginn des Ackerbaus – wie es etwa Karl J. Narr sieht – eine Folge der Seßhaftigkeit? Hat es mit dem Wildgetreide begonnen, halb zufällig, weil der Mensch sich an dem versuchte, was das Getier abzupfte, oder waren es Sträucher und Knollenpflanzen, mit denen es begann, weil zum Beispiel die wohlschmeckende Yamswurzel viel einfacher anzubauen ist als das Getreide, und weil bei Knollenpflanzen der Zusammenhang zwischen Anbau und Ernte für den frühen Menschen leichter zu durchschauen war?

Lassen wir dieses Wissen, diese neuen Lebensformen vom Südosten her importieren, so exportieren wir damit unsere Frage, was keine Lösung darstellt. Vor allem aber ist ja der Ackerbau keine Erfindung wie der Gasglühstrumpf des Herrn Auer von Welsbach, sondern eine Lebensform. Sie muß sich dem Menschen als eine Lösung für die Probleme aufgedrängt haben, die seine Seßhaftigkeit mit sich brachte – die Seßhaftigkeit als ein Erstarren der Wanderbewegungen, die Seßhaftigkeit als eine bittere Einsicht nach einigen Generationen, die sich in der nun einigermaßen bevölkerten Welt blutige Köpfe geholt haben; die Seßhaftigkeit vielleicht auch als Folge aufkeimenden Heimatgefühls zu der Landschaft, in der Väter und Großväter, aber auch viele der eigenen Kinder unter dem Rasen liegen in liebevoll ausgestatteten Gräbern. Das ahnungslos-unbefangene Abenteuer ist zu Ende, die leichtfüßige Verfolgung ganzer Herden quer durch die Kontinente gehört der Vergangenheit an. Man wechselt noch zwischen Sommer- und Winterquartieren, weil es ja einfacher ist, ein paar Tage zu wandern als Wohnungen zu errichten, die für das ganze Jahre taugen. Man beschreibt auch einen kleinen Kreislauf zwischen verschiedenen Anbau- und Weideplätzen in sinnvollem Wechsel zwischen genutzten und brachliegenden Feldern, vielleicht auch schon zwischen Tal- und Hochweiden. Urwissen prägt die Lebensführung diesseits und jenseits des Ozeans, und die Eskimos wie die Indianer verhalten sich an den Küsten und auf den Prärien genau so zweckmäßig wie die Asiaten und die Europäer, ohne daß vom einen Kontinent zum andern Entwicklungshelfer hin und her gereist wären.

Wenn sie aber doch wandern, dann folgen sie keinem Stern und dann suchen sie kein Reich, sondern werden vom Hunger oder von der Landnot getrieben, auch von stärkeren Nachbarn, denen – weil sie selbst ärmer gewesen sind – ihre bescheidenen Behausungen und ihr Vieh in die Augen stachen.

Es ist nicht mehr so leicht wie früher, durch Europa zu wandern. Die Annahme, daß die Eiszeit eine weglose Zeit gewesen sei, stimmt nämlich nicht. Noch im mittelalterlichen Rußland werden die arabischen Händler vom Kaspischen Meer kommend nur im Winter reisen, weil dann die Sümpfe und ein Gutteil der Ströme zugefroren sind und der Schlitten über die weißen Ebenen hingleitet. Das Europa der Jungsteinzeit hingegen ist herrliches Waldland, bei dem das Herz des heutigen Menschen höher schlagen würde. Beinahe ununterbrochen ziehen sich die Kronen der Bäume dicht an dicht über Täler und Hügel hin, nur die Flußniederungen mit schmalen Schotterstreifen in den Auwäldern gewähren ein Durchkommen.

Die Ausbreitung der Mikrolithen, der feinen, kleinen Einpaß-Stückchen, mit denen die Jungsteinzeit begonnen hat, wird auf eine Dauer von zwanzig Generationen geschätzt (Müller-Karpe), dann waren die viertausend Kilometer von Vorderasien nach den britischen Inseln durchmessen, aber auch die sechstausend Kilometer nach Südafrika. Sind diese kleinen Steinstückchen mit ihren geometrisch-klaren Formen tatsächlich vor allem als Waffenteilchen anzusprechen, so müssen wir daraus schließen, daß die Waffe und der Krieg eine größere Rolle zu spielen beginnen. – Das gilt vor allem dort, wo es etwas zu holen gibt, also in den angewachsenen Siedlungen des Nahen und Mittleren Ostens, wo sich immer größere Bevölkerungsteile durch den Feldbau und die Viehzucht einen gewissen Wohlstand verschafft haben.

Konfrontationen, bei denen der Klügere, auf jeden Fall aber der Schwächere nachgegeben hat, führen zu einer Wanderbewegung, die für Europa nicht minder wichtig wurde als die der Glockenbecher, ja die vermutlich sogar etwas früher eingesetzt hat, nur ihrer Art nach langsamer vor sich geht. Siedlergruppen aus Vorderasien treiben ihr Vieh mit sich und nehmen Saatgetreide mit fort auf ihrer Wanderung in den östlichen Mittelmeerraum und überdie Balkanhalbinsel in die Donauniederung. Spätere Wanderungswellen werden Schiffe benützen und die Mittelmeerinseln, aber auch die nordafrikanischen und westeuropäischen Küsten erreichen. In Mittel- und Westeuropa kommt es zu Überschneidungen, und die Landsucher und Kulturbringer dringen in Landschaften vor, die noch heute zum Beispiel in Frankreich zu den einsamsten und abgeschiedensten des ganzes Landes gehören, zwischen tief eingeschnittenen Wildbach-Schluchten gelegen und nur über einen einzigen Paß erreichbar wie etwa der *Causse Méjan* im Cevennen-Nationalpark, eine Hochfläche zwischen 800 und 1250 Metern, die seit 80 000 Jahren besiedelt ist (mit einer Pause durch den Bevölkerungsrückgang am Enee der Eiszeit). Hierher, in diese Abgeschiedenheit, dringen Obsidianklingen vor und, wie könnte es anders sein, auch jenes seltsame Volk, das seine Dolmen und Menhire überall hinsetzt, selbst in die verborgensten Winkel der Pyrenäenhochtäler.

Und das ist nun die dritte Wanderung – mit den Mikrolithen sogar die vierte – in einem Zeitraum von etwa dreitausend Jahren, zwischen 5500 und 2500 vor Christus, in den letzten steinzeitlichen Jahrtausenden. Die letzten Wanderer sind die Großstein-Bauer, die Gigantomanen der Vorzeit, eine zyklopische Rasse am Vorabend der Geschichte, ja bisweilen schon in sie hineinreichend, so daß es manchmal wie eine Herausforderung an die Geschichtsschreibung wirkt, wenn just die gewaltigsten Denkmäler der Vorzeit sich bis heute einer verläßlichen Einordnung entziehen. Längst wurden im Zweistromland Täfelchen beschrieben und im Niltal ganze Tempelwände, als die Megalithmänner noch eigensinnig und mörtellos Steinblock auf Steinblock türmten im stummen Protest vorzeitlichen Lebens gegen die heraufkommende Historie.

Im neunzehnten Jahrhundert, also in unserer Großväterzeit, stieg ein skurriler Mensch in den Alpen herum, und wenn er eine dazu besonders geeignete Felswand fand, dann schrieb er groß seinen Namen drauf, den seltsamen Namen Kyselack. Das war vor der Erfindung der Spraydose ziemlich mühsam und im ordentlichen K. u. K. Österreich-Ungarn auch keineswegs ungefährlich, aber man verzieh ihm schließlich allerhöchst, weil es doch ein sehr menschliches Grundbedürfnis sei, von sich, von der eigenen kleinen und so vergänglichen Existenz Zeugnis zu geben. Seit es Menschen gibt, hat kein Wesen eindrucksvoller und erfolgreicher gegen die eigene Vergänglichkeit angekämpft als die uns unbekannte Gemeinschaft der Großsteinbauer, als das Megalithvolk, das vielleicht kein Volk war, sondern nur ein missionierender Stamm, und das auch allein nicht alle Großsteinbauten geschaffen haben kann, die sich an allen Küsten und auf allen Höhenzügen der Kontinente finden.

Es ist, im Ganzen genommen, ein ungeheuer eindrucksvoller Abschied von der Steinzeit, dieses Auftürmen roher Steinbauten und das Hinsetzen provokanter Monolithe, und wenn es auch im Innern Korsikas, in den Vogesen und anderswo einzelne uralte Festungen mit Zyklopenmauern gibt, so gewinnt man im Überblick über die europäischen Megalithbauten doch die Gewißheit, daß hier mit Riesenkräften friedliche Mahnmale aufgetürmt wurden. Die großen Steine stehen damit im Gegensatz zu den Mikrolithen, die allgemein an den Anfang kriegerischer Zeitläufe gesetzt und mit der Waffentechnik in Verbindung gebracht werden.

Dennoch sind diese allzu sichtbaren, seit Jahrtausenden auf-

fällig in den hektischen römischen oder christlichen Alltag hineingesetzten Selbstbekundungen aus der Steinzeit bei der prähistorischen Zunft ein wenig in Verruf geraten, so wie auch ein Mensch nur darum verdächtig wird, weil man zuviel von ihm redet. Dieses Gerede über die Megalithen begann, wenn wir von den verlorengegangenen Schriften des Pytheas von Massilia und des Hekataios von Milet absehen, mit Diodor, in dessen Zweitem Buch wir lesen: »Gegenüber dem Lande der Keltenliegt am östlichen Rand des Weltmeeres eine große Insel, nicht kleiner als Sizilien. Über ihr das Sternbild des Bären. Dort wohnen die Hyperboräer, ein Volk, das den Apollo mehr verehrt als andere Gottheiten. Ihm ist eine heilige Einhegung geweiht sowie ein prächtiger, kreisrunder Tempel .. Apollo kommt alle neunzehn Jahre auf diese Insel zu der Zeit, da Sonne und Mond dieselbe Stellung zueinander einnehmen, um mit diesem Volk, das er besonders liebt, von der Frühlings-Nachtgleiche bis zum Frühaufgang der Pleiaden zu tanzen und zu spielen. Wenn dann in Griechenland das erste Korn geschnitten war, kehrte er mit der vollen reifen Ähre nach Delphi zurück.« (II, 47)
Daran ist, außer den astronomischen Bezügen, auf die wir noch zurückkommen, der relativ deutliche, ja aus heutiger Sicht beinahe unmißverständliche Hinweis auf Stonehenge interessant. Im südlichen England, in den Salisbury Plains gelegen, lag es für einen mittelmeerischen Geographen und Historiker im äußersten Nordwesten der bekannten Welt, zugleich am Ostrand des Weltmeeres, also des Ozeans, und dem Keltenland gegenüber, als das Diodor die Bretagne verstehen mußte, in der sich das Druidentum ja bis in galloromanische Zeiten hielt.
Stonehenge, der Zirkel der hängenden, das heißt lose auf senkrechten Monolithen liegenden Steine, ist das besterhaltene und größte Denkmal der Megalithischen Ära, nur rein flächenmäßig übertreffen es die an die tausend Einzelobjekte vereinigenden Steinsetzungen von Carnac. Seit unsere Aufmerksamkeit erwacht ist, haben sich Megalithdenkmäler in großer Zahl gefunden, das heißt: sie sind verzeichnet worden,

Flachrelief in der Grabkammer von Déhus (Insel Guernsey)

vermessen, zueinander in Beziehung gesetzt, statistisch ausgewertet und vor allem kommentiert. In der Vergangenheit wenig beachtete Stein-Kombinationen wie der Tursachan-Kreis von Callanish oder das Großsteingrab auf der kleinen Insel St, Kilda (beide in den Äußeren Hebriden) sind in den Mittelpunkt des Interesses gerückt und haben, gemeinsam mit den seit längerem studierten Großsteinbauten an den Festlandküsten und auf den Mittelmeerinseln, nun doch zwei gesicherte Erkenntnisse erbracht, zwei Vermutungen zur Gewißheit werden lassen, die unsere Überlegungen über die Urheber der Megalithkunst auf eine feste Basis stellen:

Erstens: die Menschen, die den Megalithbau im dritten vorchristlichen Jahrtausend in Europa einführten, waren hervorragende Seefahrer und wurden in dieser Eigenschaft erst von den Wikingern übertroffen, und

zweitens: die Megalithbauten haben überwiegend sakralen Charakter, sei es durch ihre Beziehung zum Totenkult, sei es als Stätten eines Sonnen-, Mond- oder Gestirnkults; auch bei einfachen Menhiren mit offensichtlich phallischem Charakter ist die Beziehung zur Fruchtbarkeit der Felder, an deren Rain sie oft stehen, nicht von der Hand zu weisen.

Obwohl der Gesichtspunkt der Seefahrt sich aufdrängt, weil die Häufung der Denkmäler auf Inseln und an Küsten ja ins Auge springt, hat gerade er lange Zeit die größten Schwierigkeiten geboten. Skeptiker, die nicht einmal an einen steinzeitlichen Landhandel hlauben wollten, leugneten schlankweg die Möglichkeit, daß stürmische Meere wie die Nordsee in so frühen Zeiten befahren worden wären. Dagegen war und ist anzuführen, daß die Seetüchtigkeit der Fahrzeuge selbst sich weit weniger verändert hat als die Fortbewegungstechnik; der Schiffsrumpf als solcher war im wesentlichen naturgegeben, und die im vorgeschichtlichen Europa zutage gekommenen Schiffe können als mindestens ebenso hochseetüchtig gelten wie die Auslegerkanus der Polynesier, mit denen diese nachweislich Tausende von Kilometern auf dem Pazifik zurücklegten. Hier hatte die spätere, von der antiken Seefahrt abgeleitete Mittelmeergaleere den Blick getrübt. Die

Orientierung an den Römern war jedoch irrig. Diese kläglichsten Seefahrer der maritimen Geschichte konnten weder den Phönikern das Wasser reichen, die ja schon im fünften vorchristlichen Jahrhundert Afrika umrundet und die Azoren erreicht hatten, noch den gleichzeitigen keltischen und germanischen Seefahrern, die mit den Meeren des Nordens vertraut waren.

Die steinzeitliche Seefahrt wird heute selbst von jenen wissenschaftlichen Autoritäten akzeptiert, ja zur Basis ihrer Theorie gewählt, die in früheren Jahren weitgehenden Annahmen auf diesem Gebiet sehr skeptisch gegenüberstanden. Oswald Menghin nimmt die transpazifische Einwanderung nach Mittel- und Südamerika seit 3000 vor Christus als eine Tatsache an und Pierre-Roland Giot die Mittelmeer-Seefahrt im siebenten(!) vorchristlichen Jahrtausend:

Menghin nennt eine Reihe besonders gravierender südostasiatischer Kulturelemente, von denen er annimmt, daß sie mit der sogenannten Jungpflanzenkultur, also den Anfängen des Feldbaus in der Jungsteinzeit, nach Amerika gekommen seien, und fährt fort: »Natürlich kann nicht von jedem der transpazifischen Kulturelemente heute schon nachgewiesen werden, daß es mit den frühesten neolithischen Wellen kam; manches mag erst im Rahmen der hochkulturlich-megalithischen Bewegung des ersten Jahrtausends vor Christus und noch später eingetroffen sein. Grundsätzlich muß aber festgestellt werden, daß es einfach unvernünftig ist, die Beweiskraft dieser Erscheinung zu leugnen.«

Auf diesem weitesten Wanderweg der frühen Ackerbaukultur wurde, von Südindien ausgehend, das Archipel der Philippinen bereits im vierten vorchristlichen Jahrtausend erreicht, das tropische Amerika 1500 bis 2000 Jahre später.

»Südamerika, zu dem vom Neolithikum ab kulturgeschichtlich auch die Hälfte Mexikos zu rechnen ist, wurde von den jungpflanzerischen und hochkulturlichen Einwanderungswellen direkt und mit voller Wucht getroffen, Nordamerika nur durch geschwächte Ableger, und zwar, wie es scheint, hauptsächlich erst in hochkulturlicher Zeit« (d. h., als in Mittel- und Südamerika sich bereits die bekannten Staatsbildungen der Maya beziehungsweise der Chibcha u. a. Völker vollzogen hatten). Die weißen Götter unseres Eduard Stucken wären demnach gelbe Götter gewesen, was angesichts der großen eurasiatischen Kultureinheit wohl auf dasselbe hinausläuft. Und ebenso klar ist, daß auf dem Weg von den Philippinen nach Mittelamerika jene Inseln berührt werden konnten oder berührt werden mußten, auf denen seit dem achtzehnten Jahrhundert Megalithdenkmäler und Großsteinbauten in großer Zahl entdeckt wurden, selbst auf dem Inselchen Pitcairn, das so verborgen lag, daß es dem Bounty-Meuterer Fletcher Christian für seine britisch-tahitische Großfamilie gerade recht war.

Professor Gabriel Camps, Ordinarius für Prähistorische Anthropologie an der Université de Provence, kann zwar im Überblick über die vorgeschichtliche französische Schiffahrt nur auf ein Dutzend wirklich steinzeitlicher Schiffsfunde hinweisen, führt aber eine eindrucksvolle Zahl anderer Beweise für die Existenz frühester Hochseeverbindungen im Mittelmeer an. Während die Schiffsfunde im baskischen Gebiet und zwischen Loiremündung und Carnac am dichtesten beisammen liegen, danach in der Normandie und beim alten Flußhafen Paris, bietet das Mittelmeer mit den Siedlungszentren auf seinen großen Inseln unumstößliche Beweise für meerbezwingende Völkerbewegungen. Ebenso reizvoll aber war die Beobachtung, daß sich Waffen und Gerätschaften aus Obsidian von Pantelleria in Tunesien fanden, in beträchtlicher Anzahl aber auch sardisches Obsidianmaterial in der Provence. Dabei wurde der ungefährliche Transportweg Sardinien-Korsika-Elba-Italien weit weniger benützt als die riskantere Fahrt über das offene Meer von Korsika nach Fréjus oder Saint-Tropez, den (damals natürlich noch andere oder auch gar keine Namen tragenden) Hauptimporthäfen für Waren von den Inseln. Von Pantelleria nach Cap Bon waren siebzig, von Korsika nach Fréjus 175 km offenes Meer zu überqueren. Auch der Obsidian der Liparischen Inseln legte weite Wege zurück. In der Gegenrichtung hatte die Glockenbecherkultur von Katalonien nach Sardienen 420 Kilometer Seefahrtstrecke zurückzulegen, und Sardinien gab diese Kultur mit ihrem charakteristischen keramischen Stil an das 300 Kilometer weiter östlich liegende Sizilien weiter.

Die noch ältere Herzmuschel-Keramik tritt gehäuft in der ersten Hälfte des sechsten vorchristlichen Jahrtausends auf Korsika auf, so daß man annehmen darf, daß die Einwanderer sie mitbrachten – sie stießen aber auf Korsika bereits auf eine einheimische Keramik aus einer Zeit, als man im westlichen Mittelmeer noch gar nicht in die keramische Phase vorgedrungen war!

Der Ort dieser Begegnung ist allein eine Reise wert: Korsikas neolithisches Dreieck, in unvergeßlicher Landschaft und in einer Bergeinsamkeit gelegen, wie man sie auf unserem engen Kontinent nicht mehr antrifft. Zwischen Zonza, Olmeto und Ospedale, also im Innern des südlichen Insel-Sporns, liegen nicht nur die Menhire von Filitosa, die ja schon einigermaßen bekannt geworden sind, sondern auch die düstere vorgeschichtliche Festung von Cuccuruzzu: westlich der Straße von Ospedale nach Zonza verbirgt sie sich auf ihrer Hochfläche so gut im Gestrüpp, daß sie erst 1959 entdeckt wurde – und zwar vom Flugzeug aus.

Noch älter ist die Steinzeitsiedlung mit dem unaussprechlichen Namen Currachiaghiu, seit 1960 in der Nähe von Sainte-Lucie de Tallano südwestlich von Zonza erforscht. Sie war wohl eine Fluchtburg für die frühneolithische Jägerbevölkerung des inneren Korsika, wobei auch an Unwetter gedacht werden muß, nicht nur an feindliche Angriffe – denn die großen Auseinandersetzungen verschiedener Einwanderergruppen auf Korsika begannen erst im zweiten vorchristlichen Jahrtausend. Currachiaghiu hat in der stratigraphischen Schicht VII Radiocarbondaten geliefert, die auf die Zeit 6610-6350 vor Christus hinweisen; die ältesten Zahlen für die Balearen liegen bei 5000, für Malta bei 4000 vor Christus. Das sind auf dem begrenzten Raum des westlichen Mittelmeeres so wesentliche Unterschiede, daß sie kaum zufällig sein können, offensichtlich stellten Sardinien und Korsika verlocken-

dere Ziele dar als die kleinen Inseln, und schließlich war der Sprung von Elba nach Korsika auch nicht so weit: Man gewahrte die Insel von Elba aus bei klarem Wetter am Horizont, und da zu jener Zeit der Meeresspiegel auch noch tiefer lag als heute, betrug die Entfernung nur etwa 45 Kilometer. »Es ist daher begründet, die erste Einwanderungswelle nach Korsika auf den Beginn des siebenten vorchristlichen Jahrtausends anzusetzen, womit wir auch wissen, daß spätestens von diesem Zeitpunkt an der Mensch imstande war, einen Meeresarm von beträchtlicher Breite zu bezwingen, eine Annahme, die an Sicherheit dadurch gewinnt, daß ja auch Kreta um diese Zeit bereits besiedelt war (Knossos 6100 v. Chr.), ganz zu schweigen vom Obsidian der Insel Melos, der bereits 7350 vor Christus auf das griechische Festland gelangte.« (Gabriel Camps)
Diese Ansätze decken sich mit jenen der korsischen Prähistoriker, vor allem ihres Wortführers Grosjean. Aus früheren Zeiten, dem Moustérien, haben sich wohl Tierknochenfunde erhalten, aus deren Lage und Anordnung Lokalpatrioten auf menschliche Anwesenheit auf der Insel schließen wollen; die nachher einsetzende große Fundlücke wäre dann jedoch unerklärlich, so daß man mit seefahrenden Neandertalern wohl nicht zu rechnen braucht. Die Mittelmeer-Seefahrt und die Überquerung des Ärmelkanals sind Leistungen des jungsteinzeitlichen Menschen, aber vom Beginn der Jungsteinzeit, und die Megalithkultur stellt nicht den Anfang, sondern bereits den Höhepunkt dieser Seefahrt dar.
Die im Zusammenhang mit diesen Fakten oft angeführte Insel Jersey ist allerdings weit weniger beweiskräftig als Korsika, Malta oder die Balearen, denn Jersey war, wie wir aus alten Klosterakten wissen, noch bis zu den großen Sturmfluten karolingischer Zeiten bei Ebbe trockenen Fußes erreichbar, wenn man, vom französischen Festland her kommend, nur Sorge trug, ein Brett mitzunehmen für einen bestimmten tiefen und reißenden Priel. Andererseits kann man aus der Häufung bestimmter Keramikfunde in alten Hafenorten wie Cap Ragnon und Ile Riou bei Marseille oder auch bei Martigu-

es ebenso sicher auf Seetransporte schließen wie aus den Inselfunden selbst (Martigues 5700 v. Chr.).

Es hilft uns also nicht viel, wenn wir die Ausbreitung der Doleritbeile aus einem Basalt der Bretagne auf die Insel Jersey feststellen können, aber sie gelangten etwa gleichzeitig auch nach England, so daß man den Beginn der Seefahrt über den Ärmelkanal, der damals allerdings noch nicht so breit war wie heute, ins vierte vorchristliche Jahrtausend setzen kann. Bald nach dieter Zeit wurden auch die ältesten der küstennahen Menhire in der Bretagne errichtet; die Megalithbauer bewirkten ganz offensichtlich eine schon ziemlich rege Küstenschiffahrt aus den Flußmündungen heraus, die wiederum die Glockenbecherleute nützten. Diese Glockenbecher nämlich finden sich in auffälliger Dichte zwischen der Loiremündung beim heutigen Nantes und der verrufenen Pointe du Raz, in deren gefürchtetem Riff-Rechen seither zahllose Schiffe zugrundegingen. Daß die frühen Seefahrer aber auch diese gefährlichen Strömungen und die scharfen Zähne der unterseeischen Felsen nicht fürchteten, beweisen stumm und deutlich die beiden Menhire vor der Kirche auf der Ile de Sein. Die Kirche hat, wegen der häufigen Sturmfluten, auf dem flachen Inselchen schon wiederholt neugebaut werden müssen; die beiden Menhire jedoch haben den Fluten getrotzt.

Fortan herrscht zwischen Inseln und Festland ein so reger Austausch, daß zum Beispiel Gabriel Camps in seiner Spezialuntersuchung über die steinzeitliche Schiffahrt ausdrücklich sagt: »Die Ausbreitung der Glockenbecher-Keramik auf die Kanalinseln, nach Großbritannien und nach Irland war das Ergebnis kurzer Seefahrten; aber die Tatsache dieser Ausbreitung an sich läßt erkennen, daß die Hersteller dieser charakteristischen Keramik Leute von der Küste waren *(gens de la mer)*, Küstenschipper und Binnenschiffer, die sich aus den Flußmündungen herauswagten, aber eben doch Seeleute.«

Was sich so sichtbar in den Megalithbauten bekundet, ist also eine Folge frühester Schiffahrt, deren Fahrzeuge unauffindbar geblieben sind und deren Kielwasserfurchen eben nicht jene Wege und Spuren ziehen konnten, die uns gestattet haben, den ältesten Landverkehr zu rekonstruieren. Aber es fehlt ja nicht an anderen Hinweisen. Zwischen den Grabhügeln von Wessex und jenen der alten Bretagne besteht ein seit langem bekannter direkter Zusammenhang, und hätte man ihn nicht festgestellt, so hätte die lange und vielfach geknotete Schnur der Menhire und Dolmen, der Rundsetzungen und der Kultplätze uns gezeigt, daß hier Zusammenhänge bestehen, daß hier propagiert und imitiert wurde und daß zumindest die *gens de la mer*, wie Camps sie nennt, sich schon vor Jahrtausenden zu einer Gemeinschaft zusammengeschlossen haben, einer freien Gemeinschaft mehr mit dem großen Wasser als mit dem undurchdringlichen Land.

Es gibt Standardwerke über die Steinzeit, in denen sich über das Phänomen der Megalithe nur jene eine Zeile findet, die uns zeigt, der Verfasser habe sie nicht einfach vergessen, sondern absichtlich nicht behandelt. Sie sind so verrufen wie die Berechnungen über die Cheopspyramide oder die Spekulationen über die Templer, vor allem, seit man nicht nur Kelten und Römer und Phöniker als das rätselhafte Megalithvolk in Anspruch nimmt, sondern auch Atlanten (d. h. Atlantiker) oder gar Außerirdische. Diese Abstinenz der Berufenen hat natürlich neue und noch wildere Spekulationen zur Folge, angesichts deren der alte Inigo Jones, Baumeister König Jakob I., gar nicht mehr die absurdeste Antwort auf die Frage nach den Urhebern von Stonehenge gegeben hat – er erklärte seinem ohnedies wunder- und hexengläubigen König, dem Sohn der Maria Stuart, nämlich allen Ernstes, die imposanten hängenden Steine seien das Werk toskanischer Baumeister. Diese Mittelmeer-Orientierung bei aller Kultursuche hat es mit sich gebracht, daß auch im Übergang von der Jungsteinzeit zur frühesten Metallzeit die Bedeutung des Mittelmeerraumes überschätzt wurde. Die Megalithen-Bauer und Glokkenbecher-Seefahrer waren es nämlich, welche die Wasserstraße erschlossen, auf der das Zinn nach dem Süden transportiert wurde, das Zinn aus Südengland, ohne das die alten

Tartessier keine Bronze machen konnten. Die Tartessier in der Mündung des Guadalquivir saßen an einer jener Nahtstellen, an der Glockenbecher-Keramik von der Pyrenäenhalbinsel nach Afrika wandern konnte und Gold und Elfenbein aus Afrika nach Norden. Und sie hatten in Spanien selbst alle wünschenswerten Mineralien zur Verfügung, um der sich schnell steigernden Nachfrage nach Bronze zu genügen, nur das Zinn reichte nicht, das Zinn, das man dem Kupfer der ersten Dolche beimischen mußte, weil die Klingen zu weich und zu wenig widerstandsfähig waren.

Wir haben alle gelernt, daß es die Phöniker waren, die Cadiz gründeten, die nach Tartessos fuhren, das in der Bibel ja Tarschisch heißt und damit den hehrsten aller Existenzbeweise für sich buchen darf. Aber nirgends steht, wer das Zinn nach Tartessos brachte. Griechen und Phöniker waren es nicht. Sie bezeichneten, teils aus leidvoller Erfahrung, teils um andere abzuschrecken, die Säulen des Herkules – die Straße von Gibraltar – als das Ende der Welt und den Atlantischen Ozean dahinter als unbefahrbar. Und als um 500 vor Christus aus irgendeinem Grund die Zinntransporte aus Britannien ausblieben und sich ein Phönikerschiff quer durch die Biskaya nach Norden wagte, weil man Zinn unbedingt brauchte, da konnte der Kapitän, an dessen Wagemut nicht gezweifelt werden soll, sich nicht genugtun in der Schilderung der Gefahren, ehe er zum Fazit der Unbefahrbarkeit dieses Meeres gelangte. Die Männer aber, die um diese Zeit schon auf eine dreitausend Jahre alte Seefahrertradition zurückblickten, die von Kantabrien bis zu den Scillyinseln in offenen, schmalen, einbaumartigen Schiffen gefahren waren, ohne den Ausleger zu kennen, sie hatten inzwischen eine – uns leider noch nicht überlieferte – Schiffsform gefunden, die den Wogen des Atlantik wenigstens einigermaßen zu trotzen imstande waren.

Es war in den ersten Jahren nach dem Zweiten Weltkrieg, in der Zeit, da das Papier noch rar war und die Bücher höchstens mit Leinenrücken, meist aber in Pappe erschienen, als zwei Damen altösterreichischen Zuschnitts, die Südtiroler

Baronin von Cles-Reden und die Brünner Verlegerin Marianne von Rohrer mit einem Etruskerbuch an die Bewältigung der alten Mittelmeerkulturen herangingen. Der kleine, aus Mähren nach Wien transferierte Rohrer-Verlag konnte dem ausgezeichneten Buch *Das versunkene Volk* nur eine unzureichende Publizität verschaffen, aber in ihrem späteren, in Köln erschienenen Buch *Die Spur der Zyklopen* gelang der Curtius-Schülerin Cles-Reden dann ein vielbeachteter Hinweis auf die Megalith-Kultur, die damals nicht nur sie noch als ein geschlossenes Ereignis verstand, als »Werden und Weg einer ersten Weltreligion«, wie der Untertitel des Werkes lautete. Die kluge und charmante Baronin hatte für ihr Buch mit allen maßgebenden Fachleuten gesprochen, mit Roger Grosjean, der die Filitosasteine entdeckte, mit Museumsdirektor Zammit auf Malta, mit italienischen, irischen und deutschen Autoritäten und hatte dabei doch nie jenes Ganze, jenen großen Bogen aus den Augen verloren, der als das eigentliche Ergebnis ihrer auch in allen Einzelheiten wertvollen Arbeit Epoche machte: die religiöse Deutung des Phänomens und die Theorie der Missionsfahrten, der Missionare, die sich einfältig, gläubig und dennoch unvergänglich in ihren Großsteinbauten manifestierten.

In den zwanzig Jahren, die seither vergangen sind, hat sich die Basis dieses Bogenbaues durch neue Funde, Vermessungen und Grabungen außerordentlich verbreitert, der Bogen selbst jedoch ist zum Regenbogen geworden, zu jenem wunderschönen Schemen am Horizont, das so greifbar nahe scheint, daß man darauf zueilen möchte, und das sich doch als unerreichbar erweist: die großen Steine sind geblieben, die Annahme einer ersten Weltreligion hat sich jedoch nicht halten lassen, es sei denn, man faßte sie völlig allgemein als die Summe aller Gedanken ans Jenseits und an den Sternenhimmel als dessen sichtbaren Ausdruck. Tut man das aber, dann besteht diese Weltreligion bereits seit den fernen Zeiten des *Homo erectus*, der ja auch schon die Bestattung kannte, einen angstbetont-primitiven Totenkult und die große kosmische Furcht.

Verläßt man aber den Boden dieser zugegebenermaßen wunderschönen Theorie, dann steht man wiederum vor dem Phänomen einer aus Hunderten, ja Tausenden von Einzelobjekten von beträchtlicher Ähnlichkeit erkennbaren architektonischen Grundanschauung, deren unverwischbare Zusammenhänge mit der frühen Seefahrt und dem frühen Handel schwerer zu erklären sind. Denn die Bevorzugung der Inseln und der Küsten als Megalith-Bauplätze bleibt ebenso eine Tatsache wie das binnenländische Auftauchen von Megalithdenkmälern an den ältesten Handelswegen. Als eine weitere Gemeinsamkeit haben Gelehrte wie Rolf Müller, ehemaliger Direktor des Sonnenobservatoriums Wendelstein, und engagierte Dilettanten wie Fernand Niel betont, daß ein Großteil jener Steinsetzungen, Rundbauten, gedeckten Alleen und Kombinationen aus all diesen immer wiederkehrenden Elementen nicht zufällig in die Landschaft gesetzt wurden, sondern eine »himmelskundliche Ausrichtung« (Müller) erkennen lassen. Es muß also kundige Menschen, Männer oder Frauen, gegeben haben, die Bauplätze, Baugrundlinien und eine ganze Reihe anderer Einzelheiten mitunter bis in kleinste Durchblicke festgelegt haben, um die entstehenden Denkmale für einen kultischen Zweck und für die Abhaltung von religiösen Zusammenkünften besonders geeignet zu machen. Da und dort bestimmten sogar gewisse optische Effekte, Strahleneinfall, Silhouettenwirkung und Ähnliches, den Bau hinsichtlich seiner Gestalt, und nicht selten erscheinen uns die zyklopisch zusammengefügten Riesensteine mit geradezu divinatorischer Ästhetik in den Zusammenklang von Land und Meer gefügt.

Obwohl diese Gemeinsamkeiten keine unbedingte Beweiskraft haben in einer Zeit, in der ja noch nicht einmal zyklopische Bogenkonstruktionen bekannt waren, ganz zu schweigen vom Mörtel oder einer weitergehenden Architektur, neigt die Fachforschung – soweit sie sich überhaupt auf dieses Spielfeld der Dilettanten und Esoteriker begibt – zu der Annahme, daß zumindest die Megalithen westlich von Italien und Süddeutschland einem gemeinsamen Impetus entspringen. Dieses Grundstreben, die Denkmale zu errichten, muß bei verschiedenen Küstenvölkern und Seefahrer-Stämmen gleich stark gewesen sein oder sich mit großer Intensität und Überzeugungskraft weiterverpflanzt haben, so daß es auch in beträchtlichem Zeitabstand noch zu Nachahmungen und Wiederholungen der Steinsetzungen kam.

Der große zerbrochene Menhir von Locmariaquer in der Bretagne zum Beispiel war zwanzig Meter hoch und wog 350 Tonnen, viele andere hatten Eigengewichte zwischen 100 und 150 Tonnen. Man braucht nur an die Probleme zu denken, die die ägyptische Hochkultur mit dem Niltransport von Obelisken hatte oder auch das Paris des neunzehnten Jahrhunderts mit der Aufrichtung der Colonne Vendôme, um sich darüber klar zu werden, daß hier nicht nur ingeniöses technisches Wissen von eminenten Praktikern vorhanden war und weiterverbreitet wurde, sondern auch der unbezwingbare Wunsch zur eindrucksvollen Bekundung einer Idee. Man braucht dabei nicht an die Knute der Sklavenhalter zu denken, die schließlich die ägyptischen Pyramidenbauten möglich machte, denn in so einem Fall wären die Megalithbauten wohl sehr schnell wieder zerstört worden und nicht mit einer beinahe überall festzusuellenden lokalen Sympathie umgeben gewesen und erhalten geblieben.

Andererseits ist aber kaum eine einzige aller Großstein-Kombinationen in wirklich archaischer Zusammensetzung und Gesamtverfassung bis auf uns gekommen, trennen uns doch von den ersten Megalithbauten an die sechstausend Jahre.

Dieser ungeheure zeitliche Abstand läßt zwar die Aura der alten Grabbauten, Versammlungsplätze und Menhire leuchtender erstrahlen, verdichtet aber auch den Brodem Merlins, der uns die Erkenntnis trübt und die Dunkelmänner auf den Plan ruft. Was nicht mehr vollständig ist, muß ergänzt werden, und wenn man eine vorgefaßte Idee hat, dann werden diese Ergänzungen ihr untergeordnet. Wir brauchen zwar nicht daran zu zweifeln, daß der Mensch der Steinzeit, vor allem, seit ihm der Jahreslauf für den Feldbau soviel bedeutete, seit er zur See fuhr und an ein Jenseits glaubte, sich einer intensiven Himmelsbeobachtung hingab. Sonne, Mond und Leitsterne müssen ihm bekannt und seinen Priestern oder Weisen vertraut gewesen sein, auch einige der deutlichsten Sternbilder und deren scheinbare Bewegungen. Unter den damit verbundenen Erkenntnissen mußten auch die Extremstellung des Mondes und die in einem nicht ganz neunzehnjährigen Zyklus wiederkehrende Mondposition bekannt geworden sein, so daß der Hinweis von Diodor im Zusammenhang mit den Feststellungen heutiger Astronomen vor allem an den britischen Megalithbauten und deren Ausrichtungen nicht mehr nur Hypothesen ermöglicht, sondern Tatsachen bestätigt.

Zwischen den frühesten Megalithdaten des westlichen Mittelmeerraums aus dem vierten vorchristlichen Jahrtausend und den aus astronomischen Überlegungen ermittelten Hauptdaten der britischen Megalithe liegen zwei Jahrtausende. In ihnen schuf sich der Mensch im Innern von Felsen – auf Malta – und an den Küsten wie etwa bei Carnac, auf Anhöhen wie jener von Filitosa und in grünen Senken wie den Salisbury Plains um Stonehenge und Avebury Mahnmale und Versammlungsplätze für Kultgemeinschaften, deren eindrucksvolle Architektur auch auf die gleichzeitigen Grabbauten einwirkte. Eine Kultgemeinschaft verbindet an sich verschiedenartige Stämme, verband also damals wohl Seefahrer, Fernhändler, Küstenfahrer, Bauern und Hirten miteinander, so wie in geschichtlichen Phasen des Ostmittelmeerraums einzelne Inseln zu Freistätten friedlicher Begegnungen zwischen Händlern, Seefahrern und Ansässigen geworden sind. Opfertempel des griechischen Seefahrts-Raumes wurden, wie mit Sicherheit feststeht, von Abgesandten selbst sehr entfernt lebender Völker aufgesucht und bildeten einen Gemeinbegriff für beinahe alle Völker und Stämme, die am antiken Weltverkehr teilnahmen. Die sogenannten Hyperboräer werden wiederholt in diesem Zusammenhang erwähnt, man achtet sie auch im Mittelmeer, ja man legt Pythagoras, dem denkerischen Vater der Idee einer Weltenharmonie, vielleicht nicht zufällig den Ehrennamen eines Hyperboräers bei. Auch

Pytheas von Massilia, der griechische Gelehrte aus Marseille, der unter Umgehung der phönikischen Sperre in der Straße von Gibraltar vor zweieinhalb Jahrtausenden zu den britischen Zinninseln segelte und dabei Norwegen erreichte und beschrieb, dieser kühne und unterrichtete Mann berichtet von heiligen Inseln, auf denen verschiedene Völker zu gemeinsamer Andacht und religiösen Festen zusammentreffen. Man darf annehmen, daß es die Sonnenuntergänge über dem Meer im Westen waren oder der freie Westhorizont, die diesen Stätten die geeignete Weihe geben, aber auch das weite Himmelsrund mit den Mondhochständen über der nachts noch eindrucksvolleren Großsteinarchitektur.

An vielen Orten weiterhin heilig gehalten oder doch mit abergläubischer Scheu geschont, wurden die Großsteinbauten andernorts doch vom schlichten Bauernverstand in die Siedlungen einbezogen und ihres sakralen Charakters weitgehend beraubt, wie das einst gewiß sehr großzügige Avebury. Die Grabkammern in der Form ungeschlachter Tische (Dolmen) wurden als Kartoffelmieten genutzt, die Halbkreis-Steinsetzungen (Cromlechs) sind sehr oft nicht mehr als solche erkennbar, weil ein Landmann einen Schwellenstein gebraucht hat, und so fort. Man muß es bedauern, aber man kann es kaum verurteilen, sieht man doch heute selbst Touristen, die eigens zur Besichtigung nach Carnac gekommen sind, ratlos und schließlich ärgerlich zwischen den tausend Steinen von Le Menec herumirren, die Sibylle von Cles-Reden sehr schön ein steinernes Heer genannt hat. Als Menschen einer Zeit, in der gesprochen und geschrieben, gelesen und gedeutet wird, verfügen wir vermutlich nicht mehr über jene tieferen Erkenntnisvorgänge und -möglichkeiten einer Menschheitsphase, in der die Natur den Menschen enger umgab, in der sie ihm stumm und doch verständlich nahe war – die Natur aus Erde und Himmel, aus Meer und Land. Wonach sollte der Mensch greifen, um sich auszudrücken, da er die Höhlen schon bemalt und die Felswände schon beritzt hatte, da er für seine Tänze und Lieder einen heiligen Rahmen suchte und für das Welterlebnis der Fernfahrten ein heiliges Ziel? Gewiß, er baute hölzerne Hallen, bei Stonehenge hat man die Pfeilerfundamente gefunden, und er versammelte sich nach wie vor in geeigneten Grotten. Aber der unvergängliche Stein, das Symbol seiner Ära, das Grundmaterial seiner Kultur und das Dach seiner ersten Wohnungen, blieb doch das nächstliegende Medium des Ausdrucks und der Zwiesprache mit einer stummen Welt.

»Es gibt keinerlei Anzeichen dafür, daß in der Vorgeschichte jemals in den Vorstellungen der Menschen eine einzige, höchste Gottheit unter Ausschluß aller übrigen göttlichen Wesen existierte . . . Man kann die Himmelsreligion nicht irgendeiner bestimmten Phase der religiösen Entwicklung zuordnen, ebensowenig einem bestimmten Gesellschaftstypus oder geographischen Bereich. Sie ist ein immer wiederkehrendes Phänomen und wurde zur Befriedigung der Bedürfnisse der Menschheit nicht nur mit dem Sonnenkult, sondern auch mit der Verehrung von Erdgöttern und -göttinnen in Verbindung gebracht. Auf diese Weise wurden die Liebe und Güte des himmlischen Reiches den Erdbewohnern zugänglich, die Mächte des Bösen wurden zerstört und die Toten erhielten das ewige Leben.«

Es ist die Summe, die der Oxford-Professor E. O. James am Ende seines Buches über die Religionen der Vorzeit zieht. Er ahnt vielleicht nicht, daß die Religion der Zukunft dieser Essenz wiederum sehr nahekommen wird. Die Großbauten unserer Zeit sind nicht aus Stein, sondern sind gigantische Spiegel, mit denen auf den Pyrenäenhöhen oder in Almeria – Stätten alter Megalithkultur – die Sonnenkraft eingefangen wird, und den Gaben der Erde wird man so verzweifelt-tiefbohrend auf den Leib rücken müssen, daß die Gruben, mit deren Hilfe die Riesenmenhire hochkippend aufgerichtet wurden, sich dagegen wie Mauslöcher ausnehmen werden. Im Grunde aber hat sich nicht sehr viel geändert nach einem Intermezzo von demiurgischer Arroganz und prometheischer Provokation. Hoffen wir, daß uns angesichts der vielstrapazierten Güte des Himmels wenigstens der große Blitz erspart bleibe.

Zeittafel

(Da die zeitlichen Ansätze vor allem in der Frühphase zwischen den Autoritäten außerordentlich umstritten sind, geben wir absichtlich Eckdaten.)

vor 40-20 Millionen Jahren	Auftreten der ersten Affen und schließlich der Menschenaffen.
vor 15-10 Millionen Jahren	Entwicklung erster Primaten mit auf den Menschen weisenden Merkmalen (Asien und Afrika).
vor etwa 4 Millionen Jahren	Ende des erdgeschichtlichen Abschnitts Tertiär. Umstrittene Funde primitivster Steinwerkzeuge. Tendenzen zu einer Spaltung der Entwicklungslinien.
vor etwa 2,5 Millionen Jahren	Paranthropus (Sackgasse) und Australopithecus auf der Erde. Früheste Ansätze der Homo-habilis-Funde.
vor etwa 2 Millionen Jahren	Homo habilis mit Gerätschaften aus Stein und Holz und primitivsten Wohnungen (Entwicklung aus dem Australopithecus strittig).
vor etwa 1,5 Millionen Jahren	In Vorderindien und Afrika lebt der Homo erectus, aufrechtgehend und schon eindeutig menschlich, und dehnt Wanderungen auf andere Gebiete aus.
vor etwa einer Million Jahren	Homo erectus in Europa in stark unterschiedlichen Gruppen.
vor 800-400.000 Jahren	Der Mensch domestiziert das Feuer, zunächst in Ostasien, zuletzt in Europa.
vor 550.000 Jahren	Beginn gemeinsamer Treibjagden u. d. Errichtung von Freilagerstätten.
vor 500-300.000 Jahren	Verschiedene Altmenschenrassen in West-, Mittel- und Osteuropa.

vor etwa 125.000 Jahren	Auftreten des Neandertalers (Homo sapiens neandertalensis).
80.000-50.000 v. Chr.	Bestattungen in Ost- u. Südeuropa deuten auf den Glauben an ein Leben nach dem Tode hin. Anpassung des Neandertalers an Eiszeitverhältnisse scheint vollzogen.
45-35.000 v. Chr.	Einströmen neuer Rassen aus dem Südwesten u. dem Südosten nach Europa. Vermischung mit dem Neandertaler vorwiegend im Osten. Gemeinsame Jagden und Begräbnisse. Früheste Kunstwerke.
um 30.000 v. Chr.	Tierskulpturen und Höhlenmalereien in Europa. Der Neandertaler ist ausgestorben. Erste Menschen in Australien.
24.000-18.000 v. Chr.	Jägerstämme wandern aus Sibirien nach Alaska und sickern langsam nach Süden.
um 15.000 v. Chr.	Älteste Steinwerkzeuge in Amerika.
um 13.000 v. Chr.	Die amerikan. Südwanderung erreicht Feuerland. Genähte Fellkleidung in Europa, Jagden mit Pfeil und Bogen (Nordafrika).
um 9.000-5.000 v. Chr.	Aus nomadischer Viehhaltung, Hirtenkulturen u. dem Übergang zur Haustierhaltung entsteht das Bauerntum. Stecken von Knollenpflanzen als erster Ackerbau vor den Getreideaussäungen. Schafzüchterkulturen in den Pyrenäen, Großdörfer in Vorderasien.
um 8.000-5.000 v. Chr.	Aus dem Auskleiden geflochtener Behälter mit Ton entsteht die Keramik (in Japan schon etwa 2000 Jahre früher). Um 5000 v. Chr. erste gedrehte Keramik. Jericho, die erste Stadt.
um 6.000-4.000 v. Chr.	Beginn des Mittelmeerhandels (Mineralien, Kupfer), und der Seefahrt zur Besiedelung der Inseln. In Südamerika: Faustkeilkulturen.
um und ab 3.000 v. Chr.	Glockenbecherkeramik in Südwesteuropa. Staatsbildung in Mesopotamien, Ägypten u. China.
um 2.500-2.000 v. Chr.	Induskultur mit großen Städten. Megalithkultur an den Süd- und Westküsten Europas. Ummauerte Städte in China.
um 2.000-750 v. Chr.	Bronzezeit in Mittel- und Nordeuropa.
um 1.000 v. - 500 n. Chr.	Fischer- und Jägerkulturen im jahreszeitlichen Wechsel in Alaska.

Literatur

Das nachfolgende Literaturverzeichnis dient in erster Linie der Aufschlüsselung der im laufenden Text enthaltenen Zitate. Eine repräsentative oder gar wertende Übersicht über die einschlägige Literatur ist nicht beabsichtigt und könnte auch nicht gegeben werden angesichts der Tatsache, daß heute praktisch auf dem ganzen Erdball gegraben und geforscht wird und der wissenschaftliche Fortschritt sich weitgehend in die regionale Berichterstattung und die Fachzeitschriften verlagert hat. Einen guten Überblick dieser Untersuchungen bieten Jan Filip (s. u.) für Europa und Michael H. Day (s. u.) für die übrigen in Betracht kommenden Gebiete.

Audrey Robert: Adam kam aus Afrika. Dt. Ausg. München 1969
   Adam und sein Revier. Dt. Ausg. München 1972
Behn Friedrich: Vorgeschichte Europas. Berlin 1949
Biedermann Hans: Lexikon der Felsbildkunst. Graz 1976
   Bildsymbole der Vorzeit. Graz 1977
Bouyssonie/Cluchat/Girard: Le Mystère des Grottes préhistoriques de Fontainebleau. Archéologia, Dijon 1975
Burl Aubrey: Prehistoric Avebury. London und New Haven 1979
Camps Gabriel: La Navigation en France au Néolithique et à l'âge du Bronze, in: La Préhistoire Française Tome II. Paris 1976
Cauvin Raymonde: Portugal. Dt. Ausg. v. Hermann Schreiber. Bern 1978
Coulborn Rushton: Der Ursprung der Hochkulturen. Dt. Ausg. Stuttgart 1962
Ceram C. W: Der erste Amerikaner. Das Rätsel des vor-kolumbischen Indianers. Reinbek 1972
Claiborne Robert: Die Besiedelung Amerikas. Dt. Ausg. Reinbek 1977
Cles-Reden Sibylle von: Die Spur der Zyklopen. Werden und Weg einer ersten Weltreligion. Köln o. J. (1960)
Constable George: Die Neandertaler. Dt. Ausg. Reinbek 1977
Danzel Theodor Wilhelm: Kultur und Religion des primitiven Menschen. Stuttgart 1924

Day Michael H.: Guide to Fossil Man. London 1977
Delporte Henri: L'Image de la Femme dans l'Art préhistorique. Paris 1979
Fages, Gilbert u. Hugues, Camille: Le Causse Méjean avant l'Histoire. Archéologia. Dijon 1977.
Ferrer J.: Cerdagne, Capcir, Andorre dans les Pyrenées catalanes. Perpignan 1976
Fester/König/Jonas: Weib und Macht. Fünf Millionen Jahre Urgeschichte der Frau. Frankfurt/Main 1979
Filip Jan: Enzyklopädisches Handbuch zur Ur- und Frühgeschichte Europas. 2 Bde. Dt. Ausg. Stuttgt. o. J. (ca. 1970)
Freeman Leslie F. (Hrsg): Les Structures d'Habitat au Paléolithique moyen. Nizza 1976
Frobenius Leo: Kulturgeschichte Afrikas. Zürich 1933
Gaucher Gilles: Pincevent. Un camp de chasseurs de rennes sur les bords de la Seine. Archéologia 110/1977. Dijon 1977
Guilaine Jean: Premiers Bergers et Paysans des Pyrenées. Archéologia 85/1975. Dijon 1975
Handwörterbuch d. dt. Aberglaubens. 9 Bde, Berlin/Leipzig 1929 ff.
Herrmann Ferdinand: Völkerkunde Australiens. Mannheim 1967
Holm Erik: Die Felsbilder Südafrikas. Deutung und Bedeutung. Tübingen 1969
James E. O.: Religionen der Vorzeit. Dt. Ausgabe Köln 1960
Jelinek J. (Hrsg.): Das große Bilderlexikon des Menschen in der Vorzeit. Prag 1972
Jockel Rudolf (Hrsg.): Götter und Dämonen (Mythen der Völker). Darmstadt 1933
Koenigswaldt Hans: Es werde Licht . . . 2. Aufl. München 1971
Koszlowski Janusz (Hrsg.): L'Aurignacien en Europe. Nizza 1976
Kraft Georg: Der Urmensch als Schöpfer. Berlin 1942
Kühn Herbert: Das Erwachen der Menschheit/Der Aufstieg der Menschheit/ Die Entfaltung der Menschheit. Frankfurt/Main 1955ff.
Norton Leonard Jonathan: Die ersten Ackerbauern. Dt. Ausg. Reinbek 1977
Lhote Henri: Die Felsbilder der Sahara. Entdeckung einer 8000jährigen Kultur. Dt. Ausg. Würzburg 1958.
Vers d'autres Tassilis. Nouvelles découvertes au Sahara. Paris/Grenoble 1976
Lindig Wolfgang: Vorgeschichte Nordamerikas. Zürich 1973
Lumley Henri de (Hrsg.): La Préhistoire Française, 3 Bde. Paris 1976ff.
Lumley Henri de: L'Homme de Tautavel. Dossiers de l'Archéologie, 36/1979, Dijon 1979
Menghin Oswald: Vorgeschichte Amerikas. In: Abriß der Vorgeschichte, München 1957
Malinowski Bronislav: Magie, Wissenschaft und Religion. Dt. Ausg. Frankfurt/Main 1973
Meinhof Carl (Hrsg.): Afrikanische Märchen. Jena 1927
Mohen Jean-Pierre: Préhistoire de l'Art en URSS (Bericht über die Pariser Ausstellung März 1979)
Müller Rolf: Der Himmel über dem Menschen der Steinzeit. Berlin, Heidelberg und New York 1970

Müller-Karpe, Hermann: Geschichte der Steinzeit. 2. durchges. u. ergänzte Auflage, München 1976
Nachtigall Horst: Die amerikanischen Megalithkulturen. Berlin 1958
Narr Karl J.: Urgeschichte der Kultur. Stuttgart 1961
Niel Fernand: Auf den Spuren der großen Steine. Dt. Ausg. München 1978
Nougier Louis-René: L'Economie préhistorique. Paris 1970
Okladnikow Alexej Owalowitsch: Der Mensch kam aus Sibirien. Russische Archäologen auf den Spuren fernöstlicher Frühkulturen. Dt. Ausg. Wien 1974
Preidel Helmut: Handel und Handwerk im frühgeschichtlichen Mitteleuropa. Gräfelfing 1965
Prideaux Tom: Der Cro-Magnon-Mensch. Dt. Ausg. Reinbek 1977
Schreiber Hermann: Gastliche Erde. Die Geschichte der Erde und des Lebens. Graz, Wien, Köln 1965
Von der Camargue zu den Pyrenäen (Languedoc und Roussillon). München 1979
Schuldt Ewald: Mecklenburg urgeschichtlich. Schwerin o. J. (1955)
Schwarzbach Martin: Das Klima der Vorzeit. Eine Einführung in die Paläoklimatologie. 3. neubearb. Aufl. Stuttgart 1974
Sellnow Irmgard: Grundprinzipien einer Periodisierung der Urgeschichte. (Ost)Berlin 1961
Siegmund Georg: Der Glaube des Urmenschen. Bern 1962
Tackenberg Kurt (Hrsg): Der Neandertaler und seine Umwelt. Gedenkschrift zur Erinnerung an die Auffindung im Jahr 1856. Bonn 1956
Töppen Max: Geschichte Masurens. Danzig 1870 (Reprint Aalen 1969)
Tuffreau Alain: L'homme de Biache-Saint-Vaast. Archéologia, 137/1979. Dijon 1979
Valoch Karel (Hrsg.): Les premières Industries de l'Europe. Nizza 1976
Varagnac André (Hrsg.): Der Mensch der Urzeit. 600 000 Jahre Menschheitsgeschichte. Düsseldorf-Köln 1960
Wernick Robert: Steinerne Zeugen früher Kulturen. Dt. Ausg. Reinbek 1977
Whymper Frederick: Rausch und Abenteuer in Alaska. Braunschweig 1869
Zechlin Egmont: Maritime Weltgeschichte Hamburg 1947
Zechlin E. (Hrsg.): Völker und Meere. Leipzig 1944

Namenregister

Abel, Othenio 126
Aberg, Nils 287
Achilles 208
Adenauer, Konrad 80
Albrecht, Hzg. v. Preußen 269
Alfons XII., Kg. v. Spanien 151
Anderson, J. G. 32
Aosta, Hzg. von 101
Aram, Kurt 210
Auer v. Welsbach 289
Aurignac-Mensch 181
Australopithecus 28, 66, 91, 93, 126, 127
Aymara 77
Azteken 78

Baco v. Verulam 210
Bächler, Emil 180
Bantu 77
Barth, Heinrich 250
Bellerophon 206
Berckhemer, Prof. 96
Bering, Vitus 224, 225
Beuys, Joseph 184
Bibby, Geoffroy 215
Birket-Smith, Kai 241
Black, Davidson 33
Blake 124
Blanc, A. C. 188
Bocuse 60
Bosch-Gimpera, Pedro 287
Brace, C. Loring 127
Breuil, Henri (Abbé) 153, 154, 155, 162, 165, 166, 167, 171, 184, 207
Broom, Robert 18, 19

Cabeza de Vaca 27
Cäsar, Gaius Julius 116
Cailliaud, Frédéric 250
Campbell, Bernard G. 67
Camps, Gabriel 297, 299, 300, 301

Cartailhac, Emile 152, 153, 154
Castillo, A. 287
Ceram, C. W. 228
Cerralbo, Conde de 102, 103, 105, 148
Chaka (Zulukönig) 79
Charroux 157
Childe, Gordon 287
Christian, Fletcher 297
Cles-Reden, Sibylle v. 303, 307
Columbus, Christoph 225
Constable, George 192
Cook, James 222
Coulborn, Rushton 247
Cranz, David 76
Cro-Magnon-Mensch 97, 129, 133, 135, 137, 178-212, 213, 216, 219, 220, 221, 244
Cuchulinn 118
Cuna-Indianer 78
Curtius, Ludwig 303
Cuvier 109

Däniken, Erich v. 34, 157
Danzel, Theodor-Wilh. 77
Dart, Raymond 17, 18, 19, 28
Darwin, Charles Robat 15, 21, 31
Day, Michael H. 185
De Bruyn 17
Deschnew (Hetman) 224
Diane de Poitiers 47
Diodor 306
Djetis-Typus 98 s. Java-Mensch
Dubois, Eugen 31, 32, 220

Einstein, Carl 160

Ericson, Leif 225
Euripides 208

Filip, Jan 180, 287
Finlay, George 49
Franz Joseph I., Österr. Kaiser 79
Freeman 103
Frisch, Karl v. 80
Frobenius, Leo 43, 75, 160, 161, 284
Fuhlrott, Johann Carl 122, 123

Gabori-Csank, Frau 214
Giddings, J. L. 237
Gieseler, Wilhelm 188, 189
Giot, Pierre-Roland 296
Giscard d'Estaing, Valéry 179
Godiva, Lady 204
Göring, Hermann 116
Goethe, Joh. Wolfgang 60, 73, 74, 122
Gomme, G. L. 204
Goodall, Jane 54
Greenman, E. F. 240, 241
Gregorovius, Ferdinand 268
Grosjean, Roger 299, 303
Grzimek, Bernhard 68
Guatemalteken 78

Haeckel, Ernst 31, 122
Hammurapi 274
Harnack, Adolf v. 268
Hatt, G. 241
Hauser, Otto 180, 181
Heidelberg-Mensch 94, 95, 97, 98
Hehn, Victor 267, 268
Hekataios v. Milet 293
Henoch 44, 45
Henri-Martin, Mademoiselle 179

Hephaistos 46
Hermes 208
Hertz 194
Holm, Erik 282
Homer 267
Homo erectus 31, 81, 82, 90, 123, 303
– erectus heidelbergensis 94
– erectus palaeo-hungaricus 96
– erectus tautavelesis 114 s. Tautavel-Mensch
– habilis 17, 29, 30, 32, 51, 52, 53, 55, 56, 60, 62, 63, 67, 69, 78, 80, 82, 93, 95, 120 s. Oldoway
– sapiens neandertalensis s. Neandertaler
– sapiens sapiens s. Cro-Magnon-Mensch
– wadjakensis 220
Howell, F. Clark 103, 104, 105, 134, 185
Howood 26
Humboldt, Alexander v. 74
Huxley, Aldous 21

Ibn Fadhlan 208

Jakob I., Kg. v. England 301
James, E. O. 308
Java-Mensch 33, 98
Jelinek, Jan 25, 28
Jesaia, Prophet 44
Jonas, Doris F. 59, 60, 62, 63, 64
Jones, Inigo 301

Keith, A. 132
Kenyapithecus 127
Keyserling, Hermann Gf. v. 76
Klaatsch, Prof. 180, 181
Klein, Yves 158

König, Marie E. P. 215
Koenigswald, G. H. R. v. 24, 32, 93, 98
Kohne 21
Kotzebue, August v. 235
Kpelle 77, 78
Kraft, Georg 83
Krapina-Mensch 130, 133
Kubrick, Stanley 30, 34
Kühn, Herbert 154, 155, 157
Kyselack 292

Lalanne, Dr. 205
Larsen, Helge 237
Laval (Lehrer) 162
Layard 273
Leakey, Louis 13-17, 23, 25, 26, 49, 51, 58, 127
Leakey, Mary 13, 26, 50, 51, 53, 58, 93, 214
Legros-Clark, W. E. 97
Leonard, Jonathan Norton 264, 271
Leroi-Gourhan, André 167, 168, 173, 197
Lesage, Alain René 161
Lévy-Bruhl, Lucien 56, 57
Lhote, Henri 154, 248, 250, 251, 253, 261, 262
Lindig, Wolfgang 229, 230, 240
Ljot, Hexe 206
Los Angeles-Man 233
Lukas, Evangelist 44
Lumley, Henry de 108, 111, 112, 113, 119
Lumley, Marie-Antoinette de 113
Luzifer 45

Maerth, Oscar Kiss 82, 124
Malinowski, Bronislav 57
Maria Stuart 301

Marshack, Alexander 172
Matisse, Henri 171, 172
Mazakova, Z. 25
McCown, T. D. 132
MacCulloch 204
Meinhoff, Carl, 79, 282
Menghin, Oswald 296
Mendes-Correa, A. A. 241
Minnesota-Minnie 233
Mortillet, Gabriel de 137, 151
Mount-Carmel-Man 132
Müller, Rolf 304
Müller-Karpe, Hermann 36, 158, 198, 257, 259, 290

Narr, Karl J. 26, 47, 58, 139, 184, 215, 246, 269, 273, 289
Neandertaler 12, 22, 81, 97, 98, 122-146, 180, 182, 183, 185-189, 191, 192, 221, 243
Nevermann, Hans 41
Niel, Fernand 304
Noailles, Anna de 76
Norton, Lord 235

Obermaier, Hugo 154
Oldoway-Mensch s. Homo habilis
Otto v.Bamberg, hl. 269
Oviedo, Fürst v. 166

Paranthropus 126
– robustus 19
Parrot, André 273, 274
Peking-Mensch 32, 33, 35, 91, 135
Pfizenmaier 194, 195
Picasso, Pablo 170
Pinkley 220
Pithecanthropus 126
– robustus Modjokartensis 93, 94, 98
Plautus 79

315

Proconsul 25, 26
Prometheus 45, 247
Polyxene 208
Pygmäen 36
Pythagoras 306
Pytheas v. Massilia 240, 293, 307

Quetzalcoatl 46

Ramapithecus 24, 25, 30
Rainey, Froelich G. 237
Rasmussen, Knud 236, 238, 241
Rivet, Paul 241
Rohrer, Marianne v. 303
Rousseau, Jean-Jacques 74

Sangmeister, Eduard 287
Sautuola, Marcelino de 148, 149, 150, 155
Sautuola, Maria de 149, 150, 155
Scheuchzer, Johann Jakob 87
Schiller, Friedrich 73
Schillings, Karl Georg 101
Schoetensack, O. 94
Schuchhardt, Carl 201

Schuldt, Ewald 265
Schwalbe 124
Sigrist, Karl 96
Simons, Elwyn 23
Sinanthropus 14, 15
– africanus 25, 26
– pekinensis s. Peking-Mensch
Sirius 89
Sonnleithner 111
Steinheim-Mensch 101, 103-107, 113, 129, 135
Stenbock-Fermor, Gf. 195
Stucken, Eduard 297
Swanscombe-Mensch 103 s. Swanscombe
Sydow, Eckart v. 160, 161

Taiwan-Stamm 90
Tautavel-Mensch 108-121, 124, 135, 140, 145, 276, 277
Tepexcan-Mensch 234
Töppen 269
Toussaint de Serres, Pierre Marcel 109
Trinil-Mensch 96, 98

Varagnac, André 273

Vergil 267
Vénus de Berlin 205
Venus v. Willendorf 199, 208
Vilanova y Pierra, Don Juan 150, 151
Virchow, Rudolf 18, 123, 128, 150, 189, 191, 268

Wagner, Eberhard 142
Washburn, Sherwood L. 21
Waxell, Sven 224
Weidenreich 98
Weiner, J. S. 97
Weinhold, Karl 204, 208
Westermann, Diedrich 77
Whymper, Frederic 235, 236
Wilhelm II., Dt. Kaiser 79
Wollosowitsch 195
Wundt, Wilhelm 75

Yao 46

Zammit, Museumsdirektor 303
Zdansky 32

Ortsregister

Ärmelkanal 99, 112, 186, 299, 300
Aggstein 199
Agly-Fluß 110, 115, 120
Agram 129
Aix-en-Provence 112
Alaska 226, 227, 234, 235, 236
Aleuten 225, 236, 242
Allgäu 245
Almeria 308
Altamira 40, 129, 150-155, 161, 162
Altxerri 155
Ambrona 102, 104, 106
Amélie-les-Bains 278
Amur 226
Anadyrgolf 225
Anagula (Aleuten) 236
Anaktuvuk-Paß 235
Andalusien 156
Andorra 171
Arago 109
Argou 109
Ariège 166, 171, 279
Arizona 232
Arles-sur-Tech 277
Assuan 250
Asturien 156
Atienza 102
Atiutaki 223
Atlanta 247
Auanrhet 253, 281
Aurignac 177
Avebury 306, 307
Ax-les-Thermes 171
Ayacucho-Becken (Peru) 264
Azoren 296

Babel 153, 274
Bains du Boulou 277
Balma de Montbolo 277-280
Barda Balka 275

Barcarès 276, 279
Barcelona 287
Belitz 154
Béna 278, 280
Beresowka 194
Beringia 224, 232
Beringsee 236
Beringstraße 224-227
Berlin 123, 150
Birnirk 237, 239, 240
Biskaya 149, 302
Blaubeuren 142
Bordeaux 204
Borneo 223
Bosporus 99
Bourg-Madame 278
Bouscat 204
Brangoly 278, 280
Braunschweig 136
Breslau 180
Brest 287
Brive 140, 146
Brooks-Range-Gebirge 235, 237
Brünn 124, 183
Budapest 96, 214
Bükk-Gebirge 218
Butte du Four 110

Cabestany 110
Cabrerets 197
Cadiz 302
Callanish 295
Canigou 277, 279
Cap Bon 297
Cap Ragnon 299
Capcir-Tal 278
Carlit 279
Carnac 293, 297, 306, 307
Cauna d'Arques 276
Causse Méjan 291
Charente 179, 183
Château d'Aguilar 109
Château de Queribus 109, 110

Choris-Halbinsel 237
Cerdagne 278
Céret 277
Cevennen 291
Col de Puymorens 278
Collioure 115
Colorado 232
Combe Capelle 180, 182
Corbières 108, 110, 112, 276
Corrège-Insel 276, 279
Coventry 204
Cro-Magnon 177, 178 s. Cro-Magnon-Mensch
Cuccuruzzu 298
Currachiaghiu 298

Dnjepr 194
Don 199, 200
Donau 217, 218, 288, 291
Donezan 279
Dordogne 138, 139, 140, 146, 177, 179, 182, 207, 214, 220, 221, 228
Dorres 278
Dourgne 276
Drakensberg 281, 282
Dschebel Kafzeh 134
Dschebel Mar Elias 131
Duero-Tal 102
Düsseldorf 12, 122, 128, 189

Ebro 183
El Aculadero 93
Elba 297
Elberfeld 122
Engigstciak 234
Enveitg 278
Esperit 277
Espira d' Agly 110
Etos Berg 49
Euphrat 274

Filitosa 298, 306

317

Foix 171
Font de Gaume 155
Fontéchevade 179
Fontfroide, Abtei 109
Formosa 90
Frankfurt a. M. 158
Freiburg (Schweiz) 154
Fréjus 297

Gagarino 199
Gandschdareh (Iran) 263, 275
Gibraltar 128, 216, 307
Gorge D'Enfer 138
Gouleyrous, Gorges des 111, 121
Grönland 190
Guadalquivir 302

Haute Garonne 166, 177
Hebriden 295
Hoher Brandberg 281
Hradenyn 270

Idaho 264
Ile de Sein 300
Ile Riou 299
Ille-sur-la-Têt 110
Ipiutak 237, 238, 239

Jabbaren, Wadi 253
Jarmo 274, 275
Jericho 266, 275
Jersey, Insel 299, 300
Johannesburg 18

Kamtschatkabusen 194
Kap Deschnew 224
Kap Hoorn 242
Kap Krusenstern 237
Kap Prince of Wales 224
Kapowaja (Südural) 99
Karim Schahir 275
Karmel, Berg 129, 131, 132, 133, 146, 179, 182, 183, 184, 228
Karpaten 218
Kasch 44
Kimberley 17

Knossos 299
Köln 277
Kolyma-Fluß 194
Kopenhagen 241
Korsika 297, 298
Kostenki 200
Kotzebue-Sund 235, 237
Krapina 124, 129, 130, 131, 133, 187, 188
Krugersdorp 18

La Chapelle-aux-Saints 146, 187, 205
La Ferrassie 146, 187, 205
Lagrasse, Abtei 109
Lalinde 221
La Llabanère 110
La Madeleine 137
La Naulette 124
La Plata 242
La Quina 188
Languedoc 278
Laroche 221
Lascaux 40, 129, 153, 155, 161-165, 168, 169, 171, 267, 281
Laugerie 138
Laussel 204
Lautsch b. Littau 183
Le Menec 307
Le Moustier 138, 146, 180, 187, 205
Le Vallonet 93
Lena-Delta 194
Les Combarelles 155
Les Escaldes 278
Les Eyzies de Tayac 138, 177, 178
Leucate 276, 279
Leucate-Barcarès 287
Levallois-Perret 141, 142
Levanzo (Phorbantia) 217
Lewisville (Texas) 228
Liakhow-Insel 194, 195
Limoges 161
Liparische Inseln 297
Lissabon (Prähistoriker-Kongreß) 150, 151

Locmariaquer (Bretagne) 305
Loire 297, 300
Lortet 221
Los Velez 156
Lyck 269

Madrid 101, 102, 150, 151
Malta 217, 303
Marquay 204
Marseille 240, 299, 307
Martigues 299, 300
Mas Ferréol 110
Masuren 269
Mauer b. Heidelberg 19, 94-97, 187
Mecklenburg 261
Medinaceli 102
Melos, Insel 299
Mesopotamien 153
Mogar-el-Tathani 250
Mont Louis 278
Montbolo 279
Monte Circeo 145, 146, 188
Montespan 166
Montferrand 180
Montignac 161, 162
Montmaurin 97, 98, 99, 129
Montou 279
Moravany 207
Morbihan, Golf 259
Muallafat 274, 275

Nantes 300
Naphta 44
Nazareth 134
Neandertal 102, 122 s. Neandertaler
Neu Mexiko 232
Ngandong (Java) 98, 188
Ngawi (Java) 31
Niaux 171, 172, 267
Niltal 141, 245, 250, 253, 255, 262, 271, 292
Ninive 153
Nizza 179
Norton-Bay 235, 236

Novaja Semlja 194

Oldoway-Schlucht 12, 13, 16, 48, 49, 50, 52, 53, 55, 56, 57, 64, 77, 78, 93, 94, 120, 207, 214
Olmeto 298
Omo-Fluß 26
Oran 185
Oregon 227
Ospedale 298

Pantelleria 297
Paris 138, 141, 148, 149, 161, 195, 207, 297, 303
Pasyriksche Kurgane 266
Pech-Merle 197
Peking 33, 185 s. Peking-Mensch
Pena Tu 156
Pentelikon 49
Périgord 180
Perpignan 110
Persischer Golf 141
Peschialet 171
Petralona 93
Petrikow 194
Philippinen 296, 297
Pic du Canigou 277 f.
Pistyan, Bad 207
Pitcairn, Insel 223, 297
Planany 270
Plateau Central 193
Point Barrow 236
Point Hope 237, 239
Pointe du Raz 300
Port Leucate 115
Pommern 269
Potsdam 154
Předmost 182, 230
Prerau 182, 191
Pretoria 18
Prezledice b. Prag 96
Puigcerda 278
Pyrenäen 112, 193, 221, 274, 276, 278, 279, 280, 291, 308

Raivavae, Insel 223
Rhein 105
Rom 188, 277
Roussillon 111
Rusenschloßhöhle 142

Sachalin 225
Safi (Marokko) 185
Sahara 90, 141, 245, 247, 248, 250, 251, 253, 256, 261, 262, 281
Saint-Denis 141
St. Kilda, Insel 295
Sainte-Lucie de Tallano 298
Saint-Tropez 297
Salisbury Plains 293, 306
Salses, Schloß 277
Salzgitter-Lebenstedt 136
Sandalja 93
Sanga Jurak 194, 195
Sankt Gallen 180
San Sebastian 161
Santander 150, 151, 155
Santa Rosa, Insel 230, 231
Santillana del Mar 150
Sardinien 217, 297
Sault 276
Schanidar 275
Scharbauer (Texas) 233
Schlesien 269
Schwäbische Alb 126
Schwerin 274
Seine 141
Serrat des Loups 278
Serre d'Espira 114
Serre del Clot 108, 114
Sierra de Albarracin 102
Sierra de Guadarrama 102
Sigean 121
Siguenza 102
Siwalik-Hills (Pandschab) 23
Skhul-Höhle 132
Soerabaya 32
Solutré 143, 144, 182, 230

Spy 124, 146, 187
Steinheim 96, 97, 98, 99, s. Steinheim-Mensch
Sterkfontein 18, 19
Stonehenge 293, 301, 306, 308
Stuttgart 96, 97
Suez 216
Susuman 194
Swanscombe 97, 98, 129, 179, 185
Sylt 200
Szeleta 218

Tabun-Höhle 132
Tahiti 223
Taimir-Halbinsel 194, 195
Tajo de las Figuras 156
Tanwit, Wadi 253
Tarascon-sur-Ariège 171
Tartessos (Tarschisch) 24, 201, 302
Tassiligebirge 248, 250, 251, 252, 268, 285
Taung 17, 19
Tautavel 108-121, 276, 277 s. Tautavel-Mensch
Tech 277
Tende 156
Ternan, Fort 23
Terracina 188
Teschik-Tasch (Usbekistan) 187
Têt-Fluß, -Tal 110, 277, 278, 279
Téviec 259, 260
Themse 179, 185
Thule (Grönland) 240
Tien-Schan 36
Tiout 250
Toledo 102
Torralba 102, 104, 105, 106, 113, 115
Triest 136
Tschuktschen-Halbinsel 226

319

Tschu-ku-tien 33, 34, 35, 37, 39, 53, 70, 96, 99, 120, 145, 207
Tsisab-Schlucht 281
Tuc d'Audubert 166
Tübingen 188
Tule Springs (Nevada) 229
Turkana-See (Kenia) 26
Twyfelfontein 283

Ur 278
Utah 232

Val Camonica 156
Val de Merveilles 156

Vallespir 277, 278
Vancouver 227
Verdouble-Fluß 108, 109, 110, 114, 115, 120
Verteszöllös 96
Vezère-Fluß 161, 177, 179, 193
Vicdessos-Tal 171
Victoriasee 26
Villanova de San Pedro 288
Villefranche 279
Vingrau 109

Wachau 199
Weichsel 198

Weimar-Ehringsdorf 188
Welwitschia 284
Wendelstein 304
Wesser 301
Wien 151, 182
Willendorf 199
Windhoek 283
Wolga 141, 183, 208
Woronesch 199
Würzburg 123

Yukon 234, 235

Zaragoza 101
Zarzi 275
Zonza 298

Bildarchiv Preußischer Kulturbesitz, Berlin: 1 a (Sammlung Koenigswald; Original: Senckenberg-Museum Frankfurt), 1 b, 1 c (Museum für Vor- und Frühgeschichte Preußischer Kulturbesitz Berlin), 2 a, 2 b, 2 c, 3, 4, 5 a, 5 b, 6, 7 a, 7 b, 8, 9 a, 9 b, 10 a, 11 a, 11 b, 15 a (Original: Staatssammlungen München), 15 b, 16, 17 (Original: Museum für Vor- und Frühgeschichte Preußischer Kulturbesitz Berlin), 18 (Original: Museum für Vor- und Frühgeschichte Preußischer Kulturbesitz Berlin) 19 (Original: Museum Brün), 20 a (Foto der Nachbildung im Museum für Vor- und Frühgeschichte Preußischer Kulturbesitz Berlin), 20 b, 20 c

Archiv für Kunst und Geschichte, Berlin: 10 b

Klaus-Dieter Meyer, Rosenheim: 12, 13 a, 13 b, 14

Die Strichzeichnungen auf den Seiten 147, 152, 176, 201, 202, 212, 249 (oben), 254, 256, 263, 281, 286 und 294 sind dem Werk von Hans Biedermann »Bildsymbole der Vorzeit« (Verlag für Sammler, Graz 1977) entnommen worden.

Aus dem »Lexikon der Felsbildkunst« von Hans Biedermann (Verlag für Sammler, Graz 1976) stammen die Strichzeichnungen auf den Seiten 195, 229, 249 (unten), 252 und 265.

Wir danken Herrn Dr. Biedermann und dem Verlag für Sammler in Graz sehr herzlich für die Reproduktionserlaubnis.